让 我 们  一 起 追 寻

Discovering History in China: American Historical Writing
on the Recent Chinese Past

By Paul A. Cohen

目 录

批判精神的内化

雷 颐

经典之作，常读常新，此正经典的意义与魅力所在。

柯文（Paul A. Cohen）教授的《在中国发现历史：中国中心观在美国的兴起》（*Discovering History in China：American Historical Writing on the Recent Chinese Past*）便是一本常读常新的经典之作。此书于 1984 年出版，以后多次重印，2010 年又出新版。中国历史研究在美国并非学术的"中心区域"，这本非常"专门"的学术书能一再加印并出新版，足见美国学术界的重视。此书中文版 1989 年甫一出版即引起中国学术界的震撼，此后也屡屡加印。社会科学文献出版社现在决定将这部问世已三十余年的著作再出新版，再次证明其经典性与生命力。

一

对旧作的中文新版，柯文教授非常重视。1989 年版由学理与外文俱佳的资深学者林同奇先生翻译，时在哈佛大学访问的林先生又有便利为如何理解其思想，甚至某字某句如何中译与柯文先生时常讨论，所以译品堪称完美。这次新版，柯文先生坚持仍用林译，"许多中国历史学家告诉我，他们对林译无任钦佩"。笔者便是其中之一。为慎重起见，柯文教授对出版社提出，新版如对林译仍不放心，可请我来"确保"（vouch）其质量。

他提出由我"确保"，当因 1994 年笔者翻译出版了柯文教授 1974 年出版的成名作——《在传统与现代性之间——王韬与晚清改革》（*Between Tradition and Modernity: Wang Tao and Reform in Late Ching China*）。对拙译，柯文教授谬赞多多，后来多次希望他的新作由我翻译。无奈总是琐事缠身，而且更多参与一些翻译组织工作，便推荐他人翻译，由我校订，请他放心译文质量。但此次要我来"确保"林译质量，委实不敢当。然而柯文教授与出版社之托难以推辞，再加笔者当年也是读的中译本而未读英文本，这次中英对读，一是向前辈译者学习的大好机会，二是认真读原文，理解当更加深刻。笔者将中英文逐字逐句对读后，仅就翻译而言就收获良多。恕我戏仿某部电影的经典台词：曾经有一部优秀译作摆在我面前，使我"无任钦佩"，如果现在非要在"无任钦佩"上加一个限定词，我希望是"更加"。

林同奇先生译完此书且写了长长的译序，对这本书做了全面准确的概括与细致的分析，直陈其利弊得失，切中肯綮，实为此书的导读。如前所述，林同奇先生翻译时经常与柯文教授商讨，写序时也与柯文先生相商。林序高度评价此书，但有理有据，毫无溢美。更难得的是对此书有尖锐的批评，直陈其局限性，都持之有故，言出事随。对林的坦率直言，柯文教授不以为忤，且认真作答。受作者之托冠序而不敷衍赞扬，托人写序而对序中对自己的犀利批评额首称赞，实不多见，反映出两位学者对待学术的严谨、认真，确为学林佳话。

此书多次出版，柯文先生自然陆续写了"序言"、"中文版前言"、"英文平装再版序言"、"2010 年新版序言"等。在这些"前言"、"序言"中，柯文先生不仅概括了自己全书的构架与思路，而且对出版以来的批评意见详细作答。更重要的是，此书出版数十年来美国的中国现代史研究成果丰硕，柯文先生结合这些硕果与自己理论框架的关系做了深入的评骘与分析。从中可以看到美国中国现代史学界的发展变化，更可以看到柯文先生几十年来学术进路的来龙去脉，再给人深刻启发。

没有想到的是，已有如此精彩重要的多篇序言，柯文先生和出版社此次竟属序于予。笔者自知学识有限，概括的精准与评论的精当均超不过上述序言，更难做到不谀一词不妄一语，感惭交并，辞受两难。踌躇再三，还是恭敬不如从命。恕我重复，上述多篇序言对此书已做了全面、准确、重要的导读，无须笔者再多致一词，只想略谈自己的一得之见，就教于方家。

二

众所周知，此书对美国的中国现代史研究占主导地位的范式——"冲击－回应"提出强劲挑战，中译本出版近三十年，中国学术界关注的重点也几乎全部在此。对"西方中心论"的批判、对"中国主体性"的阐发赞扬……忽视至少是忽略了这本书更丰富的内容。这部深刻的历史学方法论著作，不可避免地论述到历史哲学、史学方法论的方方面面。历史的普遍性与特殊性，历史发展是有目的还是无目的，历史相对主义与本质主义，历史是科学还是艺术、是社会科学还是人文学科，内部取向与外部取向，理论框架的意义与局限，移情的可能与不可能，局外人与局内人的关系，历史研究的精细化与综合性的复杂关系……必须承认，我也是这次重读才发现原来有这么多丰富的内容，才发现现在中国史学界热烈讨论的历史研究"碎片化"问题、历史研究与人类学、社会学关系等，此书早有深入论述，这些洞见，此前都被简单的"中国中心 vs. 美国中心"、"东方中心 vs. 西方中心"所遮蔽。

此书出版的三十余年间，美国与中国的中国现代史研究有了长足的发展，我们所处的世界也因"全球化"的迅猛进展发生了深刻变化。一部有生命力的史学方法论、历史哲学的著作其文本必然具有开放性，其文本与这种变化密切相关，不断解读。柯文教授在"2010 年新版序言：对于中国中心观史学的进一步思考"中承认，在史学研究方面的许多进展都对"何谓'中国历史'的边界，乃至于何谓'中国'的定义提出疑问。不可避免的是，上述研究也因此以各自的方式对于中国中心取向的适切性提出挑战"。近年引人注目的"新清史"学派，以清王朝大量的满文档案为基础，犀利地挑战入关后的满人已被汉人同化的观点，并用"清代中心"及"满洲中心"来凸显其差异性。"他们的主要论证并非否认满人是中国历史的重要部分，而是帝制晚期的中国从满洲视角而言将呈现出不同的风貌。从传统同化或汉人观点来看待满人的历史角色，将导致与从西方中心观点看待中国时相同的扭曲和偏见。"虽然"新清史"引起广泛争论，但由此引发对中国领域内非汉族的其他少数民族研究的更加重视、强调，也对实质是以"汉人"为中心的"中国中心"构成挑战。

全球化时代国家对个人的限制越来越淡化，出境乃到移民他国成为常态。已入他国国籍的华裔学者提出了"文化中国"的概念，也与"中国中心"形成复杂关系。海外华人有关中国的论述是"中国中心"还是"非中国中心"。由此思路再往上溯，在19世纪中后期起，大量华工移民美国；更早一些，大量华人移民印度尼西亚、东南亚等地，他们的历史既是中国历史的一部分，又成为美国历史、印度尼西亚、东南亚历史的一部分。在这种情境下，什么又是"中国中心"？

在几个"序言"和"前言"中，柯文教授对这些挑战一一作答，并且承认这些挑战一些是自这本书开始写作时就以不同的方式存在并延续至今，一些是在后来的研究阶段中陆续出现。这些挑战引发了他进一步的深刻思考，使他对自己"思想发展中变与不变的部分，有了更清晰的图像"，坦率地说明了"如果我重写此书的话，哪些部分需要修正"。

这近三十年间，他的研究进路发生了重要的转变，或者说修正。1997年，柯文先生出版了《历史三调：作为事件、经历和神话的义和团》（*History in Three Keys：The Boxers as Event，Experience，and Myth*）一书。柯文先生此书其实是一部史学理论、历史哲学著作。写的是义和团，但义和团其实只是他的一个解决问题的载体、视点；通过"义和团"处理的是个人记忆、集体记忆之间的复杂关系，是历史记忆与现实之间的复杂关系。本书第一部分是历史学家研究、叙述的义和团运动的史实，以叙事为主；第二部分则考察直接、间接参与义和团运动及中外各类人物当时的想法、感受和行为，指出后来重塑历史的历史学家的看法与当时的"当事人"对正在发生之事的看法大为不同；第三部分评述在20世纪初中国产生的关于义和团的种种神话。这三部分，构成了"历史三调"。

　　《历史三调》代表着柯文先生学术方向的重大转变。循此
进路，他在 2009 年出版了《与历史对话：20 世纪中国对越王
勾践的叙述》（*Speaking to History：The Story of King Goujian in
in Twentieth-Century China*），对一代又一代中国人烂熟于心的
越王勾践卧薪尝胆"被神话"的故事在 20 世纪中国的关键时
刻或危机时期，从辛亥革命、民族救广直到 60 年代"反修斗
争"、"三年困难时期"曹禺的话剧"胆剑篇"，所起作用做了
层层剖析。

　　作为三十年前出版《在中国发现历史》、成为影响深远的
"中国中心观"的重要推手，柯文先生对此做出某种调整。他
承认，"在西方学术界日益流行的关于中国的其他研究主题，
也对中国中心观提出了挑战，在某些情况下，它被弃之不用，
但在更多情况下，研究者把它与其他研究方法微妙地结合起来
加以发挥"，"中国中心观是有局限的"。显然，"（古代的）
故事与（当下的）历史之间的这种互动，是具有相当大的历
史意义的一个现象。然而，这种互动极其复杂，深刻反映了个
人、群体或者（某些情况下）全体人民把自己摆放进历史记
忆空间的方式"。但这并非中国独有，而是"世界性"的。完
成《与历史对话：20 世纪中国对越王勾践的叙述》一书后，
他突然想到，如果从世界各国的诸多事例中，选择与某些特殊
问题相关的一定数量的例子，加以综合分析，可能会非常有意
义。经过几年潜心研究，他又出版新作《历史与大众记忆：
故事在危机时刻的影响力》（*History and Popular Memory：The
Power of Story in Moments of Crisis*）。"该书聚焦于 6 个国家——
塞尔维亚、巴勒斯坦、以色列、苏联、英国、中国和法国，它
们在 20 世纪都面临着严重的危机。每个事例中的危机都涉及

战争或战争威胁，为了应对危机，受到影响的民众和国家都在利用那些与现实发生之事有类似主题的古老的历史故事。创作出来的戏剧、诗歌、电影、话剧和其他作品，往往发挥着复活这些故事的重要作用，而且，正如我们在20世纪看到的，民族主义在其中扮演了重要的角色。"这种跨国界、跨文化研究，确实超越了"中国中心"。

在《在中国发现历史》中他强调中国历史对于非中国人来说是"局外人"，这种"局外人"的视角是"一个问题，对历史研究而言是负担多过资产"。通过《历史三调》、《与历史对话：20世纪中国对越王勾践的叙述》、《历史与大众记忆：故事在危机时刻的影响力》的研究，通过对不同国家几则经典"故事"在其历史的关键时刻所起的作用的个案研究，处理历史书写的一般性课题，力图超越以某个国家为"中心"。这样"在二十世纪从中国中心观点深化对中国历史的研究过程中，局外人视角对于认识故事与历史关联在人类经验的普遍重要性而言，也许曾经是必要的。但当我们达到此目的时，由于文化特殊性的重要性已降低，过去对于局内人与局外人的区别，也很可能将不再如以往那般明确了"。

三

从1974年出版的《在传统与现代性之间——王韬与晚清改革》到新近问世的《历史与大众记忆：故事在危机时刻的影响力》，历经四十余年。四十余年间，柯文先生的学术思想、进路发生了相当重要的变化，而这种变化脉络有迹可循、清晰可见，自有学术演变的内在理路。在变化之中，却有不变的部分。

不变的是深刻的自我反思、批判精神，对自己所处"学术共同体"共奉的范式的反思、批判精神，哪怕自己尊敬的老师是这种范式的重要奠基者。他在本书英文版首版"序言"中开宗明义："研究中国历史，特别是研究西方冲击之后中国历史的美国学者，最严重的问题一直是由于种族中心主义造成的歪曲（ethnocentric distortion）。"这种自我反思与批判，已内化为柯文教授的一种"本能"。多年前笔者发表《"女性主义"，"第三世界女性"与"后殖民主义"》一文，这篇文章谈到在近代中国妇女废缠足运动中，西方传教士与西方在华妇女起了重要作用，其中有不少美国传教士与美国妇女。柯文先生读后对拙文颇有赞赏，但同时写道，在 1960 年代以前美国的男女不平等也很严重。他专门摘录了正在撰写的回忆录中第一章的有关一段寄给我。1960 年夏，在美国紧张的汉语课程结束后，他与前妻、女儿在十月初来到台北。他前妻出生在德国，正撰写有关魏玛时期政治的学位论文，马上就要完成。但与他结婚后则开始学习汉语，为随他到台湾做准备。"如果我记忆无误的话，现在回想起来我在哈佛中国研究的男研究生同学没有一位的妻子有自己的事业。当我到台北后，与许多来自美国其他大学研究中国问题的年轻学者成为朋友，发现情况完全一样。""这种男性与女性在职业期待方面不平等的模式在 20 世纪 60 年代开始发生剧变，反映了那个年代民权运动的巨大成就。但在 20 世纪 60 年代初期，我妻子随我到台北，后来回美国又随我的教职在不同大学变来变去而搬来搬去是非常正常的。"他还引用了著名的《纽约客》杂志的一篇文章佐证自己的观点。这是篇评论一本名为《改变美国的十大饭馆》的

在中国 发现 历史

Discovering History in China

中国 中心观 在
美国 的 兴起

社会科学文献出版社
SOCIAL SCIENCES ACADEMIC PRESS (CHINA)

献给乔安娜、纳撒尼尔、丽莎和艾米丽

书评，作者回忆说，在艾森豪威尔的50年代，"在纽约的大多数饭馆，没有没有男性为其点餐、付账的女性坐在那里"。柯文先生在信中对我感叹，这些当然不能与中国女性的缠足、非洲女性的割礼相提并论，但直到20世纪60年代美国两性的严重不平等确实存在。

对他国学者论述自己国家历史上曾经对该国的妇女解放起过不容忽视的作用，柯文教授毫无以此自得、自傲、自豪，反而是立即检讨本国这方面的不足与缺欠。自我反思、自我批判的精神，已经内化为一种本能的反应。

柯文先生中文版首版"前言"中明确写道："我写此书之初，心目中的读者主要是西方特别是美国的中国专家。其目的一则是想总结美国史家论述中国近几百年历史的主要发展阶段。再则也想对这一发展提出带有批判性与解释性的估量，以便在同行中引起讨论，借以提高整个领域在进行研究时的自觉性的一般水平。"这种自我反思、批判的精神，至为难得。缺乏这种精神，就会把"他者"的自我反思、自我批判变成自己"优越"的证明和资本。《在中国发现历史》中译本出版后，主要就是这样被中国学界接受的。其实，福柯（Michel Foucalt）、德里达（Jacqes Derrida）等人基本都是以这种方式被中国学界接受的。他们的理论对西方世界自"启蒙"以降渐渐发展且日益占据中心地位的理性至上、人道主义、人性论、知识论、市场经济、科学技术等，即整个西方近代文明进行了全面"考古"、解构，揭示出潜藏其下的知识/权力话语系统，其颠覆性与革命性，堪称"自掘祖坟"。中国学界许多人对福柯、德里达近乎"自掘祖坟"式的对自身文化的反思、批判拍手称快，并以此作为自身文化"优越"的明证，作为对国人对自己文化的批判大加挞伐、斥其"自掘祖坟"的学术资源。这种接受，抛弃了福柯、德里达等人理论的自我反思、自我批判的精神实质，以此避开或曰阉割、消解了他们理论的锋芒与革命性。

《在中国发现历史：中国中心观在美国的兴起》及前述数篇重要序言、前言，不仅是柯文先生个人的学术史，还是美国中国研究的学术史，也是史学方法论、历史哲学的重要著作，方方面面都给人重要启发。

中文版前言

我写此书之初，心目中的读者主要是西方特别是美国的中国专家。其目的一则是想总结美国史家论述中国近几百年历史的主要发展阶段。再则也想对这一发展提出带有批判性与解释性的估量，以便在同行中引起讨论，借以提高整个领域在进行研究时的自觉性的一般水平。从一开始我就假定并非所有美国的中国史专家都会同意我的所有观点——此假定已为第一批书评所充分证实。同时我还假定我所做的估量其总体上将得到广泛支持——我高兴地发现此假定也被证明是正确的。

林同奇教授在1985年春向我提出翻译此书时，我既感荣幸又颇担心。感到荣幸的缘故，自不待言。感到担心的原因，则应作些解释。主要是当初我把原作看成旧友之间正在进行的"谈话"的一部分，由于彼此交谈多年，因此对表述讨论的语言已十分了解。我不知邀请一位新知参加此番谈话结果将会如何。我知道我和中国史家对于历史是什么以及史家应如何研究历史，在某些基本假设上存在分歧。这一点我倒并不犯愁。我真正担心的是中国同行们由于对美国研究中国史的学者多年以来努力探索的争论焦点不甚熟悉，对于用来表述这些争论焦点的一套惯用术语感到陌生，是否能理解这本书的论证，从而体会书中提出的问题对美国史家所具有的重要含义。

无须赘述，经过长久的反复思考，我终于打消疑虑。首先，我进一步体会到在过去十年内，中美两国的中国史研究者的关系已发生了多么巨大的变化。当我于七十年代后期着手撰写此书时，两国史家还生活在彼此完全隔离的世界里。1977 年春我首次访问中国时，还没有一位中国史家在美国从事研究，也没有任何美国史家在中国进行研究。我们彼此不读对方的著作，甚至也互不了解姓名和工作机构。这种情况从七十年代末开始变化，而且此后变化之快及其程度之深实足令人惊愕。在我 1986 年春写此前言时，已有成百的中美中国史专家在对方的国家里进行过或长或短的研究。彼此交谈，一起参加专业会议，在同一学术刊物上发表文章。甚至其中有些人，尽管彼此观点存在分歧，却就共同感兴趣的课题进行了卓有成效的合作。总之，不知不觉我们之间相互隔离的两个世界已经变得不那么隔离了。

打消我有关中文版疑虑的第二个原因是在翻译进展中，我越来越感到我遇到了一位理想的翻译者。林同奇教授不仅对英语异常熟谙，而且酷爱历史，尤其是史学理论与方法。在整个翻译过程中他总是把优秀译作的两个标志，即既要忠于原文，又要使译文清晰流畅，铭记在心。本书的内容究竟有多少能使中国读者感到有用并引起他们的兴趣，尚待事实证明。但是，幸有林教授的翻译功力，中国史家至少会懂得我所说的话了。

如果让我今天重写此书，我得坦率地说，就原有的论证而言，我不会作很多变动。不过，在最后一章讨论近年美国历史研究之趋势时，我定会提到本书出版以来几部比较重要的专著。其中我尤其会想到下列四部：曾小萍（Madeleine Zelin）的《州县官的银两：18 世纪中国的合理化财政改革》（*The Magistrate's Tael: Rationalizing Fiscal Reform in Eighteenth-Century Ch'ing China*）（Berkeley：University of California Press，1984）；罗威廉（William T. Rowe）的《汉口：一个中国城市的商业和社会，1796 ~ 1889》（*Hankow: Commerce and Society in a Chinese City*,

1796－1889）（Stanford：Stanford University Press，1984）；本杰明·A. 艾尔曼（Benjamin A. Elman）的《从理学到朴学：中华帝国晚期思想与社会变化面面观》（*From Philosophy to Philology：Intellectual and Social Aspects of Change in Late Imperial China*）（Cambridge：Council on East Asian Studies，Harvard University，1984 年中译本）；黄宗智（Philip C. C. Huang）的《华北的小农经济与社会变迁》（*The Peasant Economy and Social Change in North China*）（Stanford：Stanford University Press，1985）。曾小萍的书探讨了18 世纪中国国家本土固有的演变过程，尤其侧重财政改革。罗威廉的著作探索了19 世纪汉口商业的巨大发展。艾尔曼的著作讨论了18 世纪长江下游中国思想领域某些重大变化。黄的书（其中文版已于1986 年由中华书局出版）描绘了帝制晚期与民国时期中国农业长期变化的模式。

这些著作中有三部（曾小萍的、黄的和罗的）是以在中国进行的档案研究为部分依据的，因此都直接证实了十年来中美交流的巨大进展。四本书都是探讨在19 世纪西方全面入侵之前，或在此之外，中国所发生的具有重大意义的变化。因此令我高兴的是，这些书支持了我在自己著作中详细发挥的命题，即倘想正确理解19 ~ 20 世纪的中国历史，必须不仅把此段历史视为外部势力的产物，而且也应视之为帝制时代最后数百年出现的内部演变的产物。

我期待听到中国同行们的反应，热切希望他们不吝赐教，以促进我们共同的事业，即增进对中国过去的了解。

柯　文

1986 年4 月写于波士顿

"中国中心观"：特点、思潮
与内在张力

林同奇

  战后美国对中国近代史研究的主流在七十年代前受费正清（John K. Fairbank）与列文森（Joseph R. Levenson）等人影响，认为中国社会长期以来基本上处于停滞状态，循环往复，缺乏内部动力突破传统框架，只有经过 19 世纪中叶西方冲击之后，才发生剧变，向近代社会演变。但美国史学界经过 1964～1974 年越南战争至水门事件风雷岁月之震动，部分学者对美国与西方文明的精神价值发生根本动摇，对西方"近代"历史发展的整个道路与方向产生怀疑，从而对上述美国研究中国近代史中以西方为出发点之模式提出挑战，倡导以中国为出发点，深入精密地探索中国社会内部的变化动力与形态结构，并力主进行多科性协作研究。这一史学界动向，柯文称之为"中国中心观"（China-centered approach，或译为中国中心取向）。它实际上反映了美国七十年代以来研究亚、非、中近东及其他非西方社会的总趋势，即力求摆脱"殖民地史"的框架，从社会内部按照这些社会自身的观点探索其历史进展，反对把非西方社会的历史视为西方历史的延续。与此动向同时崛起的另一动向，是力图以帝国主义这一历史范畴作为探索

1949 年前全部中国近代史的主线。这两种七十年代兴起的潮流同时对流行于五十年代与六十年代以费正清、列文森为代表的模式提出挑战，但彼此又相互批评，形成中国近代史研究中纵横交错的局面。在目前美国史学界中前一种趋势有逐步扩展之势，而柯文此书则是美国史学界第一次对此趋势做出明确详细的描述，也是对三十五年来美国研究中国近代史几种主要模式进行批判性总结的第一部著作。[1]

对中国读者说来，这本书有两方面的价值。一方面是情报价值，它较全面地介绍了战后美国研究中国近代史的方法、成果与趋向。全书四章先后着重讨论了近代中国在政治、思想、经济与社会等方面的发展，涉及的美国当代史家、学者一百二十余人，对其中的代表人物进行了详细评介。每章附有注解，提供了比较丰富的文献资料，为研究的进一步深入创造了条件。另一方面作者提出了"中国中心观"，对各种有关论点进行分析批判，使本书带有较浓厚的思辨色彩，给处于深刻反思中的我国史学界提供了一定的思考素材，具有启发思路的价值。书中介绍了美国史家对我国近代史上某些重大事件的论点，其中不少与我国史家有明显分歧，例如：有的美国史家认为帝国主义对 19 世纪我国经济全局的作用不仅十分有限而且是良性的；有的把辛亥革命主要看成一场比较保守的地方绅士阶层与试图加强中央集权、具有改革倾向的清政权之间的冲突；有的认为中国近代史的上限不是鸦片战争，而应推前到 18 世纪乃至更早时期；有的则贬低太平天国、反洋教斗争，以及义和团的进步作用。其中一个比较核心的分歧是如何恰当估量西方入侵对我国近代历史产生的一系列冲击作用。这些看法，以及另外一些难为我国史家接受的看法，即使有偏颇之弊，亦可触发思绪，促进探索，不为无助。对这些具体论点，译者不拟也无力详加分析，只好留待我国专家做出回应。本文准备详细讨论的是书中提出的比较理论性的问题，即柯文的中国中心观在史学方法论与认识论上的含义。

柯文在第四章，即最后一章才正面阐述了中国中心观的具体含义，但这一取向却是贯穿全书的主轴，并具有深刻的理论基础和历史渊源。柯文在书中只集中描绘，中国中心观与实际的史学研究工作直接有关的主要特点，对其中某些理论性的前提则多半未加阐发或根本隐含不言。本文拟集中探讨这方面的问题。在简要介绍本书主要论点之后，本文将集中从方法论与认识论角度描述中国中心观的特色，寻究它所反映的史学思潮，分析其内在张力。必须指出的是柯文曾明确提醒读者，中国中心观本来就不是一套完整的理论，它"只是一组趋向，而不是某种单一的、界限分明的取向（尽管为了方便起见我仍称之为取向）"。因此本文对中国中心观内在矛盾的揭示在不少地方与其说是批判，不如说是一种探索。译者希望通过这些探索，可以从比较广阔的视野对中国中心观的本质有较深入的理解，同时也可以从中窥视美国当前史学思潮的某些动向。

三种西方中心模式与中国中心观

柯文在序言中开宗明义地点出全书主题，他说："研究中国历史，特别是研究西方冲击之后中国历史的美国学者，最严重的问题一直是由于种族中心主义造成的歪曲。"接着他以四章篇幅从正反两面阐述这一主题。

前三章分别批判三种种族中心或西方中心的模式：（1）"冲

击－回应"模式（impact-response model），此模式认为在 19 世纪中国历史发展中起主导作用的因素或主要线索是西方入侵，解释这段历史可采用"西方冲击－中国回应"这一公式，从而严重夸大了西方冲击的历史作用。（2）"传统－近代"模式（tradition-modernity model），此模式的前提是认为西方近代社会是当今世界各国万流归宗的"模楷"（norm），因此中国近代史也将按此模式，从"传统"社会演变为西方的"近代"社会，认为中国历史在西方入侵前停滞不前，只能在"传统"模式中循环往复或产生些微小的变化，只有等待西方猛击一掌，然后才能沿着西方已走过的道路向西方式的"近代"社会前进。（3）帝国主义模式（imperialism model），此模式认为帝国主义是中国近代史各种变化的主要动因，是中国百年来社会崩解，民族灾难，无法发展前进的祸根。柯文认为这一模式和前面两种模式实质上同属"西方中心模式"，因为它们都认为西方近代的工业化是一件天大的好事，而中国社会的内部，始终无法产生这种工业化的前提条件，需要西方入侵提供这些条件，因此它们都认为 19～20 世纪中国所可能经历的一切有历史意义的变化只能是西方式的变化，而且只有在西方冲击下才能引起这些变化，这样就堵塞了从中国内部来探索中国近代社会自身变化的途径，把中国近代史研究引入、狭窄的死胡同。

针对这一弊端，柯文在全书最后一章（第四章）正面提出"中国中心观"，并把这一看法的特点归纳为四："（1）从中国而不是从西方着手来研究中国历史，并尽量采取内部的（中国的）而不是外部的（西方的）准绳来决定中国历史中哪些现象具有历史重要性；（2）把中国按'横向'分解为区域、省、州、县与城市，以展开区域性与地方历史的研究；（3）把中国社会再按'纵向'分解为若干不同阶层，推动较下层社会历史（包括民间与非民间历史）的撰写；（4）热情欢迎历史学以外诸学科（主要是社会学科，但也不限于此）中已形成的理论、方法与技巧，并力求把它们和历史分析结合起来。"柯文强调指出，这一"中国中心观"并不是一个新出现的完整的、严密的方法论体系，而是七十年代初以来逐渐发展起来的日益明显的趋势，不过迄今为止，还没有人对此趋势做出系统的、明确的描述而已。

批判的锋芒与对历史独特性的追求

中国中心观第一个引人注目的特征是其持续有力的批判锋芒。在批判冲击－回应模式时，柯文集中讨论了与西方冲击关联较大的历史事件，证明该模式即使在本应完全适应的范围内也是失灵的。在攻击传统－近代模式时，他改变策略，追溯思想渊源，上至 19 世纪，然后描述这一模式在战后的演变过程，最后指出该模式本身的致命弱点，批判的逻辑相当严谨。他对帝国主义模式的批判，在理论上弱点较多，但是援引了相当数量的文献，批评了认为帝国主义在近代中国经济发展中起决定作用的看法，有些论点有待我国近代史研究者做出回答。

但是，译者认为柯文展开这一系列批判的根本依据是他深信不同的社会发展的方向不同，表现的形式也互异。换言之，他深信历史发展的歧向性，强调历史统相的独特性。这点可以从他批判狭隘主义（parochialism）与历史发展目的论（teleological change）[2]中得到证明。如果说柯文对狭隘主义的批判是从共时性（或空间）上否定了历史现象重复出现的可能，对目的论的批判则从历时性（或时间）上否定了这种可能性。因此从表层上看柯文的批判锋芒是指向西方中心论，但是其实质是指向所有肯定历史现象具有重复性或共性的理论框架。实际上柯文认为研究历史的理论框架必须按照不同的社会与文化特性，单独设计。否则必将限制、遮蔽研究者的历史视野。在柯文看来，中国中心观批判的三种传统模式，正是由于采取了预先制定的框架，终于使史家的视野局限于一定的历史现实而忽略了另一部分历史现实。例如他认为冲击－回应模式由于集中探讨预先设定的问题，即"中国为何没有较早地、更有力地对外国侵略做出回应？"从而就很容易"忽视了某些重要事变，仅仅因为它们和西方入侵没有联系，或只有很少联系"。传统－近代模式由于采取了传统与近代的两分法，就"迫使我们对现实只能严格地按照两极来划分"，排除了人类经验中某些极为重要的领域，仅仅因为一时无法认定它们到底是属于"传统的"还是属于"近代的"。我在下文将讨论柯文对理论框架的看法的弱点。这里我想指出的则是中国中心观强调分析框架的独特性，这有助于清除遮蔽史家视野的条条框框，开辟研究中国近代史的新领域。在这个意义上，中国中心观对美国的中国史研究，起了真正的解放作用，其批判锋芒是相当尖锐的。

但是，正是柯文这种对历史独特性的追求，同时又在一定程度上顿挫了他的批判锋芒。这是因为为了尽量适应历史现象的独特性，柯文感到不能把史家使用的理论框架的内容拟订得过多过死，它必须能容纳不同社会、文化可能具有的不同特点，必须兼收并蓄，并避免固定成形。马立博（Robert Marks）

曾批评"中国中心"这一概念"软绵绵地像海绵（spongy）一般"。他说："中国中心观可以意味着用儒家概念解释中国历史，也可意味着用中国农民的价值观或任何其他理论框架来解释它。"[3] 柯文可以申言这种批评是不公平的，因为他早就提醒读者中国中心观"并不是某种单一的界限分明的取向"，而只是"一组趋向"。但是从更深一层着眼，由于这种"软绵绵"的状态无形之中来自他对历史特殊性的执着的追求，这个弱点——它在柯文看来可能是一个优点——是不可避免的，它是柯文的整个历史思维逻辑的结果。

动态观点

中国中心观一个值得赞扬的特点，是它的动态观点。我指的是它强调历史发展中对立事物之间相互作用、相互渗透的现象。在这点上他的看法与我国史家所强调的"对立面统一"颇为相似。我想摘引书中一些章句说明此点。在总结他对冲击－回应模式的批评时，柯文说："'西方冲击'的概念，可以恰当地表达'首次相撞'的含义，但它对于相撞所引起的一系列复杂效果却很少探究。反之亦然。如果我们坚持把'中国回应'这个概念和首次'西方冲击'过分紧密地联系在一起，同样也不会有太多帮助。如果一定要保留这些概念，则必须把注意力灌注于一种远为错综复杂的冲击－回应网络——在这网络中不论冲击或回应都应该既是中国的又是西方的。"在批驳传统－近代模式时他引用了美国史学家史华慈（Benjamin Schwartz）的话，认为"人类过去的各方面经验，不论有益有害，都可能继续存在于现在之中"，并认为"中国之'过去'和'近代'，未必就作为互不渗透的整体彼此对抗"，它们是"两种流动不居、互相渗透的状态，传统社会中包含近代的潜势，近代社会中又体现了传统的特点"。柯文批评了J. H. 赫克斯特（J. H. Hexter）称之为"历史能量守恒的假设"。这种假设认为"社会能量向一级流动，就要求相应减少向他极流动之能量"。他同意美国史家爱德华·弗里德曼（Edward Friedman）和墨子刻（Thomas Metzger）的看法，认为"革命变化的净增有可能和信奉旧价值观念的加强同时进行"。总之，中国与西方，冲击与回应，过去与现在，传统与近代，尽管在理论上是对立的范畴，但在历史的现实中却是互相渗透、互相转化的。通过这种动态的、灵活的机制，史家就有可能对错综复杂、流动不居的过去的人类经验做出比较忠实的描述。

历史描绘的精细化

柯文列举的中国中心观的四个特征中有两个——把中国按"纵向"与"横向"加以分解的做法——都是为了对中国近代史做出比较精细的描绘。因此，贯穿全书，柯文特别强调"区分"（differentiation）在历史研究中的重要性，只有通过区分才能对中国历史现实取得一幅纹路细密、轮廓分明的画面。这种倾向本来是和七十年代以来美国史学界兴起的所谓"重新发现美国历史的复杂性"，"重新察觉历史动力的多样性"的思潮相一致的。[4] 但是经过柯文反复强调，极力倡导，它成了中国中心观的一个突出特点。柯文正确地指出"把各种现象加起来，再加以平均。这种做法在最好的情况下，只能使我们对历史现实有一个均匀、单一的理解；在最坏的情况下，由于我们鲁莽草率地从特殊上升到一般，就很可能把现实完全歪曲了"。因此他十分赞赏高家龙（Sherman Cochran），因为他在估量英美烟草公司在中国的作用时，把"帝国主义剥削"区分为五种不同的类型。描绘的精细化在一定程度上反映了历史研究的学术水平。我国近代史研究多数仍集中在中央或高层人物的活动和全国性的单位。美国史学界的这一趋势值得我们重视。

但是，译者认为，柯文在强调"区分"的同时，低估了"综合"（integration）的重要性。从更根本的意义上说，他低估了总框架，或者借用认知心理学的一个名词，即"图式"（schema），在人类认知过程中积极的、不可缺少的作用。柯文似乎相信，在研究中国近代史时，把中国不论从"纵向"或"横向"剖析，都是分解得越细越好。"即使中国农村社会的最底层也绝不是不分青红皂白的一大堆农民。""在等级结构的每一层次，直到最低层……都有社会阶层的区分。"他认为像希拉里·贝蒂（Hilary Beattie）一类的对县级地区的研究，将"指引我们如何最后就中国上层社会做出更加复杂的、更有区别的——因此不是那么笼统的——陈述"。他似乎深信"将人类历史的最细小的事实集合起来最后就会说明问题"。[5]英国史家杰弗里·巴勒克拉夫（Geoffrey Barraclough）在论及美国新经济史家与新人口史家写出的大量微观研究时，曾警告大家："正如老的实证主义者认为'历史的事实'一旦为史家收集，就会无形中嵌入为人们普遍接受的正确模式的看法，最后证明是一种假象一样，目前确实存在着一种危险，即人口史家与'历史计量学家'们（Cliometricians）的辛勤努力将在大量支离破碎的研究中白白浪费掉，无法取得任何概括性的或最终的成果。"[6]有些研究中国的美国史家，如墨子刻和马若孟（Ramon Myers），已在抱怨目前"在训练美国史家时把历史领域分门别类，割裂起来，导致许多错误理解"，抱怨美国社会科学家"往往只研究中国社会中很有局限性的若干方面，集中研究地区、社团，而忽视了整个体制的演变"。他们严厉批评了柯文在书中热情赞扬的施坚雅（G. W. Skinner）的地区系统分析，指出他"忽视了整个帝国范围内的官僚体制"，忽视了一个重要的事实，即"人类的活动固然受地方风貌和地区性特有形态的影响，但同样也受整个文化总体的影响"。他们认为"为了使广阔无边的历史领域显出一定意义，仍然需要总括的模式作为分析事物的框架，以标示各个研究课题之间的关系"。[7]早在二十年以前美国史家爱德华·萨维斯（Edward Saveth）就曾问道："对微观单位的了解在多大程度上构成对更广阔领域的研究的线索？""目前盛行的对微观单位的强调是否就是通向知识的道路？"[8]且不管这些史家的总括模式是什么，他们指出美国史学界过分侧重精细化的偏向是有一定根据的。看来，美国对中国近代史的研究只有在微观研究与宏观研究并举的情况下，才能得到健康稳定的发展。

"内部取向"（internal approach）

在"区分"之外，另有一词更能表达中国中心观的核心含义，即"内部取向"。柯文实际上赋予"内部取向"三种含义。第一种含义主要是在第一章批判冲击－回应模式时使用的。在这里"内部"主要是用来说明历史研究的内容或课题，内部取向主要是指在研究中国近代史时把注意力集中在中国社会内部因素，而不是放在外来因素上。当费正清谈到"美国史家研究 19 世纪中国有一种向'内、外'两方面反复摆动的现象时"，他指的是史家研究的课题有时侧重内部问题，有时侧重外部问题。柯文在第一章结尾时建议研究中国近代史应分最外层带、中间层带和最内层带时，用的也是此意。

内部取向的第二种含义是当柯文在第二章开始批判传统 - 近代模式时才逐渐突出的，这时"内部"较多的是用来说明推动历史演变的动力来自何方。内部取向是指认为产生历史变化的根源来自内部因素的看法。按此看法"中国本土社会并不是一个惰性十足的物体，只接受转变乾坤的西方冲击，而是自身不断变化的实体，具有自己的运动能力和强有力的内在方向感"。

内部取向的第三种含义主要是柯文在第四章正面界说中国中心观时才着重使用的。这时"内部"多用来说明史家探索历史现象时采取的角度。内部取向是指从有别于"局外人"的"局内人"的角度来观察历史，是指"力图对任何特定的非西方社会的历史，从其自身的情况出发，通过自身的观点，加以认识"。事实上，它是指下文即将讨论的"移情方法"（empathetic method）。[9] 由于内部取向的这三种含义是相互补充、相互加强的，柯文并没有把它们明确地区别开来，但是这种区别对分析、理解中国中心观的本质是十分必要的。

在说明什么是中国中心观时，柯文强调"鉴别这种新取向的主要特征，是从置于中国史境（Chinese context）中的中国问题着手"。这一简要界说，特别是"中国史境"和"中国问题"这两个关键性的概念，触及中国中心观的核心，值得仔细分析。

"中国史境"一词，这里显然是作为"西方冲击"的对立面出现的，它是指一种复杂的历史环境，在这种环境里从中国社会内部结构产生的各种巨大的势力不断发生作用，不断为自己开辟前进的道路，尽管外来的影响在不断加强。柯文强调说："中国中心观取向想概括的思想是，19～20世纪的中国历史有一种从18世纪和更早时期发展过来的内在的结构和趋向。若干塑造历史的极为重要的力量一直在发挥作用：前所未有的人口压力的增长与疆域的扩大，农村经济的商业化，社会各阶层在政治上遭受的挫折日增等……此时西方登场了，它制造了种种新问题……但它也制造了一个新的情境（context）……但是，尽管中国的情境日益受到西方影响，这个社会的内在历史自始至终依然是中国的。"在另一处柯文说得更形象些："随着越来越多的学者寻求中国史自身的'剧情主线'（story line），他们奇妙地发现确实存在着这条主线，而且在1800年或1840年，这条主线完全没有中断，也没有被西方所抢占或代替，它仍然是贯穿19乃至20世纪的一条最重要的中心线索。"显然，这里中国中心观所意味的内部取向是上述的第二种含义，它指的是中国社会演变的动力来自中国内部。

我国近代史研究者对中国近代史中这条"剧情主线"的长短、内容，乃至是否存在都很可能和柯文有不同的理解。值得一提的是，在近年关于我国近代史"主要线索"的争论中出现了一种强调内部因素的趋势。例如，李时岳同志在提出他的中国近代史的"四个阶梯"论时强调："叙述中国近代史，不仅要说明外国帝国主义怎样侵略，怎样扩张其势力，更主要的是要说明中国社会内部，在生产力方面、生产关系方面、政治文化思想方面发生了怎样的变化，怎样向前发展，从而最后战胜了帝国主义和封建主义。"[10] 由于把主要线索从中国人民反帝、反封建的政治斗争转向中国封建社会向资本主义社会演变的过程，内部因素的作用无形中得到重视。张耀美同志讲得更加明确，他引用了苏联学者的话总结他的论证："外力入侵倘若不导致未被征服民族为征服者所吞并，则其内部发展的自然历程必不致中断，其基本方向，亦不致变更。"他认为外国资本主义发动的历次侵华战争"加速了中国半殖民地化的进程，但没有'中断'中国社会'内部发展的自然历程'"；并认为"这是符合马克思主义关于内因是事物发展变化的根据的观点的"。[11] 中国中心观把史家的注意力引向中国历史内部因素并强调对整个中国史境的探索，这一看法可能有助于深入探讨我国近代史的极为复杂的情况。

作为个人直接经验的历史

如果柯文在阐明"中国史境"的概念时，采用了"内部取向"的第二种含义，他在阐明"中国问题"时，采用的则是它的第三种含义。他说，"说它们是中国的问题有两重含义：第一，这些问题是中国人在中国经历的；第二，衡量这些问题之历史重要性的准绳也是中国的，而不是西方的"。在紧接的一个重要注解中，柯文说："我想在此或无须说明：力图设身处地（empathetically）按照中国人自己的体验去重建中国的过去，并不意味着史学家就得对中国人的行为与价值观念从道义上予以赞助。"这里的"中国人"显然不是泛指一般中国人，而是专指直接参加中国历史事变的中国人。因此，实际上中国中心观所要求的是史家应该从历史事件参与者心中关注的问题着手，并按照参与者的立场观点去理解体会这些问题。换句话说，史家用以编写历史的最基本的出发点和最原始的材料是参与者与目睹者的直接经验。

我国读者很可能感到困惑不解：为什么柯文把史家的任务说成"力图按照中国人自己的体验"，而不是"按照当时的实际情况"去"重建中国的过去"？我国史家根据辩证唯物主义与历史唯物主义的观点认为历史现实是不依人们意志为转移的客观存在，它的实质与规律可以通过人们的实践与理性分析得到正确认识，因此，理所当然，史家的任务是如实反映历史的现实。但是采取实用主义或现象学观点的史家，由于对人类认识能否如实反映客观存在，特别是反映人类历史的客观存在，抱存疑态度，往往把历史知识限制于人类经验体会这个范围。在他们看来历史即使作为客观存在，已一去不复返，史家所谓的"历史事实"并不是外在的、客观的、界限分明的存在，它首先是当事人记录下来的自己心中的种种经验体会，然后又经过史家过滤成了史家心中的经验体会。柯文在赞扬美国史家欧大年（Daniel Overmyer）与韩书瑞（Susan Naquin）的"内部的看法"时就再度强调，这种看法是"把当时的现实视为虔诚的当事人所实际体验的那样，而不是远在异方的局外人所勾画的那样"。

中国中心观的实用主义倾向还表现在它把历史过程作为人类适应环境的过程。柯文在谈到中国中心观力图捕捉的一幅生动的历史情境时说："呈现在我们眼前的并不是一个踏步不前，'惰性十足'的'传统'秩序……而是一种活生生的历史情势，一种充满问题与紧张状态的局面，对这种局面无数的中国人正力图通过无数方法加以解决。"他这里强调历史像生活一样是人与社会不断互相作用的过程，是人们采用种种行为模式不断解决问题，适应环境，改变环境的过程。这种带有浓厚人类学色彩的观点和实用主义的历史观互相呼应。在主客观世界的激荡交融中，客观的世界从根本上说是从行动主体（无数个人）的内心体验而取得存在的。例如美国著名人类学家克利福德·格尔茨（Clifford Geertz）就认为所谓人类学研究的最终对象是"把物质环境这种非人类结构因素与生物的、文化的、社会的人类结构因素融成一体而形成的属于个人的独特的组合"。[12]如果说历史是一幅织锦，个人的直接经验就是编织这幅织锦的材料。史家的任务就是回收、再现特定的个人或群体——"男人、女人，城市人、乡下人、穷人、富人，广东人、湖南人"——的特定经验。我认为正是这种对个人经验的第一性的肯定构成了中国中心观的核心。

维克托里诺·特杰拉（Victorino Tejera）曾指出美国哲理性史学的实用主义根源，他说："北美的哲理性史学是土生土长的，因为它的崛起是由两个具有美国思想家特色的复杂思想促成的。一个是'经验'这一概念，它经过威廉·詹姆士（William James）的充实具有在行动中相互作用的含义，而英国的经验主义则把'经验'的内容弄得如此贫乏，以致我们根本无法用它来进行系统的哲学思考，即用它来正确地综合理解艺术、科学、历史或者人类发展过程。另一思想是皮尔斯（C. S. Pierce）的，他认为真理是从一批具有批判精神的、进行试验的研究者组成的不断前进的群体中逐步产生的，它随时准备得到纠正或给予重新界说。"[13]大家知道詹姆士和皮尔斯是美国实用主义的肇基人，如果说前者给史学的本体论定了基调，后者则给它的认识论下了界说。特别是"经验"一词经过詹姆士的发挥，超越了英国经验主义的贫乏的内容和欧洲大陆过分理性化的理解，对美国史学思想产生了深远影响。美国史家詹姆士·亨伦特（James Henretta）在阐述实用主义对美国史学思想的深远影响时说："威廉·詹姆士的实用主义体现了对人类知识的现象学的理论。这种认识论，经由德国哲学家胡塞尔（Edmund Husserl）的发挥，把个人的'感知、判断、经验和意愿'这类'纯粹现象'作为出发点。对人类社会现实采取的这种认知观点（cognition approach），在当代则表现在许多美国人类学家的人种学研究方法与目的之中。"[14]现象学对"存在"或"现实"这一根本问题采取了不可知或不必知的态度。所谓"认知取向"在这里是指美国认知人类学派认为，人类学研究的主体是人类在适应环境、改造环境中形成的一套内在化（internalized）的认知规则。例如，一些研究美国学的学者认为"开展美国研究的目的是揭示美国人赋予他们环境以某种意义的深层结构的规则，他们用这套规则生成在这种环境中适当的可被接受的行为"。[15]柯文曾同意美国史学家劳伦斯·斯通（Lawrence Stone）的看法，认为"在20世纪六七十年代，整个史学界新思想的主要泉源一般说已从社会学转向人类学"，并曾热烈赞扬孔飞力（Philip Kuhn）成功地使用人类学的概念来研究中国近代史。我们也许可以认为柯文史学思想中的认识论前提实际上是直接或通过人类学来自美国的实用主义哲学。

柯文这般强调个人的主观经验，他如何把这种观点和研究客观的社会、经济过程或结构结合起来呢？这是我国读者势必十分关注的问题。上述的认知人类学派就是试图从理论上解决这个问题的。他们绝不是摒弃客观行为过程不予研究，而是企图从人类的认知过程中探求支配这些行为的规则系统。这种做法同认知语言学（cognitive linguistics）探求认知过程中支配语言行为的内在化的语言规则颇为相似。探索的中心都是内心的认知过程，但需从外在行为着眼，并回到外在行为中求得证实。柯文不是史学理论家，对这类问题并无正面阐述。但是从实践上可以看出他也颇强调社会、经济过程、制度与结构的研究。他在书中用大量篇幅探讨这方面的问题，他认为六十年代美国史家开始重视"社会经济动因"的研究是一次重大的突破；他批评有些史家"把（中西）文化方面的差异与相互误解（它们首先表现在对事物的态度与价值观念方面）视为中西冲突的根源"。但是我们仍可察觉柯文在处理人类生活中的主观与客观两方面，流露了某种微妙的偏爱。例如柯文把周锡瑞（Joseph Esherick）、路康乐（Edward Rhoads）、琼·梅（June Mei）三人的著作和欧大年、韩书瑞两人的著作都列为民间史的优秀专著加以评介，并指出前三人"更加专心致志地探索群众行为的社会经济根源"，有时"采用了马克思主义或受马克思主义影响的框架"，而后二人则更多地探索当事人的主观精神世界。但是，他用三页多的篇幅热情洋溢地详细介绍后两人的作品，而只用半页多介绍前三人的作品，这种现象很可能反映了柯文的史学思想，反映了他在内心深处做出的裁决。看来中国中心观不论在理论上或在实践上，都未能根本解决如何对历史现实的主观与客观方面做出统一阐述的问题。

移情（empathy）方法的使用

如果编织历史的材料是个人经验，那么理解历史实质上就是如何进入历史演员们丰富多彩的直接经验之中的问题。这就是所谓的移情（empathy）。移情不同于同情。移情是为了理解对方，设身处地体会对方的思想、感情和处境，它并不意味着赞同对方的思想感情。史家通过移情探知的经验，实际上是以史家自身的经验为基础的。在此意义上可以说移情方法是深深地嵌在"纯粹"经验的主观世界之中的。

柯文在书中只在两处使用了"移情"一词，而且用的都是它的派生词形式。但是，移情却构成了中国中心观最核心的几个概念之一。如上所述，移情在这里是指"力图对任何特定的非西方社会的历史，从自身的情况出发，通过自身的观点加以认识"，是指"进入中国内部，开始了解中国人自己是怎样理解、感受他们最近的一段历史的"。移情实质上就是上述"外部取向"的第三种含义。

柯文不仅用"移情"作为进入过去的工具，而且用它作为与狭隘主义做斗争的武器。用柯文的话"移情"就是"卸下"那张紧紧地裹着史家自身的文化的、历史的乃至个人的"皮"，然后钻进他所研究的对象的"皮"中去。马克斯·韦伯（Max Weber）说得更加彻底："移情就是把'自我'全部渗入移情的对象之中。"[16]柯文论及韩书瑞研究八卦教起义的《千年末世之乱：1813 年八卦教起义》（*Millenarian Rebellion in China：The Eight Trigrams Uprising of 1813*）一书时说："这本书的巨大优点在于它把我们引进一个以前很少有机会接触的世界。作者叙事紧凑，不惜用大量笔墨描绘细节，引导我们经历这个世界，并且在很大程度上使这个世界的人物栩栩如生。"换句话说，韩书瑞由于采用了移情的方法，"卸掉"了他那张西方文化的皮，进入一个充满异国情调的世界，亲身体验到八卦教虔诚教徒的内心世界，并把读者带入这个世界。

柯文倡导移情方法，反映了他继承人文主义史学思潮多于实证主义或科学史学思潮。这点和他追求历史事件的独特性，以及接受经过强化的"经验"概念有密切联系。倘若历史学研究的对象归根结底是过去某些独特人物或人群的直接经验，要想把这些充满各种不同的希望与恐惧、创造与奇想的经验用统一的毫无生气的抽象科学范畴来摄取，自然是很困难的。

诚然，柯文在书中曾极力主张借用社会科学的理论与方法研究历史，并把这点视为中国中心观的四个特点之一，但是，他对将社会科学应用于史学却是有重大保留的。例如他强调史家采用的社会科学理论、模式必须适用于中国的历史资料，没有西方中心论的偏见。换句话说，这些理论、模式只能启发思路，并无规定性作用。他还强调"把社会科学的概念与历史叙述相结合"势必带来的所谓"文体上"的困难，警告史家不要像许多社会科学家那样"几乎完全不顾写文章的艺术"。如果说柯文在他提出的中国中心观的第一个特征中强调的是人文主义的传统，在他提出的第四个特征中则强调了科学的传统。中国中心观始终未能消除两者之间的内在矛盾。但是由于柯文强调中国中心观第一个特征是"主要特征"，我们可以认为他的历史思想是以人文主义为主流。柯文的观点也许可以用以捍卫移情方法著称的美国史家威廉·德雷（William Dray）的话来概括，他说"如果史家的兴趣在于发现或通过想象重建过去某时某地的人类生活"，我们就需要采取"从内部"，"从当事人的观点来观察它"，"就需要记住历史不仅（有可能）成为研究社会的科学的分支，而且（事实上）已是人文学科的分支"。[17]

必须指出，"移情"方法并非单凭想象灵感一蹴而就的，而是建立在对历史现实与当事人的周密调查基础之上的。德雷曾用对历史的"理性的解释"（rational explanation）一词来阐述相当于"移情"的概念。他说所谓对历史的"理性的解释"，是指"重建当事人为达到自己所选择的目的，根据自己所认识的处境决定采取某种手段时，是如何衡量得失的"。[18]德雷对"移情"的这一诠释，突出了人们为解决现实生活的具体问题而采取某种手段，突出了当事人的主观感受，突出了史家必须从当事人的立场观点出发，这一切都带有比较浓厚的实用主义色彩，相当完整地体现了柯文对移情的理解。不难看出，移情方法对史家的这种要求将迫使史家尽量消除自己时代与阶级的偏见，从当时的史境出发，体察当事人的动机意向，从而有助于缩小史家与历史现实的距离。它和我国部分史家所倡导的历史主义有某些相同之处，可以借鉴。但是它同时也引起一系列有待解决的理论问题。

首先，一旦史家进入"局中人"的世界，他就失去了"局外人"的优势，失去了从历史全局上、从整体上把握这一事件的可能。柯文曾正确地支持石约翰（John Schrecker）的看法，指出西方由于"从来没有从外界来观察自己"而"被囚禁在自己近代经验的狭隘牢笼中"，成了"当代伟大文明中目光最为狭隘的文明"。这说明史家必须轮番采用"局中人"与"局外人"的观点，比较史学方法的作用就在于此。柯文实际上对比较史学的方法也十分重视，他曾要求中国近代史家扩大比较史学的视野，不要把自己只局限在中日两国近代化过程的对比上。但是中国中心观的内在趋向是鼓励研究者进入当事人的世界，容易导致忽略局外人观点的优势。

移情方法引起的另一问题是移情过程中史家自身究竟采取何种立场的问题。柯文曾正确强调中国幅员广大，人种、语言、地区千差万别，他还提到"少数上层社会人物与广大群众之间在世界观和生活方式上都存在着巨大差别"，他甚至提到了"气质、性格、年龄、性别，以及由个人的社会、宗教、经济和政治关系所形成的特定的情况"。面对如此杂然并陈，乃至针锋相对的人物与集团，史家究应移情于哪个人物或集团呢？如果他分别进入各个人物与集团，最后得出的一幅历史的画面有没有一个统摄全局的中心立场呢？如果没有，这幅画面能够成立吗？有些现代小说家曾企图通过意识流的手法捕捉现代人的内心世界，对此美国史家小罗伯特·伯克荷费（Robert Berkhofer, Jr.）曾追问道："历史学家是否应该仿效这些 20 世纪小说家的手法放弃'无所不知的观察者的观点'，代之以多元化的观点和支离破碎的注意中心？"[19]亨伦特曾乐观地提出"历史事件的全局可以很容易地采用蒙太奇的手法，由若干个人生活史组成"。[20]但是他似乎忘记了，在一连串蒙太奇镜头的背后，自始至终存在着一个统筹全局的编导。没有这位编导的"无所不知的观察者的观点"，根本不可能产生一部为观众所理解的影片。史家不可能也不应该放弃自己独有的立场，但是，移情方法的内在逻辑却企图使用并列杂陈的立场来取代这个中心出发点。这种做法不仅在理论上缺乏说服力，在实践上也是行不通的。如何把多元的、分散的"局中人"观点和观照全局的史家个人的观点统一起来，是中国中心观面临的又一潜在矛盾。

对理论框架的戒心

带有实用主义倾向的史家往往对理论框架，特别是对有效半径较大的理论框架持怀疑态度。他们往往以具体问题为中心（problem-oriented），避免做宏观议论。所谓"多谈问题"，"少谈主义"。贯穿此书的一个特色，是柯文不断和种种带有囊括性的理论框架进行斗争，不论这种框架是马克思主义或非马克思主义的。他说："本书真意并不反对把诸如'帝国主义''冲击－回应'，甚至'近代的'这些词语严格而仔细地使用于一百多年来中国历史中出现的某些界限分明的具体过程或现象。它所反对的是把这些概念当作广泛的、囊括一切的思想框架，企图据此告诉我们在整个历史时期中什么是重要的——同时也就意味着什么是不重要的。"柯文对"广泛的、囊括性的思想框架"的敌视态度植根于他对理论框架本身的怀疑情绪。这种情绪比较集中地反映在他对历史变化模式所持的看法上。

柯文的历史变化模式大体上相当于我们通称的"社会发展规律"，笼统地说是指史家认为历史究竟是如何发展的。用柯文的话说它是告诉史家在历史发展中哪些事变是重要的，哪些是不重要的（只是"模式"一词有时含有学者为研究方便而设计出来的一种框架之意，未必具有独立的客观性）。

柯文认为历史变化的模式有两种：封闭式的与开放式的。封闭式的变化模式往往迫使我们不知不觉地按照预先形成的框架来塑造史料。只有采取开放式的模式，辅以开放式的问题，史家才可能形成一幅对经验史实做出灵敏反应的中国近世史画面。

首先应该指出，柯文是肯定理论框架在历史研究中的必要性的。例如他强调"历史的变化具有'形状'"。他还提到所有史家（包括前人和自己）都有理论框架。事实上他写这本书的主旨可以说就是用自己的框架去取代前人的框架。他似乎和马克斯·韦伯一样，认为没有前提假设的经验史实是不可能的。[21]但是柯文感到像所有理论框架一样，变化模式一旦形成，就势必使史家对历史事变的相对重要性产生固定的偏见，左右史家对史料的收集与分析。因此在界说变化模式的内容时，他尽量采取不肯定的谨慎态度。事实上，他对人类历史变化模式的内容只肯定两点：一是任何社会在任何时候都在发生变化，二是这种模式势必带有很大的主观性。这和我国史家所熟悉的历史唯物主义提供的内容充实、比较具体的框架大不相同。这是因为从根本上说，在柯文看来，变化模式如同一切理论框架一样，只是一种"必须的坏事"（necessary evil），无之固然不可，有之势必遭殃。

要摆脱这种进退两难的困境，有几个办法。如前所述，第一种办法是根据具体情况，量体裁衣，设计特定的框架；第二种办法是把框架变成"开放式"的，即使框架内容单薄，处于不固定状态，以便根据不断发现的新史实随时充实修订。柯文的变化模式就是一例。第三种办法是缩小框架应用的范围。例如柯文建议把冲击－回应模式适用的范围减缩到他所谓的中国近代史领域的"最外层带"，即限于肯定是西方入侵所造成的历史侧面，如海关、总理衙门、留学生、近代兵工厂等。他认为帝国主义如果不是"作为一把足以打开中国百年来全部历史的总钥匙"，而是"把它看成是各种各样具体的历史环境中发生作用的几种力量之一"，则"具有非常重要的解释能力"。总之，在柯文看来，研究历史的理论框架（或者毋宁说是一种假设），应该是中距（或短距）的，应该内容稀薄，形式灵活，从根本上说应该根据不同的研究对象的特殊性单独设计。

对理论框架这种小心谨慎的态度是和不少美国史家相信直接经验的第一性，相信感性认识或经验事实的第一性而对理性认识可能发挥的重要作用存有戒心，有密切关系的。亨伦特颇有见地地指出，许多在美国成长的历史学家无形中吸收了一种推崇"事实"、轻视理论的经验主义传统，他说："由于在美国成长的史学家把'事实'崇为最后权威，他们在认识论上就采取了一种独特的立场，即以下列三种相互关联的立论为基础的经验主义立场：（1）人类理性认识世界的能力是有限的；（2）模式或框架只能解释用它来说明的那些直接素材、数据；（3）人类生活并没有根本的模式或结构。这些前提直接导致一个结论，即每一历史现象作为各种具体条件与事件所形成的独特格局，都得根据各自的个别情况进行个别处理。史家所得出的最概括结论只是一种'假设'，这种假设必须根据每个新的现象加以测试。'事实'始终是至高无上的。"[22]对亨伦特的结论我只想补充一点，即这里的"事实"在带有实用主义倾向的史家心中，往往是指上文所说的"局中人"的直接经验。

柯文对理论框架的看法尽管带有明显的经验主义、实用主义的倾向，在根本哲学观点上和历史唯物主义是矛盾的，但是他强调历史研究应从经验史实出发，警惕理论框架如使用不当可能带来某些问题，则有可取之处。近年来我国部分史家已开始注意纠正在我国历史研究中某些对历史唯物主义做机械论的教条式理解的现象。有的同志指出，如果在过去一段革命时期把我国历史研究的重点放在我国历史与他国历史的共性方面是必要的话，目前则应加强特性的研究。不少史家提出，不仅应看到唯物史观对历史科学的指南作用，而且要看到两者之间的区别。例如蒋大椿同志指出："前者从抽象的角度研究社会各种因素的相互关系及其最一般规律属于哲学的范围。而后者则从具体的角度，按时间顺序描述人们实践活动和实际发展过程，属于实证科学范围……两者是不同范畴的知识形态。"[23]丁伟志同志提出："从多样性的历史上探讨其内在的统一性是历史学得以成为科学的前提，"而"历史科学的根本任务在于'从抽象上升到具体'，具体分析具体历史的特殊性。"他认为"把特殊这一范畴引入历史研究有着重要的方法论意义"，因为"它排除了'一般'与'个别'的绝对性、终极性，而以中介的地位表现出相对性、居间性。对于更具体的个性来说，它是抽象的共性，对于更抽象的共性来说，它是具体的个性"。"在事物发展的普遍性与个别历史事实的个性之间，也无疑宝塔般地存在着一层层中间环节……"[24]看来，在纠正对唯物史观某些机械论的理解的同时，探索一些在唯物史观指导下的中距的、灵活的、多层次的理论框架，对深入开展我国史学研究是有好处的。

历史真相终究无法探知

中国中心观提出的移情方法，要求史家摒除作为"局外人"的种种"偏见"，以便进入"局中人"的世界。但是史家的"偏见"从根本上说能否摒除，这是涉及历史哲学的另一个根本问题。对这个问题，柯文做出了实质上是否定的回答。

尽管柯文认为，从根本上说不存在独立于当事人直接经验之外的历史，但是作为实际写历史的史家，他朴素地假定有一个独立于史家个人意识之外的过去，而且认为尽量寻回这个过去是史家义不容辞的责任。可是，另一方面，柯文又支持关于历史真理的相对主义观点，认为这个过去最终是无法探知的。他在卷首开宗明义地提出："不是历史学家的人有时以为历史就是过去的事实。可是历史学家应该知道并非如此。当然事实俱在。但它们数量无穷，照例沉默不语，即使一旦开口又往往互相矛盾，甚至无法理解……选择什么事实，赋予这些事实以什么含义，在很大程度上取决于我们提出的是什么问题，和我们进行研究的前提假定是什么。而这些问题与假设则又反映了在某一特定时期我们心中最关切的事物是什么。随着时代的演变，人们关切的事物不同，反映这些关切的前提假设也随之发生变化。"古今中外不少史家都指出，不同时代将对历史做出不同的解释。但柯文把这一看法上升到哲学高度，并在书中反复阐述，使它成为该书中比中国中心观更加深刻的又一主旋律。和第一个主旋律一样，它也带有浓厚的实用主义色彩。

诚然，柯文承认"事实俱在"，但是他认为对史家说来，这些"事实"有如康德的"物自体"，其真相人类无法探知，因为在史家接近这些事实时无法摆脱自己心中已有的种种"范畴"。值得注意的是，柯文把自己的历史相对主义提高到哲学的高度。他赞成当代中东学专家爱德华·萨义德（Edward Said）的看法，从"认识论的高度"指出，"在知识与真理、现实与现实被表述成的模样之间不存在简单的吻合对等状态"。"凡是对现实的表述势必也是错误的表述，是一种'知者'对'被知者'实行的思想支配"。他说：一切思想探索，一切认知过程，"都带有某种'帝国主义'性质"。这使人想起康德的看法。柯文和康德不同的是，如果康德的范畴是先验的、具有普遍性的，柯文的"范畴"则是后天的、具有个别性的。正是这种不同使柯文更接近美国史家库欣·斯特劳特（Cushing Strout）所说的，以美国史家卡尔·贝克（Carl Becker）和查理士·卑尔德（Charles Beald）为代表的"实用主义的相对主义"（Pragmatic relativism），而不那么接近新康德主义的相对主义。[25]

这种对历史真理的看法令笔者想起，美国学者汉斯·迈耶荷夫（Hans Meyerhoff）针对历史相对主义重要人物威廉·迪尔泰（Wilhelm Dilthey）面临的困境指出：一方面要求史学家"说出真相"，提醒他"偏见与成见是与史学家的高贵职务不相容的"，另一方面又告诫他"这种理想是高不可攀的"，"历史给真理和客观性设置了界限"。[26]柯文似乎意识到这个困境，想用折衷的办法缓解矛盾。他用乐观的口吻结束全书。在承认"我们寻回的历史真理不可避免地要受到限定"之后，他紧跟着强调："但是，限定真理并不等于取消真理……所有人，只要意识到这个问题，并认真对待它，就可以在一定程度上设法减弱其影响。"但是柯文并没有向读者交代清楚，只需"意识到这个问题""并认真对待它"，如何就能减弱深深植根于他反复阐明的相对主义所带来的那些致命的"影响"。看来柯文这里提出的"一定程度"，也只是一种无奈的自慰。人们不难察觉在史家勉强的笑容背后，隐藏着哲学家的失望心情。

历史相对主义是 20 世纪初兴起于欧洲的新历史主义（historicism）对 19 世纪下半叶流行一时的实证主义史学思潮的反动。它和美国实用主义思潮的真理相对论合流，对 20 世纪美国史学思想产生了深远影响。历史主义开始认为史学研究应分两步进行。第一步是收集"史实"，这时可以采用类似自然科学的方法步骤，鉴别真伪，确立史实客观性。第二步是诠释史实，这时主要凭史家想象、直觉，难以维持历史的客观性。但是 20 世纪以来它进而怀疑"史实"的真理性，认为所谓"史实"已是经过史家加工的过去的遗迹。这样就把历史学与自然科学完全对立起来，造成一股历史虚无主义，触发了所谓"史学危机"。历史真理的客观性（包括所谓"历史重要性"问题）是美国、西欧近二十年史学思想争论的焦点之一。克服历史相对主义必须既要把史学与自然科学区别开来，又要看到两者之间具有共同的科学基础。这正是辩证唯物主义与历史唯物主义的功绩。历史唯物主义由于提出了经济基础与上层建筑一整套理论，从历史本体论上确立了历史研究对象具有不以人们意志为转移的客观性；辩证唯物主义则从认识论上确立了历史真理的可知性，特别是在确立实践与感性知识为第一性的同时，充分肯定了理性认识的作用，认为必须对感性知识进行加工，去粗取精，才能探知事物的真相、本质与规律。对自然科学是如此，对历史学也是如此。相对主义者把对历史事实进行的任何加工、任何选择与安排都看成是有损于历史真相，是不符合人类认识的一般进程的。

折衷主义的倾向

根据以上分析，人们很容易把柯文视为实用主义史学思潮的继承人：他把当事人的直接经验视为编织历史的最终素材；他突出经验史实第一性，贬低理性认识的积极作用；他在历史研究中倾向于以问题为中心，排斥概括性较大的理论框架；他鼓吹历史真理随时代需要而变化的历史相对主义；他倡导在历史研究中采用以经验为基础的多元的移情方法。这一切似乎都说明实用主义的深刻影响。但是把柯文的史学思想归结为某种单一的史学思潮，是不全面的。起码另有一种传统对他发生了几乎同样巨大的影响，我指的是可以追溯到 19 世纪欧洲的历史主义思潮。

19 世纪历史主义思潮主要代表人物是德国的兰克（Lespold Ranke），到 20 世纪上半叶产生了所谓新历史主义，其影响遍及西方各国，如意大利的克罗齐（Benedetto Croce），德国的迪尔泰、韦伯，英国的柯林伍德（Robin Collingwood），西班牙的奥提卡（Jose Ortega Y Gasset）。兰克的历史主义思潮传到美国后，在美国的土壤上，逐渐失去它的浪漫主义与唯心主义色彩，保留并发展了其中的实证主义成分，为美国史学研究打下了基础。20 世纪上半叶，贝克和卑尔德从实用主义观点出发对实证主义展开猛烈攻击，又形成一股强大的相对主义史学思潮，和欧洲的新历史主义相呼应。总之，可以说历史主义在美国有深远的基础与影响。美国史家里奥·格肖伊（Leo Gershoy）曾说："美国当前史家的理论基础如果不是直接来自迪尔泰、克罗齐或柯林伍德，更大可能是来自这些人的相对主义在美国本土的翻版，即贝克与卑尔德。"[27] 劳伦斯·斯通曾指出，在五六十年代，美国大量翻译了韦伯的著作，对美国历史界产生了巨大影响。[28]

历史主义一词含义广泛、含糊，各流派各时期的理解差别甚大，但是其中有一个根本信条为柯文所接受，即本文已再次提到的对历史现象的个性与独特性的追求，认为史学的任务就是按照个别历史事件丰富多彩的特性重建过去，不是探求历史发展的规律与共性。柯文反复驳斥历史发展的单向集聚观点，要求根据不同的社会与文化设计不同的理论框架，追求历史描绘的精细化，倡导通过移情方法理解历史，主张采用生动的叙事文体描述历史，把历史视为人文科学，乃至他的历史相对主义，以及对描绘历史共性的理论框架存有戒心，等等。这些倾向都与历史主义思潮，特别是与他对独特性的追求是一脉相通的。也许可以说中国中心观与柯文史学思想在方法论与认识论方面的前提假设，主要渊源于实用主义与历史主义这两股思潮。

此外柯文还吸收了法国年鉴学派乃至结构学派的某些思想，例如他非常强调人类社会中长期性的绵延的变化，在历史分期上不重视突发的历史事件（如战争）的影响；他热情赞扬了该学派创始人布洛赫（Marc Bloch）对历史进行多科性综合研究的倡议，并着重指出多科性的大协和是历史研究的发展方向；他高度评价施坚雅采用地区系统取向研究中国城市化进程。虽然他对结构学派有所批评，但他强调这种方法在描绘"某一系统的各组成部分之间在功能上的相互作用"时"有独到之处"。年鉴学派自六十年代后期开始通过交换学者等方式大举渗透到美国各大学的历史系，对美国中、青年史家产生了深刻影响。此外需着重指出的是，柯文的史学思想大体形成于五六十年代，又经过七十年代的修订，这三十年正是美国史学思想处于激烈动荡、不断革新的时代。美国史学经过五十年代的调和学派（consensus school），到六十年代出现了新左派

（New left），有人称之为急进派或新进步派。这一派是在动乱的六十年代，在肯尼迪被刺、黑人革命、越南战争、激进的学生运动、妇女解放、向环境生态保护的进军等一系列激烈斗争中产生的，它带来了马克思主义史学的影响。进入七十年代后，美国史学思潮又出现了一种力求精密化，捕捉历史变化的复杂性的趋向。在研究方法上避免单一模式，采取多元方法，注意吸收社会科学（主要是社会学、人类学、经济学、心理学）提出的概念、理论，并采用计量方法（包括计算机的应用）。特别明显的是，研究领域迅速扩大，其中心问题是历史上人与社会的关系，首先涉及人类生活的物质基础的研究，如人口、地理、生态、科技水平、生产与分配，资本积累与经济增长；其次是社会史的研究，包括各类社会制度（如家庭、学校、教会、监狱、公司、城镇议会、出版机构），社会过程（如社会流动现象，权力、财富、名誉的分配），社会文化（如通信、印刷、出版、识字率、民间文化、博物馆）及社会群体（如工人、中产阶级、上流社会、妇女、黑人、种族、老人、同性恋者）的研究。此外强调地方史与下层社会、大众生活的研究。细心的读者可以察觉到这股潮流对柯文的史学思想及其中国中心观所产生的影响。

斯通在谈到花样翻新的社会科学对史学的纷至沓来的冲击时，劝告美国史家："史学家的最好办法是选择其中自己感到最直接有用、最有启发性的成分；要知道任何公式、模式、假设、图式或方法都不是神丹妙药；要深信用以解释重大历史事件的任何单线式的因果学说都肯定是错误的；不要被复杂精密的方法，特别是量化方法吓倒：一句话，动用自己的全部常识来弥补技术上的无知。"[29] 柯文在史学理论与方法上采取的正是这种和实用主义有密切联系的折衷主义的态度。正是这种态度在很大程度上引起了上文所分析的中国中心观与柯文史学思想中一系列的紧张状态与矛盾：微观研究与宏观研究；经验史实与分析框架；"局中人"的观点与"局外人"的观点；分散多元的视线与统筹全局的观察者；历史真理的主观性与客观性；史学的任务是描绘独特的事件还是寻求规律；史学实质上是艺术还是科学。在上述每对矛盾中柯文思想都偏于前项，但他力求不要过分偏袒一方，而且始终没有全部否定后项的作用。

柯文是经过美国史学正宗训练又多年从事历史写作的史家，经历了六七十年代的史学革新，但也保留不少20世纪上半叶的史学思潮。本书又是他针对数十本历史著作的评论，有实有虚，涉及面较广，从中提取的史学思想是否就可以代表当前美国史家思想的主流，难下断语，但是如果说它在相当大的程度上反映了部分美国史家实际上的史学思想，当不为过。

巴勒克拉夫在他的《当代史学主要趋势》（*Main Trends in History*）一书中，纵论当今世界的三大地区的史学思潮：美国、苏联、西欧。他指出，尽管各思潮面临的历史背景不同，各自的根本出发点也不同，但到了20世纪五十年代中期，几乎不约而同地对"前一辈史家的一些基本假设展开批驳"，而且都出现了"史家与社会科学联合起来"的趋势。他认为由于交通方便，共产主义与非共产主义国家壁垒渐开，史学思潮特别是史学方法"当前阶段最重要的特色是一种相互靠拢、融合的过程"。例如他指出法国年鉴派一方面和美国史学一样强调在史学中应用社会科学，另一方面又和苏联史学一样把重点放在限制个人活动的物质、社会结构与过程上。三方面都有一种把历史学和其他科学融合的趋势。[30] 他介绍了苏联在苏共二十大后史学思潮的变化，例如反对"教条主义""语录主义"；强调史家的任务在于通过具体历史事件检验历史唯物主义的范畴，从而充实、发展马克思主义的原理，订正个别过时的提法；提出要区别研究人类社会的哲学（历史唯物主义）、研究人类社会的理论（社会学）与研究人类社会的历史（历史科学）三种相对独立的领域；扩大史学研究的领域；特别是主张采用西方史学的方法，恢复社会学的名誉，不断加强史学家的合作。从六十年代早期开始越来越注意控制论、计算机技术、统计学、结构分析与模式的应用。[31] 目前还很难预测巴勒克拉夫指出的这种"融合"的趋势能发展到什么地步，因为各种思潮的基本出发点分歧甚大。但是随着社会科学与史学科学化水平的不断提高与国际学术交流的扩大，可以断言各种思潮之间取长补短的可能性会与日俱增。中国史学家将吸收世界各国史学思潮的精华，逐步建立具有自己特色的马克思主义的史学理论体系。

本书的翻译曾得到美国哈佛大学费正清东亚研究中心（Fairbank Center for East Asian Research）与卫斯里学院（Wellesley College）的支持。在翻译过程中得有机会与柯文教授切磋，译文经他本人仔细核校，提出许多宝贵意见，得益匪浅。此外还得到广东社会科学院张磊同志指正与叶树兰同志的热情支持帮助，谨此一并致谢。

林同奇

1985 年 7 月写于波士顿

注

[1] A. A. Wilson et al., *Methodological Issues in Chinese Studies*（New York：Praeger，1982）一书，其性质与柯著有类似之处，但侧重当代中国的研究，其主旨是探讨多科性研究方法的应用。因系论文汇编，不论在内容的全面性与系统性上都远不及柯著。

[2] 狭隘主义指历史视野狭隘，目光局限于自身文化、社会的倾向。历史发展目的论指认为人类历史是按照某种总目标或总设计方案向前发展的看法。

[3] 见 Robert Marks，"The State of the China Field：or the China Field and the State," *Modern China*（October 1985），11（4）：472。

[4] Michael Kammen，ed.，*The Past Before Us：Contemporary Historical Writing in the United States*（Ithaca，N. Y.：Cornell University Press，1980），p. 20.

[5] Quoted in Geoffrey Barraclough，*Main Trends in History*（New York N. Y.：Holmes and Meiner，1979）p. 7.

[6] Ibid.，p. 82.

[7] Amy A. Wilson et al.，ed.，*Methodological Issues in Chinese Studies*（New York：Praeger，1982）p. 15.

[8] Edward N. Saveth，ed.，*American History and Social Sciences*（The Free Press，1964），p. 19.

[9] Empathy 一词指认识主体为了更深刻理解对象，以自身的思想、感情、经验为基础设身处地进入对方人格，切身体验对方的思想与感情的做法。此处借用美学上的译法，暂译为移情。

[10] 李时岳：《中国近代史主要线索及其标志之我见》，载《历史研究》，1984 年第 2 期，第 122 页。

[11] 张耀美：《也谈中国近代历史前进发展的线索》，载《历史研究》，1984 年第 6 期，第 76～77 页。

[12] 见 Karen Lystra，"Clifford Geertz and the Concept of Culture," Prospects，1983，p. 33。

[13] 见 Victorino Tejera，*History as a Human Science：The Conception of History in Some Classic American Philosoqhers*（Boston：University Press of America，1984），p. 129，p. 8。

［14］ 见 James A. Henretta, "Social History as Lived and Written," *American Historical Review* (December 1979), 84 (5): 1309。

［15］ 见 Gene Wise, " 'Paradigm Dramas' in American Studies: A Cultural and Institutional History of the Movement" *American Quarterly*, 1979 (3): 323。

［16］ 见 Max Weber, *The Methodology of the Social Sciences*, trans., E. A. Shils and H. A. Finch, New York, 1964, p. 104。

［17］ 见 William Dray, "The Historical Explanation of Actions Reconsidered, in Sidney Hook, ed., *Philosophy and History* (New York University Press, 1963), p. 133。

［18］ 见 Quoted from Samuel H. Beer, "Causal Explanation and Imaginative Re-enactment," *History and Theory*, 1963 (1): 23。

［19］ 见 Jarnes A. Henretta, "Reply" to comments on his "Social History as Lived and Written," *American Historical Review*, (December 1979), 84 (5): 1332。

［20］ Ibid., p. 1332.

［21］ Max Weber, *The methodology of the Social Sciences*, trans., E. A. Shilsetal, New York, 1964, p. 104.

［22］ 见 James A. Henretta, "Social History as Lived and Written," *American Historical Review* (December 1979), p. 1308。

［23］ 蒋大椿：《唯物史观与历史研究》,《近代史研究》1983 年第 2 期, 第 32～33 页。

［24］ 丁伟志：《历史是多样性的统一》,《历史研究》1983 年第 2 期, 第 20、26、29 页。

［25］ 见 Cushing Strout, *The Pragmatic Revolt in American History: Carl Becker and Charles Beard* (New Haven: Yale University Press, 1958), p. 9。

［26］ 见 Hans Meyerhoff, ed., *The Philosophy of History in Our Times* (Garden City, New York: Doubleday Anchor Books, 1959), p. 16。

［27］ 见 Leo Gershoy, "Some Problems of a Working Historian", 载 Sidney Hook, ed., *Philosophy and History* (New York: New York University Press, 1963), p. 60。

［28］ 见 Lawrence Stone, *The Past and the Present* (Boston: Routledge and

Kegan Paul，1981），p. 13。笔者认为柯文的方法论颇受韦伯的影响。例如韦伯在上引 *The Methodology of the Social Sciences* 一书中就认为历史学就是研究"对我们具有意义的个别的总格局（individual configuration）"，其目的是了解过去现实的"独特性"（见该书 p. 72），认为"在研究这些'历史个体'（historical individuals）时，是研究具体的因果联系，而不是研究规律或法则"。（见该书 pp. 78－79）

［29］同上，pp. 20－21。

［30］见上引 Geoffrey Barraclough 一书 p. 43，p. 29。

［31］同上，pp. 30－34。

2010 年新版序言：
对于中国中心观史学的进一步思考[*]

张隆志/译

　　这篇新版序言是改写自我数年前为论文集 *China Unbound* 所撰写的导言。将该书结集出版是一次难得的挑战。一方面是重新回顾我数十年前的旧作品，提醒自己作为历史学者的求知甘苦历程。另一方面则给予我反思自己历史研究的机会，发掘若干我的老师史华慈所说的深层预设（underlying persistent preoccupation）。[1] 这些议题自我开始写作即以不同的方式延续至今，另一些议题则在之后出现在不同的研究阶段。换言之，这个练习使我对于自己思想发展中变与不变的部分，有了更清晰的图像。

　　虽然我大部分的学术研究均聚焦于十九及二十世纪，因此

几乎难以避免地需要处理中国与西方（以及受到西方影响的[xl]
日本）间的互动。持续不变的关怀是我决心进入中国内部，
从中国人自己的经验重建其历史，而不是根据西方人觉得重
要、自然或正常的角度。简言之，我希望能超越过去承载着沉
重的欧洲中心或西方中心假设的中国研究取向。此一立场的早
期范例是我的第一部作品《中国与基督教》。我在该书序言中
明确地远离旧式中国传教史以及其"关注传教而非中国"的
焦点。随着二战后中国研究的逐渐成熟，此种西方中心观取向
的缺陷更加显著，而以我的另一位恩师费正清为先驱的另一种
新取向，"更关注于理解及评价基督宣教活动在中国所扮演的
角色"。[2]这也是我在第一本书所采用的研究路径。

　　这个起点最后成为一段漫长而艰苦的历程。在《中国与
基督教》一书的最后一章，我初步勾勒了下个步骤：批判地
检视西方冲击－中国回应取向（此一取向与费正清关系密
切），它在战后数十年来深刻影响了美国学界对于十九世纪中
国的论述。我写道："现代中国研究者常过分聚焦于西方冲击
与中国响应的过程，以至于忽略相反的发展：中国影响与西方
反应。来到中国的西方传教士发现他必须面对意想不到的挫折
与敌意，并因此逐渐被转变成一位"外籍"传教士。传教士
对于此一转变的觉悟（或可说是憎恨），结合了他对中国事物
的根本不满……严重地限制了他对于中国环境的响应。"[3]换
言之，西方冲击与中国回应取向过分简化了历史，它假设十九
世纪中西互动是单向地由西方流向东方。[4]

　　数年后我在一篇论文中更系统性地检讨冲击－响应取向，
并尝试指出若干隐含的基本假设。[5]其中一个内在倾向是将任[xli]
何十九世纪中国的变迁，都视为西方冲击的结果。此一预设也

成为 19 世纪五六十年代欧美学界研究倾向的一部分，亦即在看待中国数百年历史时，否定其出现重要内在转变的可能性。虽然我直到出版《在中国发现历史》一书时，才对此议题进行更详尽的检视，但如今回顾起来，我在十多年前撰写晚清改革者及先驱报人王韬的思想传记时，[6] 便已开始朝此方向前进。由于王韬毕生致力思考关于变迁的复杂性，我在理解他生涯的过程中自己也必须面对这些课题。在本书讨论王韬的四篇前言中，我触及了有关变迁的几个大课题，例如渐进转变与革命的关联、从内部观点评估社会变迁的优点、传统与现代性的复杂关系、中国传统与实际历史发展的差异、技术变迁与价值改变、十九与二十世纪中国变迁的地理文化资源等。我后来逐渐了解到虽然自己已经开始进行反思，但在该书大部分的讨论中，仍存留着过度强调西方因素作为衡量晚清中国变迁主要标准的倾向。[7] 我在本书的英文平装版序言中，指出了此一倾向的结果，尤其是对于王韬一书最后一部分的影响。[8]

在王韬一书中已经显现的，对于包含我自己在内的西方中心取向的逐渐不满，让我在 1970 年代晚期开始更为广泛地批判这些倾向对于战后美国学术的塑造作用。《在中国发现历史》一书便是此工作的成果，我在前三章探讨了西方中心的偏见，指出三个影响 19 世纪五六十年代的主要概念架构：西方冲击与中国回应取向，现代化（或传统与现代性）取向，以及帝国主义（或更为明确的帝国主义与革命）取向。并在最后一章讨论美国学界的新研究趋势，我称之为中国中心取向。此一取向出现在 1970 年前后，并努力地克服早期的西方中心偏见。在本书平装本再版序言中，我响应了学界同人对于中国中心取向的若干批评。在本文中我想以中国史研究的新近发展为例，讨论中国中心取向的可能限制。

中国中心取向的核心特色是研究者致力从中国自身的观点来理解中国历史，尤其重视中国历史发展的轨迹以及中国人对历史问题的认识，避免源自于西方历史的期待。但此一立场并未忽视外来的影响，也不排斥（相反的是更加欢迎）将非中国的（通常来自其他学科而非历史）理论洞见及方法策略，应用于中国的现实状况。只要这些洞见与方法能够敏感于狭隘地域偏见（典型的西方中心）的危险。

直至今日，我仍未改变上述论点。我认为中国中心取向在许多中国史研究议题上，仍是适切而可行的。[9] 但另一方面，中国中心取向的优点，在某些议题上则未必如此明显。我脑中浮现的是几个新兴研究领域，它们虽然与中国史相关，却更适合从其他角度加以讨论。其中有些是属于比较历史性质或从世界史观点的提问，有些是从东亚或亚洲区域体系的角度来研究中国，有些虽然处理中国历史，但其关心课题则超越了国别史，有些聚焦于中国境内非汉族群体的行动思想（与自我认知），有些则是着重关注迁移至世界各地的中国移民。上述学术领域（无疑还有其他课题）均对于何谓"中国历史"的边 xliii 界，乃至于何谓"中国"的定义提出疑问。不可避免的是，上述研究也因此以各自的方式对于中国中心取向的适切性提出挑战。

对中国史研究者及其他领域学者而言，近年来最为重要且具影响力的比较历史成果，是王国斌（R. Bin Wong）及彭慕兰（Kenneth Pomeranz）的作品。尤其是前者的《转变的中国》［*China Transformed*（1997）］及后者的《大分流》［*The Great Divergence*（2000）］两本论著，处理近两百年西方的全球优势等复杂课题。[10]王彭两人间有显著的不同。彭专注于经济发展相关的问题，而王则将视野延伸至国家形成与民众抗争。[11]进而言之，彭提到他自己更强调"全球趋势及相互影响，并将欧洲和中国以外的区域带入讨论。"[12]而王则持续而深入地进行欧洲与中国的比较历史研究。然而两位学者间的共同点比其差异更为重要。最值得注意的是，他们均赞同过去西方对于欧洲与世界其他地区所进行的比较都提出了错误的问题。受限于十九世纪社会理论的欧洲中心主义偏见，他们均以欧洲所发生的变迁轨迹为假设规范，如果诸如工业革命等发生在欧洲而非中国，那么应要探究的问题是中国的案例出现了什么偏差。

王彭两人正面挑战上述研究，并坚持进行双向比较的必要性。王采用"对称观点"（symmetric perspectives）来描述此一过程，彭则使用"相互比较"（reciprocal comparisons）一词。[13]两位学者在讨论历史变迁时，不再受限于欧洲中心的规范性假设。在探讨十八世纪后半叶欧洲和中国的经济状况时（彭主要讨论部分欧洲、中国、印度和日本区域），他们发现显著的类似现象。王国斌提到："十八世纪欧洲在关键部分与同时期中国的类似处，远比十九及二十世纪的欧洲更为明显。"而彭慕兰也从较复杂的空间观点提出类似的说法。他指出十八世纪中叶"在旧世界的数个核心区域，包含中国长江区域、日本关东平原、英国与荷兰、古吉拉特等地，彼此均具有若干关键特征，和周边其他大陆及次大陆地区有所不同。例如相对开放的市场、普遍的手工业、高度商业化的农业等"。[14]基于此时期部分欧洲与亚洲区域在经济状况方面的共同性，王彭两人的关注焦点不再是亚洲出了什么问题，而是何种因素导致欧洲从英国开始至其他核心区域，在 1800 年后出现了划时代的经济变迁，但并未发生在亚洲大陆经济高度发展的区域。虽然两位学者在响应此问题时，均赞同英国的技术创新及新能源转换（煤）具有关键重要性，王国斌同时强调发展中欧洲政治经济的若干结构特征具有解放功能（如国家间的彼此竞争），而彭慕兰的解释则更为重视欧洲以外的因素，尤其是新型贸易体系及新大陆带来的意外财富与资源。[15]

　　虽然王国斌曾宣称他的著作"基本上是一本关于中国历史的专书，其次才是一本关于欧洲史的作品，"[16] 而在讨论中国历史时他非常留意避免带入欧洲史的盲点。我则认为"中国"并非本书的主题，而本书的首要贡献和学术价值在于审慎地提出并说明一个崭新而更为均衡的比较历史研究取向。它并不偏重世界某一特别区域的历史发展，也因此避免我们用先验的假设来看待各区域的历史。彭慕兰的研究则较少强调比较（虽然他的研究空间范围比王国斌广阔），而更专注于欧洲与 xlv 东亚在十九世纪中叶以后的不同经济发展轨迹。虽然彭提到"当我们不再将中国从作为欧洲的假想对比解放出来时，她的发展将呈现新的风貌……而当我们看出欧洲经济和其时常比较的对象间的相似点时，对欧洲的历史也将有不同看法"，[17] 但他的首要目标是探讨现代世界经济如何出现的核心问题。彭慕兰因此和王国斌一样，虽然认真讨论中国并努力呈现其真实风貌，但其根本关心的课题则超越了中国历史研究。

　　要将诸如王彭等人的世界史论著（无论是比较研究或探讨趋势和影响）冠上中国中心的标志，看来是明显不恰当的。同样的论点也适用于那些将中国视为广大亚洲区域体系一环的研究。区域作为个别国家和世界之间的中级范畴，具备其自身的历史动力，也必须（如同其研究者所言）从区域中心的观点加以检视。代表学者例如滨下武志，[18] 希望我们"将东亚视为由历史过程建构的区域，具备其自身的霸权结构"。"它并不是因为欧洲列强到来才进入现代，而是由于传统中华朝贡体系的内部动力。"[19] 朝贡体系由中国创始于数世纪之前，是个包含东亚和东南亚的宽松政治结盟体系。中国及其藩属国家的关系不仅止于两国之间，更常包含了卫星朝贡国间的关系。例如越南接受寮国的朝贡，朝鲜是中国藩属但也遣送朝贡使节到日本，而琉球国王在中国清廷/日本德川时期，同时和江户及北京建立朝贡臣属关系，因此形成了复杂的区域关系网络。

xlvi 　　根据滨下的研究，亚洲区域体系的另一个关键特质是经济。一个多层次的贸易关系网络在东亚和东南亚地区拓展，和朝贡体系共同运作。并与中国商人向东南亚的经济渗透以及华南劳工的移出过程密切相关。"朝贡物品和'礼物'的关系实质上是商业买卖关系。"而商品价格"是宽松地由北京的市场价格所决定"。他指出事实上从晚明以来"整个复杂的朝贡贸易体系的基础，是由中国的物价结构所决定。而朝贡贸易区域形成一个以白银为交易媒介的完整'白银区'。朝贡贸易作为一个体系的运作关键，是中国以外区域对于商品的巨大'需求'，以及中国内部与外部的价格差异。"[20] 滨下赋予区域经济整合的重要性，是他与早期费正清和其他学者讨论朝贡制度作品的明显不同之处。[21]

　　虽然中国无疑是滨下区域中心观点的基础（他也常用中华中心 [Sinocentric] 的词汇来描绘），从前文讨论可以看出中国中心观并不适用于理解他所讨论亚洲区域体系。[22] 此点在滨下另一部分的分析中更为明显，他进一步提到海洋作为亚洲

历史活动的焦点与决定因素，具有和陆地相等的重要性。虽然
我们习惯将亚洲视为陆地疆域单元的组合，但它同时也可被视
为从东北亚一路延伸至大洋洲的一个相互连接的海域（mari-
time regions）。滨下敏锐地指出，当我们采用此一海洋中心的
地理观点时，将较容易理解为何亚洲各地间的政治关系数世纪
以来是如此发展。"位于各个海域周边的国家、区域与城市间
的邻近距离，足以彼此影响，却无法同化成一个较大的单位。
在此意义下自主性成为建立一个宽松的政治整合形式，也就是
所谓朝贡体系的主要条件。"[23]

　　关于非汉族群体的研究亦指出了另一个中国中心观史学较
无法处理的学术领域。[24]此类研究有许多不同的形式。一群人
数虽少但极为出色的历史学者，近年来为清帝国的满州性格问
题注入了新活力。探讨的议题包括满人文化与民族认同的长期
变迁、清代边疆的特殊性格、满人统治的多重型态及其对于清
帝国经营的贡献、重要的清朝制度（尤其是八旗），以及满人
对于二十世纪民族主义的影响等。[25]这些学者常以满文资料补
充中文文献，并犀利地挑战多数满人已被"中国世界秩序"
吸收或同化的传统成说。如同其中一位指出的，他们的多数共
识是"满州差异的重要性持续了整个清代"。[26]而其他人则用
"清代中心"和"满州中心"等词来凸显此一重要差异。[27]他
们的主要论证并非否认满人是中国历史的重要部分，而是帝制
晚期的中国从满州视角而言将呈现出不同的风貌。从传统同化
或汉化模式等汉人观点来看待满人的历史角色，将导致与从西
方中心观点看待中国时相同的扭曲和偏见。

　　造成清代满州差异的主要原因之一，清朝是一个征服王
朝，并在此时期将中国与中亚等地纳入其势力控制。[28]至于其

xlvii

他非汉人群体如中国回民的案例，则是另一个故事。中国穆斯林课题也对于中国中心研究取向的适切性发出质疑。但由于他们数百年来的经验与满人有极大不同，研究问题的性质也有所差异。其中一个差异是中国穆斯林虽然也曾担任政府高层官员（尤其是在元朝），但并未如同满人和蒙古人那般成为统治中国的群体。另一个差别是中国穆斯林自过去以来，便持续以不xlviii 同程度和方式与宗教维持联结，而回教是个非中国起源的世界性宗教。

如同杜磊（Dru Gladney）和李普曼（Jonathan Lipman）所坚持主张的：中国不同区域的穆斯林（甚至在同一个省）彼此也有许多差异。

有鉴于中国穆斯林人群的异质性，在理论上而言，虽然中国中心取向应用于新疆说突厥语的维吾尔族可能造成误导，[29] 但仍应适用于已经汉化的中国穆斯林。此一取向的重要特征之一，便是将极为复杂多样的中国世界分成较小而可处理的空间单位，以便仔细探究地方差异的各种面向，包含宗教、族群及社会差异。[30] 然而结果是，即使对于说汉语的穆斯林而言，中国中心取向仍然出现问题。李普曼在讨论十九及二十世纪甘肃地方的个案时，提供了关于回民复杂性的生动分析。兰州是此时期甘肃的政治中心，也是中国主要的经济生活重心。但兰州因位于两个穆斯林空间的边缘：一个是宁夏，另一个是河州。从穆斯林的观点而言，则是边陲地区。相反的，位于兰州西南六十多英里的河州，虽然对于穆斯林而言是个主要的商业与宗教中心（在十九世纪拥有超过半数的回教人口），在所有的中xlix 国中心观点的地图上"仍被视为边陲地区的边陲"。换言之，中国中心观点的地图并未充分关注甘肃回民的社会、经济及宗教的重要面向。除此之外，它更大的缺点在于呈现出一个毫无差异的甘肃回民社会，抹杀了其成员的多样性。如李普曼清楚地指出，甘肃境内不同地区的穆斯林（在中国各地更是如此），事实上在社会及职业分布方面有广泛的差异，相对于国家则扮演了不同的角色。有时彼此间会出现暴力冲突，在宗教热诚的性质和程度上更不相同。[31]

上述满族和穆斯林的新研究作品，与近年来中国对于民族（国籍或族群）的整体学术关怀有关。由于中国边境汉人与少数民族间紧张关系的刺激，部分受到全球对于多元文化与多族群议题兴趣及关切的影响，此一学术关怀展现在有关维吾尔族、蒙古族、藏族、彝族及其他族群的著作中。[32]就其对于透明而毫无疑问的"中国性"概念的挑战而言，它将此范畴复杂化并迫使我们继续重新思考其含义，可以理解此一研究对于中国中心式的分析并不十分友善。

假如中国中心取向无法充分处理中国境内非汉族社群的特殊观点及经验，它在处理迁出中国境外的汉人移民时也出现问题。这也是近年来受到学界广泛关注的议题。中国海外移民是个非常复杂的课题，学者们如今才开始重新进行概念化的工作。[33]它的主要特征来自于广泛（及先前的）中国国内迁移的模式。就迁移过程"推力"部分的焦点而言，注重地方特殊性与差异性的中国中心分析，对于理解从某一地点迁移的有利决定因素（无论是国内或海外），均具有潜在的价值。但即使在此阶段，我们也开始遇到问题。虽然在十九及二十世纪，华北及华南各地均出现地方贫困与社会动乱，但海外移民大部分源自于南方福建、广东的特定区域，而非来自中国北方。此一现象的主因是这些地方能进入若干南方贸易港口尤其是与英国殖民地香港高度发展的华人网络。用冼玉仪（Elizabeth Sinn）的用语，这些"中介地区"（in-between places）作为转运或枢纽，让人群、物品、汇款甚至死者的骨灰，可以在华南村落与全球各地之间流动。运用此种迁移的网络，成为华南部分地区家族（有时甚至是整个村庄和宗族）的首要经济策略。[34]它也是前文所说的区域与全球体系的重要环节。

在讨论迁移过程时，中国中心取向作为唯一甚至基础理解途径的用处明显地减弱。其主要原因当然是中国与外界有着重要的连结。当华人在印度尼西亚爪哇、美国加利福尼亚州、秘鲁利马和普利托利亚等地定居，无论是暂时或永久，即使他们保持中国社会与历史记载的重要生活方式，他们也同时成为印度尼西亚、美国、秘鲁及南非历史的一部分。他们对于不同环境的适应不但因地方而异，更随着时期的不同而不同。孔飞力使用"历史生态"描述的此一过程，是无法用单一国家或文化的观点加以理解的。[35]但如何理解多元地域的复杂性，只是中国中心分析的部分问题。如亚当·麦基翁（Adam McKeown）有力地说明，要完整地理解华人移民，以国家为基础的观点（无论是以中国、美国、印度尼西亚为中心等），必须辅以强调移动及分布的研究，"以关注连接这些较为地方性参考基点的全球性连结、网络、活动及意识。"[36]换言之，迁移并非只是推力和拉力的因素，也不只是移出地和迁入地，而必须被视为一种过程，包含了在稳定建构并密切连结的移民管道间持续往返的移动。正因如此，移民对于既有的国家疆界具有强大的颠覆作用。[37]

中国中心取向的适切性在某些直接而广泛地与中国历史相关的个案中，也出现质疑。我的《历史三调：作为事件、经历和神话的义和团》［*History in Three Keys*（1997）］便是一个良好示范。我的确在本书的许多篇章里，持续努力地进入1900 年春夏期间义和拳民及其他华北平原中国居民的内在世界。就此方面而言，我的研究可以被视为中国中心取向。但我同时（虽然比重较小）也有兴趣理解事件发生时在华外籍人士的思想感受及行为，并时常指出中国人与外籍人士之间的共同点。在某些重要时刻，我的研究取向是更以人为中心，而非只是中国中心（我稍后会再说明此论点）。

最后也是最重要的是，如同我一直说明的，本书的主旨是探讨有关历史书写的一系列广泛议题，"以义和拳民作为此一更重大工作的仆人"[38] 此一做法与正规的历史研究非常不同。在中国研究及其他领域的作品里，作者通常都会在结论时将他们的发现放置在更为广阔的参考架构，借此强化其研究的意义和重要性。在《历史三调》里我则是以一系列大问题为讨论起点，并且未曾放手。本书虽以义和团为延伸性的个案，但我更进一步地在结论中指出，义和团与全书探索的重大议题之间，并不存在必然与排他性的连结。世界史上许多其他故事亦可扮演同样的角色。[39] 本书的主要目标并非中国历史，而是关于历史书写的一般性课题。因此也并未特别强调中国中心的观点。[40]

前文所讨论的研究课题，均对中国中心取向提出质疑，有些例子要求放弃使用它，但更多的情况是将它更为细致地与其他的研究取向相互结合。当四分之一世纪前我初次提出中国中心取向时，我明确地将它与研究中国的过去相连结。我急切地（从当时的观点）强调自己所进行的工作，是将其他学者已经开始使用的一套研究策略加以连结及命名，并认为这对美国的

lii

中国研究而言是个合适而值得庆幸的走向。事实上《在中国发现历史》书中章节介绍此一取向时，我使用的标题是"走向以中国为中心的中国史"。只要学者选择的题目是明确地以中国的（政治、社会、经济、学术、文化与宗教）脉络为核心时，我认为中国中心取向仍是非常有用的。即使就近年来学界的新发展趋势而言，此点对于大多数中国历史作品也仍然属实。困难发生在当我们进入我在前文所讨论的各个领域，例如将中国去中心化地放在跨国性的历史过程（如海外移民、现代世界经济的出现、亚洲区域体系的演化），或者更为一般性的学术议题（如理解过去的多重方式、比较历史的研究），或者将中国从物理性空间转化为其他事物（如最近流行的去领域化等词汇）[41]，以及将中国问题化的其他方式（如中国境内非汉民族与海外华人移民的自我认知等）。

　　上述研究方向虽然对于狭义的中国中心取向提出质疑，但对于更为广义的中国历史研究则做出了极为重要的贡献。其中几种具体成果如下：移除数百年来关于"中国"概念的人为障碍（包含中国人和西方人）；颠覆对于中国过去的狭隘认识（由中国人及西方人一样所提倡）；深化理解"中国"在不同地方及时间所代表的复杂意义；更为均衡地（而少带偏见地）比较中国与世界其他地区；弱化西方长期以来将中国视为主要"他者"的认知方式，破除"东方"与"西方"式武断而误导的区分，进而能够以更具人性而非异国情调的观点，重新看待中国及其人民与文化。

　　我希望再次强调上述最后一个论点，因为它越发成为我自己的重要研究关怀。我特别指自己对于西方人过分夸大中西差异所抱持的怀疑，这些夸大宣称时常是（虽然不是不变地）

根源于西方中心的观点。我在几乎所有的著作中都认真看待文化（包括我在本文后半段会讨论到的最新作品），也绝对不会否认中国与西方之间存在着重要的文化差异。但此同时，我相信过分强调此差异的历史研究将容易导致不幸的扭曲，即使是以某种幽默讽刺的方式加以表现。其中一种扭曲形式是文化本质论，将文化过度化约成一组其他文化无法体现的特殊价值或特征。例如对于威权主义东方与自由宽容西方的刻板印象，如阿玛蒂亚·森（Amartya Sen）的精彩论证所指出的，无法提供理解印度或中国历史也拥有宽容或自由的传统，以及威权主义亦有其西方自身历史来源的可能性。然而真实的历史记录完全否定了这类传统成见。事实上"当讨论到自由与宽容时"，森指出更合理的分类方式是以观念内涵为优先而非文化或区域，"将亚里士多德和阿育王分在一组，而将柏拉图、奥古斯丁及考底利耶分为另一组"。[42]

当历史学家去尝试理解另一个文化的人民时，常会过分注意文化间的差异。除了因此更不易理解该文化组成中复杂乃至相互矛盾的元素，以及其所经历过的长期转变过程外，也将遮盖该人民的思想行为中所反映的跨文化的内在人性特质。这些是与世界其他地区人民重迭或产生共鸣的思想与行为。我认为此种普遍人性的面向，必须与文化差异共同讨论，才能对中国的过去有更为完整立体而较不偏狭的理解。[43]此点也是一种较为有效的方式，让我们能穿越西方与中国历史学家以不同方式与原因，在中国及其历史周围时常留下的边界。 liv

虽然我初次接触中西文化汇流或共振的概念，以及其所可能反映的基本人类心理倾向，是在四十多年以前出版的研究王韬的论文。[44]我直到开始关于义和团的研究，才真正深入探讨此问题。在《历史三调》一书中，我不断利用跨文化比较，将义和拳民的思想及行动加以自然化或"人性化"。并在过程中扩大中国的"他者"范围，从西方延伸至非洲及世界其他区域。其中一个例子是我在讨论 1900 年春夏义和团事件高峰期间华北的谣言与集体恐慌。当时最为普遍流传的谣言，是指控外国人和华人基督徒在各村落的井里下毒污染水源。"井里下毒的指控"根据当时人说法，"几乎是无所不在"，并引发一般民众对基督徒毫无理性的狂怒。[45]

在这个例子里有趣的问题是恐慌的内容：为何是集体下毒呢？而且是特别针对公共水源下毒？如果我们接受谣言可以传达信息的说法，特别是谣言的散播提供了关于社会危机与集体恐惧的重要象征信息，那么回答上述问题的途径之一，便是尝试确认谣言恐慌与即时背景的对应关联。[46]例如对于绑架的恐惧，在中国及许多其他社会均有长期的流传历史。社会集体关注的焦点是孩童的安全（如同 kidnap 一词所隐含的），孩童几乎总是被视为首要的被害者。另一方面，公共下毒的谣言则合适作为对于战争、天灾或瘟疫等危机的象征性响应，因为它们对"所有"的社会成员都具有潜在的威胁。

lv 从其他社会的经验更可以确认上述看法。在井里下毒和类似犯罪的控诉，曾被用来指控罗马帝国的早期基督徒和中古黑死病时期（1348）的犹太人。在 1832 年黄热病蔓延的巴黎，曾流行着有毒粉末被散布在面包、蔬菜、牛奶及饮水的谣言。而在第一次世界大战早期，交战各国间也散播着敌人间谍正忙着在公共供水系统下毒的谣言。[47]在 1923 年 9 月 1 日东京发生大地震的几个小时之内，关于朝鲜人和社会主义分子的谣言便开始散布，说他们不但纵火还阴谋叛乱，并在井里下毒。[48]

1937 年中日战争爆发的新闻则指控汉奸在上海的饮用水里下毒。[49]而在 1960 年代后期尼日利亚内战时，关于毒害民众的谣言也在比夫拉地区蔓延。[50]

在上述许多例子里，谣言均针对外来者（或他们安插的奸细）。以直接或影射的方式，指控他们试图消灭谣言所传布的社会。此点看来十分类似义和团事件当时中国的情况。如同指控那些挑战中国神祇权威的基督徒需为 1900 年春夏华北的干旱负责，关于外国人及其中国属下在华北供水系统下毒的谣言，将外来者描绘成剥夺中国人生活必需品的象征。井里下毒谣言的蔓延，因此直接唤起了当时一般民众心中最深刻的集体恐惧，也就是对死亡的畏惧。[51]

让我重述 2001 年夏季关于义和团事件的演讲，来总结前文对于过度强调文化差异所产生问题的讨论。那次演讲有个与众不同（对于大部分是西方人的听众而言，有些挑衅性）的题目——《将义和拳民人性化》。我所采取的立场是文化除了作为人类社群表达其思想与行动的棱镜，也可能造成不同社群的疏离，促进刻板印象，歪曲嘲讽及制造神话的过程。有鉴于义和团在二十世纪于中国及西方所遭受的过度扭曲，我在该次演讲特别聚焦于义和拳民们与其他文化的人们，在面对类似历史挑战时所共同经历的事物。我的论证要点并非否认义和团及其文化特殊性（当然，也不会过度美化他们），而是将他们从去人性化的特殊主义中拯救出来，这类特殊主义从开始便误导并扭曲了他们的历史。[52]

文化差异与内外二分对立的概念十分相关，两者都有许多不同的表达形式。如同前文所言，这个议题是我学术生涯的核心关怀。我在总结《在中国发现历史》平装再版的前言时，

lvi

曾提到历史写作时的"局外观点"（outsider's perspective）。虽然在该书最后一章认为外部性及其某些形式较为无害，但我始终将它视为"一个问题，对历史研究而言是负担多过资产"。某些评论者不同意此观点，指出在某些情境下，局外人（如美国的中国研究者）可能反而比局内人（研究自己历史的中国学者）具有某些优势。在写作《历史三调》一书过程中，我仔细反思了对于过去的直接体验（最为重要的内部观点），以及历史学家对于过去的事后重构（不可避免的局外者）之间的差异。我逐渐接受上述批评，承认历史学者的局外性虽然是个问题，但同时也是让我们与历史当事人有所不同的关键。此一差异让作为历史学者的我们，可以提供历史当事人所没有的认识观点及意义。[53]

具有讽刺意味的是，我最近的作品《与历史对话：20 世纪中国对越王勾践的叙述》（*Speaking to History*：*the Story of King Goujian in Twentieth-century China*），可以作为此一真理的最终示范。[54]这本书讨论东周后期东南越国国王勾践的故事，如何在二十世纪的中国被重新述说。它也讨论更为宽广的历史问题：为何人们在集体或个人生命的某些时刻，会特别被历史故事所吸引？这些叙事通常都是来自遥远的古代，但与他们当时所处的情境产生密切共鸣。勾践的故事是关于一位年轻的国王，他在惨败于主要强敌吴国后，在吴国担任三年的囚犯与奴隶。在获得吴王对他忠诚的信任后，勾践终于获准回到越国。他决心要复仇雪耻，以二十年时间卧薪尝胆，生聚教训，富国强兵。最后在辅佐高臣的支持下勾践发兵攻吴，吴王自杀，吴国灭亡，一雪前耻。

勾践的故事对二十世纪的中国学童而言，就如同美国青少年对亚当与夏娃或戴维和歌利亚的圣经故事一样耳熟能详。另一方面，虽然它在中国文化世界中有深远影响，对美国（非华裔）的中国近代史学者而言却十分陌生。显然易见，这个故事是一种文化知识的建构，存在于每个社会。也是每个在此社会成长受教育的成员（局内人），自幼接受灌输的文化素养。但对于局外人而言，他们对此文化的认识主要是通过书本或成年后的短期居住或旅行经验，从未接触或注意到此类故事。由于此一特别的情境，美国（及西方的）历史学者作品中，完全忽略了勾践的故事在过去百年来中国的流传过程。

和美国学者不同，中国的学者均十分熟悉勾践的故事，也非常了解它在二十世纪的广泛流传和引用。[55] 如一位中国同事最近对我所说的：这个故事深植在"我们的内心"。但我也发现中国学者很少将勾践的故事和其本身历史间的关系，视为值得严肃探讨的课题。我推想其主要原因是大多数中国人均已经接受此故事与其历史间的关系为既成事实。他们从小便被灌输以古鉴今的观念，因此也直觉地从此类故事中寻求历史教训和指引，却很不容易退一步思考，客观地探究故事与历史间的重要关系，无论对中国或其他文化均是如此。

经过上述讨论，*Speaking to History* 一书的讽刺性质现在应十分明显。没有比一本探讨中国历史故事的影响更为中国中心的作品，但此一深植于中国文化并广为中国人熟知的故事，却很少为局外人所认识。[56] 此现象可被称为中国中心特征的极致。但与此同时，对于像我一样非土生土长的中国人而言，当知道这个故事及其对二十世纪动荡中国的重要影响时，自然会从另一个层次提出更为宽广的（非中国中心观的）问题：为何一个民族会从历史故事的视角来理解当前的现实经验？

lviii

　　虽然历史故事（或借故事来回顾历史）在中国似乎非常普遍，但在其他社会也扮演着重要的角色。我们可以举出以下鲜明实例：象征犹太人民宁死不屈的牺牲精神的马萨达（Masada）神话，在1948年以色列建国后数十年间广泛流传；二十世纪后期的塞尔维亚人对六百年前他们祖先在科索沃战役（the Battle of Kosovo，1389）壮烈牺牲的追忆；美国前总统奥巴马在2007年3月亚拉巴马州塞尔玛市（Selma，Alabama）演讲时，采用圣经式历史叙事描述美国民权运动，并视马丁·路德金等先驱人物为"摩西一代"（他们为民权运动奋斗牺牲，但并未渡河看到应许之地），而他和同辈则是承先启后"约舒亚一代"。[57]

　　上述在（古代）故事与（当前）历史间的彼此回响，对历史研究而言极为重要。另一方面，它是个极为复杂的现象，深刻反映了个人、社群乃至整个民族如何置身历史记忆之中。面对历史记忆有很多不同的方式和差异。奥巴马对美国民权运动（与他个人在其中的位置），以及圣经里从摩西到乔舒亚的传承过程的理解，与二十世纪中叶犹太民族对马萨达神话的积极关注有非常大的不同。但在这些案例中有一个持久的共通点，也就是当代人们通常从远古重述史实基础十分薄弱的事件中吸取了神秘力量。

　　这种非常普遍却未被充分理解的力量，值得历史学者们更加注意和关切。我在 Speaking to History 一书里指出勾践故事与当代中国历史的多重关联，可以作为更广阔学术讨论的起点。但如要对相关议题有更完整的理解，中国历史需要结合犹太历史、塞尔维亚史、美国史及其他各种历史来进行讨论。如同前文所指出的，中国历史研究的边界正在被翻转。而我们也面对着最后一项悖论：

在二十世纪从中国中心观点深化对中国历史的研究过程中，局外人视角对于认识故事与历史关联在人类经验的普遍性与重要性而言，也许曾是必要的。但当我们达到此目的时，由于文化特殊性的重要性已降低，过去对于局内人与局外人的区别，也很可能将不再如以往那般明确了！

柯文

2009 年于美国马萨诸塞州剑桥

注

[1] Benjamin I. Schwartz, Introduction to China and Other Matters (Cambridge：Harvard University Press, 1996), p. 1.

[2] Paul A. Cohen, China and Christianity：The Missionary Movement and the Growth of Chinese Antiforeignism, 1860 – 1870 (Cambridge：Harvard University Press, 1963), p. vii. 又参见 John K. Fairbank, "Patterns Behind the Tientsin Massacre, "Harvard Journal of Asiatic Studies 20 (1957)：480 – 511。

[3] 同上书，第 264～265 页。

[4] 当然在十八世纪之前是另一种情况：中国对于欧洲的思想、装饰艺术及经济上产生实质影响并被广泛认知。一本关于十七世纪优秀近作是 Timothy Brook, *Vermeer's Hat*：*the Seventeenth Century and the Dawn of the Global World* (New York：Bloomsbury Press, 2008)。

[5] Paul A. Cohen, "Ch'ing China：Confrontation with the West, 1850 – 1900," in James B. Crowley, ed., Modern East Asia：Essays in Interpretation (New York：Harcourt, Brace, and World, 1970), 29 – 61.

[6] Paul A. Cohen, *Between Tradition and Modernity：Wang T'ao and Reform in Late Ch'ing China* (Cambridge：Harvard University Press, 1974).

[7] 由此倾向所导致这本书在知识框架上的紧张性，在《在中国发现历史》初版前言中有所讨论。

[8] Paul A. Cohen, *Between Tradition and Modernity: Wang T'ao and Reform in Late Ch'ing China* (Cambridge: Council on East Asian Studies, Harvard University Press, 1987), vii – xii.

[9] 《在中国发现历史》平装再版序言中，介绍了 1980 年代后期及 1990 年代初期（也就是本书出版之后）所出现的中国中心观点作品范例。

[10] R. Bin Wong, *China Transformed: Historical Change and the Limits of European Experience* (Ithaca: Cornell University Press, 1997); Kenneth Pomeranz, *The Great Divergence: China, Europe, and the Making of the Modern World Economy* (Princeton: Princeton University Press, 2000); 王国斌及彭慕兰的作品也成为美国历史学会会刊的焦点论坛。参见: Kenneth Pomeranz, "Political Economy and Ecology on the Eve of Industrialization: Europe, China, and the Global Conjuncture," *American Historical Review* 107 (2) (April, 2002): 425 – 446; R. Bin Wong, "The Search for European Differences and Domination in the Early Modern World: A View from Asia," *American Historical Review* 107 (2) (April, 2002): 447 – 469。关于彭慕兰一书的深度评论，参见 Philip C. C. Huang, "Development or Involution in Eighteenth-century Britain and China? A Review of Kenneth Pomeranz's The Great Divergence: China, Europe, and the Making of the Modern World Economy," *Journal of Asian Studies* 61 (2) (May 2002): 501 – 538。以及 Robert Brenner and Christopher Isett, "England's Divergence from China's Yangzi Delta: Property Relations, Microeconomics, and Patterns of Development," *Journal of Asian Studies* 61 (2) (May 2002): 609 – 662。彭慕兰对黄宗智的回应，参见" Beyond the East-West Binary: Resituating Development Paths in the Eighteenth-Century World," *Journal of Asian Studies* 61 (2) (May 2002): 539 – 590。

[11] 虽然我在此并未讨论这些议题，但它们构成了王国斌作品中的主要篇章，并成为他分析中国及欧洲经济发展的重要脉络。

[12] 彭慕兰前引书，第 8 页注 13。

[13] 王国斌前引书，第 282 页；彭慕兰前引书，第 8 ~ 10 页。

［14］王国斌前引书，第 17 页；彭慕兰前引书，第 7～8 页（以及第 70、107、112 - 113、165 页）。彭与王两人在他们作品的前两章，主要讨论亚洲与欧洲经济在工业革命前夕的相似性。

［15］这是对两位学者细腻论证的极度简化的描述。例如虽然他们都强调煤的重要性，彭慕兰很重视欧洲地理相较于中国的偶然性：如英国的主要产煤地都位于极佳的河港附近，拥有发达的经贸活动及高度集中的技术人口。彭慕兰前引书，第 59～68 页。参见 Gale Stokes，"The Fates of Human Societies：A Review of Recent Macrohistories，"*American Historical Review* 106（2）（April，2001）：508 - 520；以及 "Why the West? The Unsettled Question of Europe's Ascendancy，" *Lingua Franca* 11（8）（November 2001）：30 - 38。Stokes 具有见地的书评论文对于王彭两人进行比较，并将他们放在关于宏观历史的先行研究脉络，其中最有名的作品有 Andre Gunder Frank，*ReOrient：Global Economy in the Asian Age*（Berkeley：University of California Press，1998）。

［16］王国斌前引书，第 8 页。

［17］彭慕兰前引书，第 25～26 页。

［18］我在本文以滨下武志为焦点，部分原因是他有宽广而坚实的历史视野。其他学者如 Mark Selden 及 Giovanni Arrighi 等人，也都曾讨论亚洲区域体系。

［19］Hamashita，"The Intra-regional System in East Asia in Modern Times，" in Peter J. Katzenstein and Takashi Shiraishi，eds.，*Network Power：Japan and Asia*（Ithaca：Cornell University Press，1997），页 113.

［20］Hamashita，"The Tribute Trade System and Modern Asia，" in A. J. H. Lathan and Heita Kawakatsu，eds.，*Japanese Industrialization and the Asian Economy*（London：Routledge，1994），第 92～97 页（引文出自第 96～97 页）。

［21］费正清在许多作品中逐步发展他对于朝贡及朝贡体系的看法。例如早期与邓嗣宇共著的论文 "On the Ch'ing Tributary System，" *Harvard Journal of Asiatic Studies* 6（1941）：135 - 246；以及晚年编著的专书 *The Chinese World Order：Traditional China's Foreign Relations*（Cambridge：Harvard University Press，1968）。关于朝贡体系早期理解的重要评论，参见 James L. Hevia，*Cherishing Men from Afar：*

Qing Guest Ritual and the Macartney Embassy of 1793（Durham：Duke Univeristy Press，1995），第 9～15 页。

[22] 如同《在中国发现历史》（第 196 页）我所明确陈述的：中国中心取向需要和中国中心主义（Sinocentrism）概念加以区别。后者将将中国视为世界（在滨下的学说中则是亚洲区域）的中心。

[23] Hamashita，"The Inter-regional System in East Asia in Modern Times，"第 115 页。滨下在另一篇论文提到从海洋中心来看亚洲区域体系的其他面向。"Overseas Chinese Networks in the Asian Historical Regional System，1700 - 1900，"收入张启雄编，《二十世纪的中国与世界论文选集》2 册（台北：中研院近代史研究所，2001），上册，第 143～164 页。

[24] 此处无法详细讨论汉这个字作为民族语源所引发的问题。虽然学者最近尝试厘清"汉"作为"一个文化及族群的标签，在清代被用来区别中国人与非汉他者"，"中国汉人"则是现代族群标签，用来指称中国的多数人口，有别于其他五六十个中国官方认定的"少数民族"。Mark C. Elliot，*The Manchu Way：the Eight Banners and the Ethnic Identity in Late Imperial China*（Stanford：Stanford University Press，2001），第 383～384 页，注 75。

[25] 史景迁（Jonathan Spence）、傅礼初（Joseph Fletcher）和白彬菊（Beatrice Bartlett）等人是第一批以新观点探讨清代中国满人经验的学者。过去二十五年来较重要的英文作品包括柯娇燕（Pamela Kyle Crossley），*Orphan Warriors：Three Manchu Generations and the End of the Qing World*（Priceton：Princeton University Press，1990）；欧立德（Mark Elliot），*The Manchu Way*；米华健（James A. Millward），*Beyond the Pass：Economy，Ethnicity，and Empire in Qing Central Asia，1759 - 1864*（Stanford：Stanford University Press，1998）；罗友枝（Evelyn S. Rawski），*The Last Emperors：A Social History of Qing Imperial Institutions*（Berkeley：University of California Press，1998）；路康乐（Edward J. M. Rhoads），*Manchu and Han：Ethnic Relations and Political Power in Late Qing and Early Republican China，1861 - 1928*（Seattle：University of Washington Press，2000）；濮德培（Peter C. Perdue），*China Marches West：The Qing Conquest of Central Eurasia*（Cambridge：Harvard University Press，

2005）。以下两篇精彩的书评论文，讨论了上述研究中的四部作品
（Elliot，Rawski，Rhoads 的专著，以及 Crossley 的 *The Translucent
Mirror*）：R. Kent Guy，"Who were the Manchus? A Review Essay,"
Journal of Asian Studies 61 （1）（February 2002）：151 – 164；Sudip-
ta Sen，"The New Frontiers of Manchu China and the Historiography of
Asian Empires: A Review Essay," *Journal of Asian Studies* 61 （1）
（February 2002）：165 – 177。又参见罗友枝以下论文对于清朝重要
性的重新概念化："Reenvisioning the Qing: The Significance of the
Qing Period in Chinese History," *Journal of Asian Studies* 55 （4）
（November 1996）：829 – 850；以及何炳棣的回应论文："In Defense
of Sinicization: A Rebuttal of Evelyn Rawski's ' Reenvisioning the
Qing'" *Journal of Asian Studies* 57 （1）（February 1998）：123 – 155。

[26] 欧立德前引书，第 34 页。

[27] 罗友枝前引文，第 832 ~ 833 页；欧立德前引书，第 28 页；米华建
前引书，第 13 ~ 15 页。

[28] 这是濮德培专书的主题。

[29] 根据 2000 年中国人口调查，维吾尔族是第二大穆斯林少数民族，
有超过八百万人口。与分布于全国各地的最大穆斯林回族不同，
超过百分之九十的维吾尔人集中在新疆的维族自治区。Dru
C. Gladney，*Dislocating China: Reflections on Muslims, Minorities,
and Other Subaltern Subjects* （Chicago: University of Chicago Press,
2004），第 206、220 页。

[30] Cohen，*Discovering History in China*，pp. 161 – 172.

[31] 李普曼前引文，第 100 ~ 102 页（引文出自第 101 页）。米华建前
引书（第 10 ~ 12 页）也提到关注族群差异对于核心与边陲区域地
图绘制的影响。关于穆斯林社群间的暴力问题，杜磊在 *Muslim
Chinese* 一书（第 viii 页）有如下的观察："这持续是内部派系与族
群间的冲突，而非源自于穆斯林与非穆斯林的宗教差异。"

[32] 从正在蓬勃发展的研究中可举例如下：Stevan Harrell, e-
d. *Perspectives on the Yi of Southwest China* （Berkeley: University of
California Press, 2001） 及 *Ways of Being Ethnic in Southwest China*
（Seattle: University of Washington Press, 2001）；Erik Mueggler, *The
Age of Wild Ghosts: Memory, Violence, and Place in Southwest China*

（Berkeley： University of California Press， 2001 ）；Uradyn E. Bulag，*Nationalism and Hybridity in Mongolia* (Oxford： Clarendon Press，1998)，尤其是第 6 章和第 8 章；及 *The Mongols at China's Edge：History and the Politics of National Unity* (Lanham， MD： Rowman and Littlefield， 2002)；Melvyn C. Goldstein， *A History of Modern Tibet*，*1913 - 51： The Demise of the Lamaist State* (Berkeley： University of California Press， 1989） 以及 *A History of Modern Tibet*， vol. 2， *The Calm before the Storm*， *1951 - 1955* （Berkeley： University of California Press， 2007)；Tsering Shakya， *The Dragon in the Land of Snow：A History of Modern Tibet Since 1947* (London： Pimlico， 1999)；Pamela Kyle Crossley， Helen Siu， and Donald S. Sutton， eds. ， *Empire at the Margins： Culture， Ethnicity， and Frontier in Early Modern China* (Berkeley： University of California Press， 2006)。

[33] 关于此议题的丰富作品超过我所能掌握。我此处的讨论主要参考 Adam McKeown， "Conceptualizing Chinese Diasporas， 1842 - 1949，" *Journal of Asian Studies* 58 （2） （May 1999）： 306 - 337；孔复礼 （Philip Kuhn）， "Towards an Historical Ecology of Chinese Migration，" in Hong Liu， ed. ， *The Chinese Overseas* (London： Routledge， 2006)， 1： 67 - 97. 以及 Elizabeth Sinn 的作品持续交流，尤其是关于香港在中国海外移民的关键角色。

[34] Sinn， "In-Between Places： The Key Role of Localities of Transit in Chinese Migration，" 2002 年美国亚洲学会年会论文 （华盛顿特区， 2002 年 4 月 6 日）；又参见 McKeown 前引文，第 314 ~ 315、319 ~ 321 页；Philip Kuhn， *Chinese Among Others： Emigration in Modern Times* (Lanham， MD： Rowman and Littlefield， 2008)，第 14 ~ 15、51 ~ 52 页。

[35] 孔复礼前引文。关于东南亚华人如何运用不同的历史资源来建构新认同，可参见王赓武的重要讨论，Wang Gungwu， "Ethnic Chinese： The Past in Their Future，" 发表于 "International Relations and Cultural Transformation" 会议论文 （马尼拉， 1998 年 11 月 26 ~ 28 日）。

[36] McKeown 前引文，第 307 页；又参见第 331 页。

[37] 中国海外移民当然仅是近数百年来人类大规模移民运动之一，其他还有印度、非洲及亚美尼亚的海外移民。

［38］柯文，《历史三调：作为事件、经历和神话的义和团》，第 xiv 页。

［39］范例之一是康豹（Paul R. Katz）在他的作品中直接引用《历史三调》的三重视角（历史作为事件、经历和神话），*When Valleys Turned Blood Red：the Ta-pa-ni Incident in Colonial Taiwan*（Honolulu：University of Hawai'I Press，2005）。

［40］我尝试在讨论历史议题时不要受限于中国史，而来自非中国史专家的回应特别令人欣慰。其中一位历史学者提到："他希望找出历史学家能跨越自身专长边界的方式。他认为历史学家能够也应该通晓多国语言，亚洲史家能和中古史家对话，美国史家能和欧洲史家交流。他的书中充满了历史学家如何不受限于时代和文化来理解和解释过去的范例。"Greg Dening，"Enigma Variations on History in Three Keys：A Conversational Essay，"*History and Theory：Studies in the Philosophy of History* 39（2）（May 2000）：210；又参见 Peter Burke 在 "History of Events and the Revival of Narrative" 论文的评论，收入 Peter Burke，ed.，*New Perspectives on Historical Writing*，2nd edition（University Park，PA：The Pennsylvania State University Press，2001），第 295 页。

［41］中国海外移民包含了不同形式的去领域化。其中一个特别的例子是杜维明所提倡的"文化中国"概念。就其内涵而言，文化中国是指一组被客观地定义为"中国的"价值、行为模式、观念及传统，并成为"中国人"主观认同的归属。就其策略而言，文化中国的观念提供了海外华人移民借以诉说、型构乃至定义中国与中国性的途径，而不需要住在地理与政治空间上的中国。参见 Wei-ming Tu，"Cultural China：The Periphery as the Center，"*Daedalus：Journal of the American Academy of Arts and Sciences* 120（2）（Spring 1991）：1 - 31；Paul A. Cohen，"Cultural China：Some Definitional Issues，"*Philosophy East and West* 43（3）（July 1993）：557 - 563.

［42］森虽然并未使用"文化本质化"的用语，但在下文中质疑了关于文化边界、文化失调及文化特殊性的主张："East and West：The Reach of Reason，"*New York Review of Books* 47（July 20，2000）：33 - 38（引文出自第 36 页）。

［43］我需在此指出，不是所有的历史学者都接受人类共通性的说法。Jacques Gernet 在关于晚明清初中西文化冲突的杰作中有不同看法，

他认为在中国的西方传教士"发现他们面对着一群不同的人类"。Jacques Gernet, *China and the Christian impact: A Conflict of Cultures*, translated by Janet Lloyd (Cambridge: Cambridge University Press, 1985), 247。Gernet 在全书中隐含着语言决定论, 并在结语明确提出此看法。他的强烈主张可能会造成任何有意义的跨文化研究和理解无法进行。参见我的书评: *Harvard Journal of Asiatic Studies* 47 (2) (December 1987): 674 – 683。

[44] Paul A. Cohen, "Wang T'ao's Perspective on a Changing World," in Albert Feuerwerker, Rhoads Murphey, and Mary C. Wright, eds., Approaches to Modern Chinese History (Berkeley: University of California Press, 1967), 158 – 162.

[45] Arthur H. Smith, *China in Convulsion*, 2 Volumes (New York: Fleming H. Revell, 1901), 2: 659 – 660.

[46] 关于此点, 可参见一个精彩的中国史研究实例: S. A. Smith, "Talking Toads and Chinless Ghosts: The Politics of 'Superstitious' Rumors in the People's Republic of China, 1961 – 1965," *American Historical Review* 111 (April 2006): 405 – 427。

[47] 上述例子均引自 Richard D. Loewenberg, "Rumors of Mass Poisoning in Times of Crisis," *Journal of Criminal Psychopathology* 5 (July 1943): 131 – 142。

[48] Andrew Gordon, *Labor and Imperial Democracy in Prewar Japan* (Berkeley: University of California Press, 1991), 177.

[49] Loewenberg 前引文, 第 133 ~ 134 页。另一个来自上海的报道出版于日文报纸, 提到中国人在撤离城市前将细菌放入井里 (同前注, 第 135 页)。

[50] Nwokocha K. U. Nkpa, "Rumors of Mass Poisoning in Biafra," *Public Opinion Quarterly* 41 (3) (Fall 1977): 332 – 346.

[51] 关于井里下毒集体恐慌的详细讨论, 参见《历史三调》, 第 167 ~ 172 页。

[52] 本演讲曾发表于英国伦敦大学亚非学院的 "1900: The Boxers, China and the World" 会议 (2001 年 6 月 22 ~ 24 日)。其后以原题目出版于以下专著: Robert Bickers and R. G. Tiedemann, eds., *The Boxers, China, and the World* (Lanham MD: Rowan and Littlefield,

2007），179~197。

[53] 参见《历史三调》，第 296~297 页。

[54] Paul A. Cohen, *Speaking to History*：*The Story of King Goujian in Twentieth-Century China* (Berkeley：University of California Press, 2009).

[55] 例如历史学者杨天石曾讨论勾践故事对 1930 年代的蒋介石的影响。而长期担任中共文化部长的茅盾也曾出版专书，讨论 1960~1961 年在全国各地演出由勾践故事改编的戏剧。参见柯文前引书，同注 57，第 72~76、136、145~146 页。

[56] 我用"局外人"主要指称非东方的亚洲人。韩国、日本与越南的早期历史曾受到传统中国文化与历史故事的深远影响，也十分熟悉勾践的故事。参见前引书，第 229 页。当然，研究古代中国历史与文学的西方学者也都熟悉此故事，虽然他们不见得知道它对于二十世纪中国人的显著重要性。

[57] 马萨达及科索沃的例子可参见柯文前引书的讨论，第 228~229 页、236~239 页。关于马萨达神话亦可参见 Lewis A. Coser, "Introduction：Maurice Halbwachs 1877 – 1945," in Maurice Halbwachs, *On Memory* (Chicago：University of Chicago Press, 1992), 第 32~34 页；关于科索沃战役，参见 Avishai Margalit, *The Ethics of Memory* (Cambridge：Harvard University Press, 2002), 第 96~98 页。美国前总统奥巴马的演讲摘要，参见 David Remnick, "The Joshua Generation：Race and the Campaign of Barack Obama," *New Yorker* (November 17, 2008)：69 – 70。

英文平装再版序言

张隆志　　肖艳明/译

　　十多年前我发表了一本题为《在中国发现历史》的书，该书出版后陆续被美国、中国、日本一些大学指定为教科书。我也听说该书已成为一些博士生大考前夕的必读之物。在该书再版之际，我想借此机会回顾一下 80 年代初以来美国研究中国近代史的一些主要动态；[1] 然后对有关该书的一些主要评论做个答复；[2] 我还要谈谈如果我重写此书的话，哪些部分需要做修正。

　　《在中国发现历史》一书从两个角度探讨了美国的中国近代史研究：一个是历史直接参与者的角度；另一个是历史学家的角度。该书重点是第二个角度，它特别讨论了第二次世界大战以后美国史学家在解释中国 19～20 世纪历史时所使用的概念构架。历史学家的目标应该是尽可能真实地记录历史；[3] 但另一方面，为了使历史便于理解并富有意义，我们又不可避免地要使用一些分门别类的概念，而这些概念的使用又往往会造

成对历史的扭曲。有鉴于此，我认为，我们使用的概念构架应该既能最大限度地解释历史，又尽可能少地扭曲历史。《在中国发现历史》一书主要提出两个观点：第一，五六十年代在美国最具影响力的三个概念构架，即"冲击－回应"论、"传

统－现代"论，以及批判这两个论点的"帝国主义"论，都具有很强的以西方为中心的色彩；第二，正因为这样，当时美国的中国近代史研究过分地扭曲了中国的历史事实。

《在中国发现历史》一书的前三章主要评述了以上三个概念构架。今天回顾该书，除了对某些细节和措辞需要增改外，我并无意对这三章的内容做大幅度更改。我想需要改动的是第四章，即最后一章。改动的目的一方面是总结一下学术界的最新发展，另一方面是对读者提出的一些问题做个答复。[4]这一章主要讲的是中国中心论。这个观点始于 1970 年前后，它直接或间接地向西方中心论提出了挑战。中国中心论具有以下几个特点：首先，它力求设身处地地从中国人的角度来再现中国历史，而不是以外来强加的观念加以论述。再者，鉴于中国地缘广大，情况复杂，它采取化整为零的研究方法，把中国看成由上下不同阶层组成的社会加以研究。此外，它还积极地吸收其他学科，特别是社会科学的理论、方法和技术，并努力将其融会于对历史的分析之中。

高慕轲（Michael Gasster）等学者认为，我对中国中心论的评述缺乏批判性，不如我对 1970 年前诸类论点的批评那么严厉。我对此简单的答复是，与五六十年代的学术著作相比，近年来的研究成果有了显著的进步，因此可供批评之处自然也少了。但是即便如此，他们的有些批评还是恰如其分的。如高慕轲所指出的"修正往往导致新的扭曲"。[5]显然，这句话也适用于近年兴起的中国中心论。高慕轲认为要想克服中国中心论的缺点，就必须"完善联结中国各地以及中国与世界的研究方法"。[6]他认为，如果史学继续朝我在书中所指出的方向发展，会有两个不良后果：其一是 19～20 世纪正是中国史无前例地与外部世界广泛接触的年代，而中国中心论却过分地夸大中国历史的独立性；其二是中国中心论过于强调对地方和底层历史的研究，因而有丧失全国性视野的危险。在综合新旧史学研究成果方面，高慕轲提出了这样一个问题，即"我们应发展出什么样的分析工具来调和中国的多样性和统一性？"[7]虽然出发点不同，葛福林（Dennis Grafflin）也提出过类似的问题。他说："当我们从不同的时代、地域、文化以及社会等角度来分解中国时，柯文所倡议的中国中心论的史学将如何实现？我们还不是必须把中国重新联结起来吗？"[8]

从原则上说，对于高慕轲和葛福林的这些顾虑，我也有同感。我是一个研究中国历史，或更广义地说，也是研究人类行为和思想的学者。如果我们只着眼于小规模地区的地域性和底层社会的特殊性的研究，而不考虑通论性的问题，那么这种工作是枯燥无意义的。但是就学术的现状而言，上述批评显得有些为时过早。毕竟我们从事这类小规模研究的时间并不很长。五六十年代的研究对中国近代史做了许许多多概括性的通论，七十年代前后才出现了一些专题性的研究。这些研究在批评和修正早期的概括性通论方面起了重要作用。八十年代中期以来，也就是我的书出版前后，许多优秀作品陆续出现。这些作品同样可以被看作是以中国为中心的，因为它们都涉及中国在列强入侵前就已出现的，或与西方冲击无关的一些重大变化；但与早期的中国中心论著作相比，它们更具整合性，涉及许多有关帝制晚期以及民国史的重要研究课题。[9]

以下是这一时期的部分代表作：曾小萍的著作探讨了18世纪中国国家内部自身的演变，特别是财政改革；罗威廉的著作着重研究了19世纪汉口商业的发展；艾尔曼的著作讨

xii

论了 18 世纪中国长江下游地区的重大学术变迁；黄宗智的
著作阐述了清末民初长江华北农业的长期变迁；冉枚烁
（Mary Rankin）的著作以浙江为例，分析了晚清社会精英的
政治参与方式和程度；杜赞奇（Prasenjit Duara）的著作探讨
了 20 世纪前期国家建设对华北农村的冲击；波拉切克
（James Polachek）的著作从中国内部政治的角度对鸦片战争
进行了重新评估；白凯（Kathryn Bernhardt）的著作从国家
干预经济与中国商业化的角度分析了清末民初长江下游地区
地主阶层的衰落过程。[10]

以上著作研究的主题多数都具有明确的空间界限，但是这 xiii
并不影响它们讨论全国性的问题。以冉枚烁和波拉切克的两部
作品为例，它们不仅具有中国中心论的许多特点，而且也十分
重视分析帝国主义对晚清中国内部政治所造成的影响。换句话
说，这些以中国为中心的作品不仅不否认外来因素在中国历史
中的作用，相反，它们所采用的方法更有效地分析了外来因素
在中国的特殊表现。的确，一些学者已经认识到中国中心论的
研究取向也有助于中国对外关系史的研究。[11]

中国学者对中国中心论也有其独到之见。慈继伟先生指
出，不论"外来冲击"的实际作用如何，中国中心论的研究
取向特别适用于解释中国对这一冲击的"感受"。在《在中国
发现历史》一书中，我曾提到早期美国史学家过分地强调了
西方冲击对 19 世纪中国的影响，一个特别明显的例子是他们
对鸦片战争的解释。我认为鸦片战争的客观作用并非像我们所
想象的那样重大。我对当时西方冲击的评估，慈继伟先生并未
提出异议。他强调的只是这种冲击对其后中国人意识变迁所起
的重要作用。他认为，中国人对这种冲击的主观感受对他们以

后的客观历史行为产生了决定性的影响。他还说，如果我信守在书中所说的对中国历史问题"必须以中国而非西方的标准加以衡量"（原书第 154 页），那么中国人对外来势力的意识，即便我作为历史学家认为这种意识是误导的结果，也必须在中国中心取向的历史研究中占有重要的一席。[12]

xiv 　　慈继伟先生这些评述实际上向我们提示了一个把中国中心史学观与毛泽东史学观的某些成分（如过分强调帝国主义的作用）相结合的好方法，虽然乍看起来前者似乎在批评并削弱了后者。中国经济史学家汪熙先生也提出了一个类似的结合中国中心论和西方冲击论的方法。汪熙先生认为，帝国主义不只是中国人的主观想象；它是真实的存在，其影响至关重要。但是这种影响正如中国中心论所强调的那样，同时也明显地受到中国内部因素的制约。因此，若要对中国近代史有完整、准确的理解，就必须把这段历史看成内外因素相互交织、相互作用的产物。[13]

　　值得注意的是，有些中国学者并不十分关心中国中心论对外来影响所提出的一些问题。在经历了五四运动以来一般知识分子对中国历史的批判与责难后，这些学者似乎很高兴有机会重新审视过去，把中国的过去视为有生机并有助于发展和演进的源泉，而不再是中国现代化的障碍。在这个问题上，中国中心论似乎肯定了这些中国学者的倾向，尽管这种结果并不是该研究取向的本意。[14]

　　虽然我并不同意高慕轲对中国中心论的有些批评，比如他认为该研究取向不能妥善地处理外来因素问题以及如何把中国看作一个整体的问题，但这并不是说我认为中国中心研究取向无懈可击。我对该研究方法也有两点意见。首先，当我们从对

英雄个人和重要事件的研究转向对长期过程和社会群体的研究
过程中，我们似乎已跳跃了史学发展的某些阶段。虽然目前研   xv
究所达到的深度和难度是几十年前所不能想象的，但是，对
19~20 世纪中国历史上的某些重要事件（如 1894 年的中日战
争），我们仍缺乏综合性的深入研究。对若干重要历史人物
（如曾国藩、慈禧、蒋介石等）还没有人写出可靠和有分量的
传记。对社会群体（如宗族、社会阶层、宗教派别、秘密会
党、工商行会等）和长期过程（如人口增长、商业化和国家
建设）的研究固然重要，但是重大事件和历史人物对民众生
活所产生的影响也不可低估。缺乏对后者研究的原因有几个方
面：一是对人物和事件的研究早已不时髦；二是这些课题研究
一般规模较大，非个人能力所及。对这类课题的研究也许应采
取合作的方法。芮玛丽（Mary Wright）对辛亥革命的研究就
是合作的产物，是这方面的一个范例。但是不论采取何种方
法，对这些课题的研究都是刻不容缓的。[15]

除此之外，我还有更深一层的担忧。这种担忧同目前史学
界一些好的发展趋势的某些不利方面有关。近年来美国史学家
愈来愈注重对欧洲的研究，与此同时他们对 19 世纪中国与日
本的比较研究（着重西方冲击和现代化进程问题的研究）却
比以前有所减少。这些趋势与我们改变了对清末民初的研究课
题有关。在美国，由于中国史学家已开始关心许多欧洲史学家
长期以来所一直关心的问题，如商业化、都市化、人口变化、
社会动员、国家建设、国家与社会的关系等问题，我们既从欧   xvi
洲史学家那里受到启发，又对他们的一些观点进行了调整和
修改。

我希望，这种发展趋势将会使中国历史对研究欧洲的学者

来说，变得更有意思而不再那么陌生。我希望有一天，欧洲史学家不再对中国历史敬而远之，而是必须严肃地对待和了解中国，以便更有效地研究欧洲历史本身。

另外，我觉得这种好的趋势的背后也有一种值得我们时刻警惕的潜在危险。长期以来，美国史学界所面临的主要挑战是，如何超越将中国视为无力创造自身历史而必须依赖西方的偏见。今天，当我们在克服这一偏见上有了明显突破的时候，却又面临另一个更难超越的障碍。浏览一下美国有关中国历史的近作，不难看出，我们新近发现的中国历史也包含着西方现代化过程中许多类似的发展轨迹，如中国自身具有生机的科技传统，帝制晚期的高识字率，自明朝后期以来的商业化、货币化和都市化等。这些分别在席文（Nathan Sivin）、罗友枝（Evelyn Rawski）以及马若孟、罗威廉和曼素恩（Susan Mann）的著作中有所论述。[16]个别而言，虽然他们的著作不但提到中国与欧洲的相同之处，同时也指出了两者的不同之点；但就总体而论，这些著作显示了一个令人担忧的问题：在克服了一种视中国无力自我转变而要靠西方引进现代化的偏见之后，我们是否在无意中又对中国历史形成了另一种偏见，即中国历史中只有那些符合西方现代化定义的发展轨迹才值得研究？

xvii

这正是狄百瑞（Wm. Theodore de Bary）那本讨论中国自由主义传统的著作的问题所在，[17]也是八十年代后期以来学术界对原先用于欧洲史研究的两个相关概念，即"公共领域"（public sphere）和"市民社会"（civil society）的争议的关键。尽管参加争议的人思路清晰，但是由于该讨论所涉及的概念复杂、内容广泛，因此我们很难用简短的篇幅加以综述。简单地说，欧洲史研究中对于这两个概念的讨论一般均与宪政主义的发展、民主制度的兴起等政治现象有关，或者与独立于国家和家庭之外的自主性公共领域有关。罗威廉、冉枚烁和史大卫（David Strand）等学者认为，在帝制晚期，中国虽然没有形成市民社会，但已开始出现类似公共领域的现象。尽管他们在阐述其观点时非常审慎，考虑到研究中国时引用具有价值色彩的欧洲史概念的潜在问题，但还是套用了欧洲史上的这些概念。一些知名学者对这种做法已提出疑义，例如魏斐德（Frederic Wakeman）批评上述学者在史料搜集和解释上的过失；孔飞力则担心，机械地使用欧洲史的概念可能会引发中国是否也有"自由主义萌芽"之类的问题，而这种问题同中国是否有"资本主义萌芽"的讨论一样，都出于想显示"中国也有"[18]的急迫感。大家现在似乎都认为从帝制晚期开始中国的确出现了一些新趋势。但是问题并不在此，关键在于我们是应该使用一些全新的词汇来讨论这些新趋势，还是继续加工修饰一下欧洲史的概念来描述中国历史。

xviii

　　下面我想谈一下美国的中国史研究方面的重要的新发展。这些发展有的是把七十年代和八十年代初期的研究进一步扩展，一个明显例子是关于民间文化的研究，包括民间文化与精英文化的不同和相互作用。1985 年，姜士彬（David Johnson）、黎安友（Andrew J. Nathan）和罗友枝编辑的一本开拓性文集《中国帝制晚期的大众文化》（*Popular Culture in Late Imperial China*）出版。[19]从那时起，该领域的著作层出不穷。在劳工史方面，有关于上海娼妓、北京人力车夫以及上海和天津的工厂工人等不同阶层的作品；[20]在大众传播方面，有关于历书、民间文学、歌剧表演以及战时宣传的研究。[21]

　　另一个发展是人类学对历史学的影响。这点我在《在中国发现历史》一书中曾经提到。但是这种影响在过去十年中变得更加重要。这一发展的原因部分是人类学家长期以来一直在研究中国的民间宗教，而当历史学家越来越多地转向民间文化的研究时，他们发现民间文化与民间宗教密不可分，因此十分倚重人类学同仁的研究成果。[22]另一原因是人类学的影响又以新的形式出现，这就是以象征人类学为主的人类学派开始对历史学产生重要影响。杜赞奇和何伟亚（James Hevia）的著作是这方面的两个明显例子。在一篇讨论中国战神关帝的文章中，杜赞奇采用了近乎考古学的方式来研究重要神话中的文化象征。虽然杜赞奇承认某个特定象征有完全消失的可能性，但其观念的中心是象征意义具有层次性，也就是说最新的意义以地层积累的方式被"书写"在较早的意义之上。[23]何伟亚著作的重点则是典礼、礼仪和礼仪化的行为。他主要是从中西交流的角度来进行研究，例如研究派驻中国的外交使团、中外谈判及义和团事件之后传教士对中国的报复行为等等。其著作的长处之一是把中国和西方的行为都放在历史的角度上加以精心考察。例如，在研究 1793 年马戛尔尼使团冲突事件时，何伟亚努力避免使用"现代派"对典礼和礼仪的解释，而试图从当时中国的满族人与英国人是怎么看待典礼和礼仪的角度来理解这一事件。[24]

xix

　　鉴于何伟亚、杜赞奇等学者的研究注重发掘尚未被非当事人为了"再现"历史而不可避免地有所扭曲的那些"原始"意义，我们有理由把他们的著作看作最纯正的"中国中心"式的研究。但是，正像所有学术研究一样，这种研究也是有其立场的，因为它不可避免地反映了研究者的个人倾向和成见，从而导致在一些重要方面被"重构"了的知识。从这个意义上来说，这种作品或多或少地也可被看作"非中国中心"的研究。

何伟亚和杜赞奇的著作也有助于我们了解该领域的另一主要发展。1993 年春，一本名为《立场：东亚文化评论》（*Positions：East Asia Cultures Critique*）的新期刊开始发行。这两位学者都是该期刊的编委。该刊的地理文化焦点是东亚和散居世界各地的亚裔群体。正如其发刊词所声明的，该刊最关心的问题是如何把"文化评论放到历史和理论实践的中心位置"。

该刊的头几期刊登了涉及不同理论问题的文章，其中包括性别、阶级、女权主义、解构主义、不同形式的马克思主义、反殖民主义及后殖民主义世界的本质、知识与权力的关系，特别是学术研究与被研究人群命运的关系等问题。因其涉及问题的广泛性和复杂性，难以在此加以综述。在检视那些看上去具有"后现代"学术倾向的作品时，我对以下几点感触很深。第一，这些学者强烈批评殖民主义以及西方，特别是美国（包括美国学者），在形成殖民主义和后殖民主义秩序中所起的作用。这清楚地表明他们与上一代组建"关心亚洲学者委员会"的那些研究生和年轻学者之间具有精神继承关系。两者的主要区别在于，"关心亚洲学者委员会"的学者们在六十年代末和七十年代初所批评的对象是使用枪弹的"硬"殖民主义（美国当时还在参与越战），而九十年代初期的后现代主义学术研究似乎主要关心思想方面的"软"殖民主义。第二，从事后现代主义学术研究的学者们比"关心亚洲学者委员会"的学者们更注意理论问题。[25] 他们不仅注重对以往研究方法的缺点提出批评，而且还注重为将来创造新的、较少扭曲、较少压迫、更有自我意识和自我批评能力的研究方法。这种新方法受到象征人类学和后现代主义文学批评的很大影响。其不足之处在于，后现代主义学者们在研究过程中表现出一种不良倾向，即任意使用抽象概念和创造新词汇，因而给自己筑造了一堵学术之墙，并使人们难以理解其意图。派克（James Peck，"关心亚洲学者委员会"的主要人物）也许不如当今那些后现代主义学者们的理论水平高，但至少人们都清楚他在说什么。

虽然后现代主义研究的中心之一是性别和妇女，但是性别和妇女研究本身有自己的独立性，因而不能把它仅视为后现代主义研究的派生。这些研究在本书出版前后才始露锋芒。但是在以后的十年里，其地位和影响力迅速提高，不再是可被忽视的古怪的课题或史学界平权措施（affirmative action）的工具。相反，在帮助我们理解整个人类社会历史方面，它们被看成比阶级分析更有潜力的研究方法。正如《中国性别化：妇女、文化和国家》一书的编者所言："若从性别的角度来看中国，中国就变得不仅更具包容性，而且也与以往不同。"[26]

在结束讨论前，我想再回到高慕轲提出的一些很有价值的评论。与林同奇一样，高慕轲也认为《在中国发现历史》的缺点是未能肯定"局外人角度"的优势。[27]他说："我们应该认识到，从我们的时代和西方的角度来看中国历史，既有短处也有长处。从这一点讲，柯文显得过于片面。他的贡献在于提醒我们警惕不同时代和不同角度所含的偏见。但是他只讲后来局外人看问题角度的缺点，而没有看到其优点。"[28]这个批评十分尖锐。它所提的问题是我当时在写书时就曾考虑过的，今天更应引以重视。

正如高慕轲所说，《在中国发现历史》一书几乎只强调一种会导致扭曲和负面作用的特殊的局外性（outsideness），即我书中所谓的"种族中心"（ethnocentric）[29]、西方中心或欧洲中心等。我所描述的中国中心史学观则更多地从内部的角度来研究中国历史，因此可以说是对早期局外性的一种健康的修正。与此同时，在谈论史学研究最新发展时，我也几次论及了 xxii西方中心的残余偏见（参见我在原书中有关使用社会科学理论研究中国历史资料的讨论，第 180～184 页）。我在该书的结束语中还谈了历史学家在力图"再述过去的真相"时都要面临"局外性"这个一般性问题（见原书第 197～198 页）。

换句话说，虽然我认识到局外性具有不同的形式，而且其中有些形式的危害性相比之下比较小，但我还是始终把局外性当作问题看待，也就是把它看作我们研究历史的负担，而不是财富。高慕轲和林同奇提出，美国的中国史学家可能比中国的历史学家更具有某种优势（或更广义地说，历史学家可能比历史直接参与者更具有优势），这是一个极为真实、值得重视的可能性。毕竟，正是我们的局外性。才使我们不同于历史的直接参与者，并使我们作为历史学家得以再现当事人所无法知晓的并且具有意义的过去。也就是说，不论是美国学者描述中国历史，还是一般历史学家叙述一般的过去，局外性都不仅起了扭曲的作用，还起了阐明和启发的作用。从这一点上说，历史学家所面临的首要问题是如何有效地利用我们的局外性对历史进行最大的阐明和最小的扭曲。

如果历史学家的局外性不被视作不能避免的缺陷，而是从正面被看作我们之所以能成为历史学家所必不可少的素质，那么我们所面临的就是关于整个历史学科的最根本问题。由于这个问题关系到历史学的最终目标，所以它必然是不易解答的。例如，作为历史学家，我们的目标是否要最大可能地重现历史现实，和"再述过去的真相"？如果是这样，"过去的现实"

和 "有关过去的真相" 意味什么? 历史学家所理解的 "现实"
和 "真相" 与直接参与者所理解的有什么不同? 这种不同对
于我们历史学家的研究有什么影响? 这类问题也许永远不会有
xxiii 满意的答案。[30]但是, 倘若我们想要保持历史学家最高度的诚
实和自我意识, 我们就必须不断地探索这些问题。

注

[1] 两篇以社会史为重点的优秀历史评价作品出现在本书出版之后, 它
们是: William T. Rowe, "Approaches to Modern Chinese Social Histo-
ry", in Olivier Zunz, ed., *Reliving the Past: The Worlds of Social
History* (Chapel Hill: University of North Carolina Press, 1985); Jeff-
rey N. Wasserstrom, "Towards a Social History of the Chinese Revolu-
tion: A Review", *Social History* (January 1992), 17.1: 1 – 21,
(May 1992), 17.2: 289 – 317。另外还有两篇文章从新的文化批评
角度, 评价了战后美国中国历史研究的理论问题: Tani E. Barlow,
"Colonialism's Career in Postwar China Studies", *Positions: East Asia
Cultures Critique* (Spring 1993), 1.1: 224 – 267; Judith B. Farquhar
and James L. Hevia, "Culture and Postwar American Historiography of
China", 同上 (Autumn 1993), 1.2: 486 – 525。

[2] 两篇较早的回应可见: Paul A. Cohen, "State Domination of the China
Field: Reality or Fantasy? A Replay to Robert Marks", *Modern China*
(October 1985), 11.4: 510 – 518; Cohen, "Our Proper Concerns as
Historians of China: A Reply to Michael Gasster", *The American Asian
Review* (Spring 1988), 6.1: 1 – 24。

[3] 林同奇对这一假设和书中其他假设做过深入的批评, 参见《柯文新
著〈在中国发现历史〉评介》,《历史研究》1986 年第 1 期, 第 60 ~
70 页。

[4] 对于本书的批评多集中在第四章, 有两篇文章例外, 见 Robert
Marks, "The State of the China Field, or the China Field and the State",
Modern China (October 1985), 11.4: 461 – 509; Michael Gasster,

"Discovering China in History: Some Comments on Paul Cohen's *Discovering History in China*", *The American Asian Review*（Summer 1987），5.2: 121 - 153。

[5] Gasster，前引文，第 145、151 页。

[6] 同上。

[7] 同上。

[8] Grafflin，"Bound China"，未刊论文，1985 年 4 月 5 日发表于哈佛大学，第 22 页。

[9] 这个特色也出现于一部分早期的中国中心观的作品，其中的代表作是孔飞力对近代中国史界限的讨论，见 Philip A. Kuhn, *Rebellion and Its Enemies in Late Imperial China: Militarization and Social Structure*, 1796 - 1864（Cambridge: Harvard University Press, 1970），第 1 ~ 10 页。

[10] 参见 Madeleine Zelin, *The Magistrate's Tael: Rationalizing Fiscal Reform in EighteenthCentury Ch'ing China*（Berkeley: University of California Press, 1984）; William T. Rowe, *Hankow: Commerce and Society in a Chinese City*, 1796 - 1889（Stanford: Stanford University Press, 1984）; Benjamin A. Elman, *From Philosophy to Philology: Intellectual and Social Aspects of Change in Late Imperial China*（Cambridge: Council on East Asian Studies, Harvard University, 1984）; Philip C. C. Huang, *The Peasant Economy and Social Change in North China*（Stanford: Stanford University Press, 1985）; Mary B. Rankin, *Elite Activism and Political Trans formation in China: Zhejiang Province*, 1865 - 1911（Stanford: Stanford University Press, 1986）; Prasenjit Duara, *Culture*, *Power*, *and the State: Rural North China*, 1900 - 1942（Stanford: Stanford University Press, 1988）; James M. Polachek, *The Inner Opium War*（Cambridge: Council on East Asian Studies, Harvard University, 1992）; Kathryn Bernhardt, *Rents*, *Taxes and Peasant Resistance: The Lower Yangzi Region*, 1840 - 1950（Stanford: Stanford University Press, 1992）。

[11] 参见 Andrew J. Nathan, "Implications for Foreign Relations of Some Recent Trends in the Western Historiography of Republican China"，未刊论文，1987 年 4 月发表于波士顿美国亚洲学会年会；亨特（Mi-

chael Hunt)《美国关于中国对外关系史研究的问题与前景》,《历史研究》1988 年第 3 期。亨特在其著作 *The Genesis of Chinese Communist Foreign Policy* (New York: Columbia University Press, 1996) 中,一方面认识到中国中心论史学家容易对早期西方史学著作中对外部关系的强调持批评态度(第 239 页),另一方面也有力地说明中国中心的研究方法有助于加深我们对中国在国际事务中的态度和行为的理解(第 248 页)。

[12] 1992 年 8 月 22 日与本书作者的通信。又见 Jiwei Ci, *Dialectic of the Chinese Revolution: From Utopianism to Hedonism* (Stanford: Stanford University Press, 1994),第 248~249 页注释 [1]。

[13] 参见《研究中国近代史的取向问题——外因、内因或内外因结合》,《历史研究》1993 年第 5 期。

[14] 参见许纪霖《从本土探寻历史》,《读书》1991 年第 11 期;陈平原《新文学:传统文学的创造性转化》,《二十一世纪》1992 年 4 月号。

[15] 周锡瑞对早期义和团运动的杰出研究给我们指出了一个正确的方向。与冉枚烁和波拉切克的作品类似,周锡瑞的研究虽然以中国为中心,但同时非常注重帝国主义的影响。参见 *The Origins of the Boxer Uprising* (Berkeley: University of California Press, 1987),张俊义、王栋译《义和团运动的起源》,江苏人民出版社 1995 年版。

[16] 参见 Sivin, "Science and Medicine in Chinese History", in Paul S. Ropp, ed., *Heritage of China: Contemporary Perspectives on Chinese Civilization* (Berkeley: University of California Press, 1990); Sivin, "Why the Scientific Revolution Did Not Take Place in China-or Didn't It?" *Chinese Science* (1982), 5: 45 – 66; Rawski, *Education and Popular Literacy in Ch'ing China* (Ann Arbor: University of Michigan Press, 1979); Myers, "Transformation and Continuity in Chinese Economic and Social History", *Journal of Asian Studies* (February 1974), 33.2: 274; 以及他的 "On the Future of Ch'ing Studies", *Ch'ing-shih wen-t'i* (June 1979), 4.1: 107 – 109; Rowe, *Hankow: Commerce and Society in a Chinese City, 1796 – 1889*, 以及其姐妹著作 *Hankow: Conflict and Community in a Chinese City: 1796 – 1895* (Stanford: Stanford University Press, 1989); Mann, *Local Merchants*

and the Chinese Bureaucracy, 1750 - 1950（Stanford：Stanford University Press，1987）。

[17] 参见 *The Liberal Tradition in China*（New York：Columbia University Press，1983）。有关我与狄百瑞对该书的相互讨论，参见 Cohen，"The Quest for Liberalism in the Chinese Past：Stepping Stone to a Cosmopolitan World or the Last Stand of Western Parochialism? ——A Review of *The Liberal Tradition in China*"，*Philosophy East and West*（July 1985），35.3：305 - 310；de Bary，"Confucian Liberalism and Western Parochialism：A Response to Paul A. Cohen"，同上（October 1985），35.4：399 - 412；Cohen，"A Reply to Professor Wm. Theodore de Bary"，同上，第 413 ~ 417 页。

[18] 关于这一争论的文章和著作众多，不能一一在此综述。赞成将"public sphere"一词用于中国研究的代表作有：Rankin，*Elite Activism*；Rowe，*Hankow：Commerce and Society*；Rowe，*Hankow：Conflict and Community*；David Strand，*Rickshaw Beijing：City People and Politics in the 1920s*（Berkeley：University of California Press，1989）。有关的重要文章有：William T. Rowe，"The Public Sphere in Modern China"，*Modern China*（July 1990），16.3：309 - 329；Frederic Wakeman，Jr.，"The Civil Society and Public Sphere Debate：Western Reflections on Chinese Political Culture"，同上（April 1993），19.2：108 - 138；Rowe，"The Problem of 'Civil Society' in Late Imperial China"，同上，第 139 ~ 157 页；Mary Backus Rankin，"Some Observations on a Chinese Public Sphere"，同上，第 158 ~ 182 页；Richard Madsen，"The Public Sphere，Civil Society and Moral Community：A Research Agenda for Contemporary China Studies"，同上，第 183 ~ 198 页；Heath B. Chamberlain，"On the Search for Civil Society in China"，同上，第 199 ~ 215 页；Philip C. C. Huang，"Public Sphertx/Civil Society in China? The Third Realm between State and Society"，同上，第 216 ~ 240 页；Rankin，"The Origins of a Chinese Public Sphere：Local Elites and Community Affairs in the Late-Imperial Period"，*Etudes Chinoises*（Fall 1990），9.2：13 - 60；Philip A. Kuhn，"Civil Society and Constitutional Development"，在 Leon Vandermeersch 编，*La societé civile face à l'état dans les traditions chi-*

noise, japonaise, coreenne et vietnamienne （Paris: École Francaise d'Extreme-Orient, 1994），第 301～307 页（引文见第 307 页）。

［19］David Johnson, Andrew J. Nathan, and Evelyn S. Rawski, ed., *Popular Culture in Late Imperial China* （Berkeley: University of California Press, 1985）.

［20］Gail Hershatter 有几篇有关上海娼妓的文章，见 "The Hierarchy of Shanghai Prostitution, 1919－1949", *Modern China* （October 1989），15.4: 463－497; 以及 "Courtesans and Street workers: The Changing Discourses on Shanghai Prostitution, 1890－1949", *Journal of the History of Sexuality* （October 1992），3.2: 245－269; Strand 在其书中，特别是第 38～64 页，对北京人力车夫的生活和文化有生动的描述；关于天津及上海的工厂工人，见 Gail Hershatter, *The Workers of Tianjin, 1900－1949* （Stanford: Stanford University Press, 1986）; Emily Honig, *Sisters and Strangers: Women in the Shanghai Cotton Mills, 1919－1949* （Stanford: Stanford University Press, 1986）; Elizabeth J. Perry, *Shanghai on Strike: The Politics of Chinese Labor* （Stanford: Stanford University Press, 1993）。

［21］参见 Richard J. Smith, *Chinese Almanacs* （New York: Oxford University Press, 1992）; David Johnson, ed., *Ritual Opera, Operatic Ritual: "Mu-lien Rescues His Mother" in Chinese Popular Culture* （Berkeley: Chinese Popular Culture Project, University of California, 1989）; Chang-tai Hung, *Going to the People: Chinese Intellectuals and Folk Literature, 1918－1937* （Cambridge: Council on East Asian Studies, Harvard University, 1985）; Chang-tai Hung, *War and Popular Culture: Resistance in Modern China, 1937－1945* （Berkeley: University of California Press, 1994）。

［22］我对于 19 世纪末义和团宗教领域的研究中，详细参考了下列人类学者们的有关著作：Emily M. Ahern, Ann S. Anagnost, Alan J. A. Elliott, David K. Jordan, Arthur Kleinman, Jack M. Potter, Gary Seaman, Robert P. Weller, Arthur P. Wolf, Margery Wolf. 参见 Paul A. Cohen, *History in Three Keys: The Boxers as Event, Experience, and Myth* （New York: Columbia University Press, 1987），尤可参见第 3～4 章。

［23］ 参见 "Superscribing Symbols: The Myth of Guandi, Chinese God of War", *Journal of Asian Studies* (November 1988), 47.4: 778 – 795。

［24］ 参见其论文 "Making China 'Perfectly Equal'", *Journal of Historical Sociology* (December 1990), 3.4: 380 – 401; 以及他的新作 *Cherishing Men from Afar: Qing Guest Ritual and the Macartney Embassy of 1793* (Durham: Duke University Press, 1995)。何伟亚研究取向的另一个范例, 见 "Leaving a Brand on China: Missionary Discourse in the Wake of the Boxer Movement", *Modern China* (July 1992), 18.3: 304 – 332, 他在该研究中将 19 世纪末和 20 世纪初的传教士的言论视为"一种特定历史时空的文化, 而不是一般情境的自然反映"的产物 (前文第 324 页)。通过对象征符号意义的研究, 何伟亚使我们对义和团事件后外国传教士和军人在中国境内对中国进行报复的行为有了新的理解。

［25］ 有关"关心亚洲学者委员会"成员的若干理论缺陷, 可参见 Barlow, "Colonialism's Career in Postwar China Studies", 第 248 ~ 250 页。

［26］ 参见 Christina K. Gilmartin, Gail Hershatter, Lisa Rofel 和 Tyrene White, "Introduction", in Gilmartin 等人合编, *Engendering China: Women, Culture, and the State* (Cambridge: Harvard University Press, 1994), 第 2 页。该书是 1992 年 2 月于哈佛大学、卫斯理学院以及麻省理工学院举行的同名研讨会的论文集。另一有关性别历史作用的近作是 Tani E. Barlow, ed., *Gender Politics in Modern China: Writing and Feminism* (Durham: Duke University Press, 1993)。

［27］ Lin, 前引文, 第 67 页。

［28］ Gasster, 前引文, 第 148 页。

［29］ 而不是 "ethnic bias"(种族偏见), 高慕轲在评论中几次使用该词(见第 123、131 页)。但是我在书中并没有使用过此词。我对"种族的"(ethnic)与"种族中心的"(ethnocentric)的理解不同。我把后者定义为"将我们自己视为万事的中心"。

［30］ 我在 *History in Three Keys* 一书中详细讨论了这类问题。

序　言

　　不是历史学家的人有时以为历史就是过去的事实。可是历史学家应该知道并非如此。当然事实俱在，但它们数量无穷，照例沉默不语，即使一旦开口又往往相互矛盾，甚至无法理解。史学家的任务就在于追溯过去，倾听这些事实所发出的分歧杂乱、断断续续的声音，从中选出比较重要的一部分，探索其真意。

　　这件工作并非易举。虽然有一些通行的求证规则使我们忠于史实，但是在所有的历史研究中都不可避免地引进大量主观成分。选择什么事实，赋予这些事实什么意义，在很大程度上取决于我们提出的是什么问题和我们进行研究的前提假设是什么，而这些问题与假设则又反映了在某一特定时期我们心中最关切的事物是什么。随着时代的演变人们关切的事物不同，反映这些关切的问题和前提假设也逐渐发生变化。因此，人们常说每一世代的史家都得把前一世代史家所写的历史重写一遍。

　　其实，对"世代"这个概念，也可有不同的理解。从群体上说，每个史家都属于某一特定的世代集团。在历史这一行业中往往把这种世代集团（例如五十年代在费正清指导下，由哈佛大学训练出来的一批学者）和学术领域演变的特定阶段或取向（approach）①（例如研究中国历史的"哈佛学派"）联系起来。但是，从个体上说，每个史学家在他出成果的时期中无不经历世代更迭的演变。每个人所从属的世代集团都是一

---

①　"approach"一词意指"着手探讨某一问题时采用的角度、方式或看法"，译者在此借用了台湾一些学者的简练译法，译为"取向"。——译者注

股强大的力量，对我们思想发展的潜力产生真正的限制作用。但是这种限制作用只是局部的，并不是绝对的。理由之一是每个人天生就不一样。同龄人在同一时期受教于同一导师，尽管持有某些共同的前提假设，但彼此绝不可能完全一样。实际上，只要仔细阅读本书就可充分证明他们在史学的取向上可能差别甚大。其次，随着年龄的增长，产生了生理和心理上的变化，加上周围世界又发生了有时是相当剧烈的变化，我们就不可避免地受这些内在与外在变迁的影响。这种现象，甚至对某些固执保守，其基本前提似乎原封不动的人，也在所难免。

对上述有关世代变迁看法的两个方面——标志着某一学术领域发展的群体方面，和史家对周围（以及内心）世界的不断变化做出反应，从而亲身体验到的个体方面——在本书中都有所反应。本书的主旨是针对第二次世界大战以来左右美国研究中国近世史的某些主要取向进行批判性的估量。我采用"近世"（recent）一词是统指 19～20 世纪，即通称"近代"这段时期。由于下文即将说明的理由，我对研究中国史时采用"近代"一词深感不妥，即使作为纯粹的用词，也是如此。因此，在可能情况下我宁可使用诸如"近世"或者"1800 年后"这类词语。但我发现完全避免使用"近代"一词是不可能的，因为本书涉及的许多学者本身就把中国历史划分为近代与传统（或近代前的）两个阶段。

本书一方面探讨了美国史学界研究中国的情况——从而直接涉及广泛的中美关系中的思想的一面——另一方面也标志了其中一位史学家内心演变过程中某一时刻的状态。我是在四十岁后不久决定撰写此书的。它是我力图解决自己的理论思想问题，并经过一段内心斗争后的直接产物。这些理论思想问题部分是出于个

xxxi

人的身世经历，部分是由于历史的原因。当我的第一部著作《中国与基督教》（*China and Christianity*）问世时，我刚刚开始教书生涯，盘旋脑际的主要问题，可以说更多的是个人与专业成就问题，而不是理论思想问题。这本书的萌芽是我进研究院第三年（1957~1958）写的一篇讲习班报告。从那时到 1963 年该书出版，世界上没有发生什么震撼人心的重大事件——最少没有任何事件曾经震撼了我生活的这块小天地。由于没有受到外界的挑战，我开始写这本书时所采用的前提假设和我写完这本书时大体上是一样的。由于我不是出身于书香门第，认为写书的人大概都不是现实世界里的人，因此那时我最关心的问题，是向自己证明我可以成为一个历史学家，实质上，这就意味着我能写出一本学术专著，具有从事史学这一行业所必备的一切技巧。

第二本书《在传统与现代性之间》（*Between Tradition and Modernity*）是在 1974 年出版的。这时我对自己是个历史学家的信心更足了，同时认为这是一本好书——就是说从技巧上看，它比第一部著作更好些。可是我却担心这本书是否写得"对"。这里所谓"对"是指这本书的理论框架是否具有内在的连贯性，以及指导它的前提假设是否站得住。我写这本书是从 1964 年到 1973 年。在美国这个时期和 1957~1963 年不同，是一段风雷激动、人心困扰的岁月。越南、柬埔寨、罗马俱乐部关于世界发展之极限的报告①和水门事件对我这一代所产生

---

① 罗马俱乐部（The Club of Rome），1968 年成立，是由科学、教育、文化、经济等各方面专家组成之世界性民间组织，旨在探讨当今人类社会面临的各种困难，如贫富悬殊、环境污染、人口爆炸、信仰危机、通货膨胀及失业等问题。1972 年发表《增长的极限》（*The Limits to Growth*）一书，从人口、资源、工农业生产与污染等方面进行探讨，认为人类如果按目前趋势继续发展，在百年左右将达到极限。——译者注

的作用，正如经济大萧条对前一代人所产生的影响一样。不过，有一点不同：大萧条岁月使人们对美国的财富分配和社会结构产生了深刻忧虑。而六十年代与七十年代初期连续发生的危机，则突出了美国科学技术的破坏能力和最终控制这种能力的美国人在道德上麻木不仁所构成的矛盾，从而提出了一系列关于"近代"历史发展道路本身的问题。经过越南战争，人们再也不能轻易假设美国的威力必然是一件好事，再也不能轻易地认为凡是"近代的"就必然是"文明的"。

xxxii

　　《在传统与现代性之间》是一本关于中国改革家王韬的书。他生活在 19 世纪下半叶，处于中国和西方文化交错的边缘，对中西交触，思路开阔，论述广泛。在力图理解王韬的过程中，我遇到的问题是：在我撰写此书的十年中，开始写作时所持有的关于"中国"与"西方"、"近代"与"传统"的假设受到了强烈冲击。我曾经意识到其中的矛盾，而且在书中许多地方都着重提到"传统 - 近代"这种两极分法本身有待商榷。有时我甚至想把这本书改名为《超乎传统与现代性之上》（Beyond Tradition and Modernity）而不是"介乎两者之间"（Between）。可是最后尽管王韬也许曾经"超乎两者之上"，而我却依然徘徊踌躇，"介乎两者之间"。那时我的思想已沿着新的方向突进，但是束缚它的概念上的框架，却把我拖向另一方向，结果使这本书的根本理论框架带有某种程度的紧张状态。

　　在写完王韬这本书并得以比较超脱地评价此书时，我内心的矛盾与不安终于发展到尽头。我认识到唯一的办法就是面对看来是统治着美国战后有关 19 ~ 20 世纪中国历史论述的总思想框架或模式（paradigms），采取直接迎战的态度（下文即将谈到，在 1970 年我已经朝着这个方向放了第一枪）。虽然从动机上说产生这种对抗难免含有强烈的个人成分，不过我希望最终的成果会对同行和学生都有所裨益。直到六十年代后期，中国近世史这一领域相对地说一直没有多少自我批评的史学论述。约从此时开始，在《关心亚洲学者通讯》（*Bulletin of Concerned Asian Scholars*）（后来并在 1975 年开始出版的《近代中国》［*Modern China*］季刊）上逐步发展出一种批判性较强的看法。我对这一看法感到高兴，而且认为它对于一个变得昏昏欲睡的学术领域，会产生良好作用。但是我对这批人提出的具体的批评意见并非全部赞同。而且即使我很想赞同，也往往发现支持这些意见所收集的史料不够充分，或者批评本身简单化、走极端或者太笼统，从而缺乏说服力。因此我对一部分新的批判性看法感到不妥，但对批判者所针砭的许多看法却同样感到不安。在这种左右为难的情况下，我希望能提出一种研究历史的概括的看法，这种看法如果说在破坏偶像的程度上不如当时已经提出的某些批判那么强烈，最少可以澄清争论的中心问题。

虽然本书对许多朋友和同事的著作进行了考察，但每一位作者对我都有所教益。对其中的好几位我在思想理论上曾受益极大，铭感在心。特别是费正清和列文森二位，对于前者我有幸当过他的学生，对于后者我虽然只有浅交之缘，却高山仰止。不过史家之间相互受益却是一种很奇特的现象，我们之间不仅仅是机械地继承一堆知识，然后加上另外一些知识把它传给他人。我们同时还会提出问题，进行鉴定，并把支持前辈著作的理论框架东摇西晃一番，而且带有讽刺意义的是，我们自己完全知道有朝一日别人也会对我们著作的理论框架狠狠地摇晃一番。总而言之，我们不能允许任何史家做出最后的判断。

可是批评是一回事，不公正却是另外一回事。对待不公正这一问题我是认真严肃的。在撰写本书过程中我对此一直忧心忡忡。因此在做出判断时，我力求不偏不倚；在指出某著作的缺陷或某一总取向的不足时，我尽量说清我的批评所根据的前提是什么。但是当我们想用别人的著作来印证自己的分析与看法时，某种程度的歪曲总是难免的。随着时间的推移人们思想上所发生的起伏变化，势必有所走失；学者的著作总是思路纷繁，交织成篇，在主旋律之外有对位旋律，有反复的修订补充，甚至还有些不无好处的不连贯之处，这一切都很容易受到忽视。例如，在我把费正清和列文森作为五十年代与六十年代美国史家主要取向的代表人物时，人们很容易忘记费正清在他长达五十多年的学术生涯中，曾从许多不同角度研究过中国——而且在任何情况下他对与自己研究的前提不同的学术看法总是抱欢迎态度；人们也容易忘记列文森，尽管由于 1969 年的伤逝，不能对刚刚涌现的解释历史的新潮流做出反应，但是他目光敏锐，思路精细，从来没有把自己永远束缚于任何假设的框架之内。

如果说在对待作者个人时不可能做到完全不偏不倚，在对待课题内容上我则无意做到不偏不倚。从这方面说本书的选择性是较强的——有人也许会说是很不像话的。本书比较侧重 19 世纪，因为这个时期对于书中要考察的两个理论模式——冲击 - 回应（impact-response）与传统 - 现代（tradition-modernity）模式——是极为关键的。本书在所涉及的学术著作与所讨论的题目或问题时，也是有选择性的，它们都只反映一个历史学家而不是所有历史学家萦回脑际的理论思想问题。我认为

xxxiv

在我的一些同事心中，这类问题的排列顺序和我会很不相同，如果他们动笔写一本类似的书，其结果定会迥然两异。我衷心希望他们做出这种努力。

本书共分四章，虽然它们体现了共同的主题，形成连贯的整体，但是也可以作为独立充实的论文来阅读。第二章到第四章是专为本书写作的。第一章讨论冲击－回应模式，曾在前几年发表过，但是内容已经过更新与大量改写①。第一章的写法和其他各章有所不同：第一章是把冲击－回应这一取向和具体的历史事件加以对比，而第二章至第四章则更多集中于对美国史家的学术著作进行直接分析。虽然并非出于有意安排，第一章比较侧重政治史，第二章侧重思想史，第三章侧重经济史，第四章侧重社会史。不过这些只是侧重不同而已；例如，在不同程度上它们都涉及政治史。

既然本书的主旨是对普遍影响美国史学的某些前提假设加以界说、分析与批判，因此有关 19～20 世纪中国的其他主要史学传统——中国的、日本的、欧洲的、苏联的传统——几乎都未涉及。这样做绝不是贬低按照这些传统写作的史家们（特别是中国和日本的史家们）对美国史学的重大影响。只不过这种影响，由于美国史家所关心的和反复思考的问题不同，经过了美国史学的过滤与加工。我的主要兴趣在于研究这些问题如何诱发出具有美国特色的史学。

有一个重要前提，需要在此说明。我认为在制约任何史学

xxxv

---

① 当时发表的篇名是《清朝中国：与西方的对抗，1850～1900》见 James B. Crowley 编《近代东亚论文集》（*Modern East Asia：Essays in Interpretation*）（New York：Harcourt，Brace，and World，1970），pp. 29－61。——译者注

研究领域之演变的各种因素中，最根本的是史家生活于其中的政治、思想与文化的环境；其他一切都是次要的。当然，随着新技术的发现，语言培训的改进与语言能力的提高，知识的积累，或者由于史家取得了原来不知或无法取得的档案与其他史料，一切史学研究领域都会经历一个自身内部发展的过程。但是，尽管这种内部发展过程对某一研究领域的成长是必不可少 xxxvi 的前提，它却不能决定成长的方向与格局（Pattern）。研究中所遵循的取向，所提出的基本问题主要仍然是由史家的社会文化环境所决定的。同样，在来自其他史学传统的各种影响中，影响最强烈的往往是在史料、研究技巧，以及考察某些界限分明的历史问题时所采用的方法等领域；而影响最薄弱的则在于总体的理论取向领域。例如，日本和中国大陆的历史学家，由于受马克思主义史学的影响，对于社会经济的动因十分重视，而美国史家则在多年之后才转而认真研究这方面的问题。可是当他们在六十年代末终于开始注意这些问题时，还是由于美国国内发生了某些重要变化的结果，并不是由于中国或日本国内发生了什么新的变化。

基于以上总观点，本书考察的史家绝大部分都生长在美国。但也有少数例外，因为有些学者虽然不是美国人，可是受美国史学行业环境的熏陶很深：他们和美国史学家一样经常参加美国学术会议，在美国学刊上发表文章，并经常和美国史家合写学术论文。不管这些作家有多少个人创见，在我看来他们不足以构成一个完全不同的史学传统。情况稍微不同的是中国出生的定居美国的史家，这些史家不论就数量和影响上说都是美国研究中国史领域的重要组成部分。除了少数例外，这批人不仅在美国教书，而且在美国受到全部或部分教育，并用英文发表大部分学术论著。所以在谈到美国史学时把他们计算在内不仅是应该的而且是十分必要的。

　　最后就注释问题说一两句话。既然我认为本书并不是一部周全的"文献评介"著作，而是一部分析讨论左右美国研究中国近世史论述之主要取向的著作，我不得不删掉有关目录。但是，在每章的注释中我对该章中首次引文出处提供了出版详情。

　　由于熟悉美国研究 19 ~ 20 世纪中国史的人为数甚多，而这些人又必然是本书研究课题的专家，因此我在撰写本书时随时随地都可以借助其他学者的建议与批评，其中尤其要感谢谷梅（Merle Goldman）、孔飞力、莉莲·李（Lillian Li）、黎安友、詹姆斯·波拉切克、冉枚烁、罗思文（Henry Rosemont）和詹姆斯·谢里登（James Sheridan），他们都异常仔细地阅读了原稿并费神写出长篇意见供我采用。此外我得感谢保罗·埃文斯（Paul Evans）、费正清、薄池典子（Noriko Kamachi）、欧中坦（Jonathan Ocko）、石约翰和史华慈，他们在许多问题上向我提出了建议和告诫。

　　我在惠特曼学院（Whitman College）和华盛顿大学（University of Washington）演讲时，曾就第二章主题做过报告，从听众的提问和评论中我也得到启发。卫斯理学院（Wellesley College）和哈佛大学的同事们及 1981 年上海复旦大学举行的"清末民初中国社会学术讨论会"的参加者，都对部分原稿提出很有帮助的讨论与批评。

　　我得感谢全国人文科学基金会（National Endowment for the Humanities）和卫斯理学院，因为它们在 1980 ~ 1981 学年中提供了资助。最后我很高兴在此有机会表达我对多萝西·博格（Dorothy Borg）的深切谢意，因为她给了我另一种性质完全不同的极为难得的支持，包括热情的鼓励、正确的建议以及极为可贵的实际的帮助。

最后我想感谢我的孩子们，我深情地将此书献给他们，不是为了别的而是为了感谢他们若干年来使我的生活更加丰富充实所做出的一切贡献。

除非站在前辈人的肩上、面上，人类又如何能向上发展呢？

——费正清

　　无人能掌握众规范之规范

——列文森

绪 论

　　研究中国历史，特别是研究西方冲击之后中国历史的美国学者，最严重的问题一直是种族中心主义造成的歪曲（ethnocentric distortion）。产生这个问题的一个明显原因是西方——我们这个西方——对中国近世史发生了直接的、极为重要的作用。但是另一原因却不是那么明显，那就是中国史家，不论是马克思主义者还是非马克思主义者，在重建他们自己过去的历史时，在很大程度上一直依靠从西方借用来的词汇、概念和分析框架，从而使西方史家无法在采用我们这些局外人的观点之外，另有可能采用局中人创造的有力观点。这些局外人的观点，直到不久之前往往不是夸大西方的角色，就是以更加微妙的方式错误地解释这个角色，从而歪曲了中国历史。西方史家面临的严重挑战，并不是要求他们彻底干净地消除种族中心的歪曲，因为这是不可能的；而是要求他们把这种歪曲减到最低限度，把自己解脱出来，从一种西方中心色彩较少的新角度来看待中国历史，因为要做到这点是可能的。

　　直到第二次世界大战，美国的著作往往侧重探讨中国近世史中西方自身所最关切的问题：鸦片战争、太平军起义、中外贸易、通商港口的生活与制度、义和团、孙中山、外交关系、传教事业、日本侵略，等等。这种侧重中国历史与西方关系较密切的侧面，一部分固然是因为大多数的美国学者都不会使用中文史料，而且也根本无法取得其中的重要资料。但是另一方面则由于思想上的偏见，这种偏见认为凡是近代的就是西方的，而西方的就是重要的。在这个时期中，许多美国人，甚至受过教育的美国人都认为西方化的中国就等于近代化的中国，两者无法区分。

这一阶段属于美国论述中国的非职业史家阶段，大部分工作是由传教士、外交家、海关官员一类人物进行的。这些人很少受过学者的正式训练，没有一位是作为中国历史专家受过培训的。接着在二战后的二十年中，一代新的美国中国史专家出现了，他们是在三十年代到中国学习并经过专门训练的一小批历史家所奠定的基础上发展起来的。随之，美国人研究中国历史的精密化水平有了一次跃进。第一次一个真正的专业领域出现了。随着语言训练的改进（这部分是由于大战的推动）；随着研究工作越来越多地建立在中国文献的牢固基础上，美国学者可以逐渐进入一个崭新的世界。我们开始进入中国内部，开始了解中国人自己是怎样理解、感受他们最近的一段历史的。

尽管如此，在研究中国近世史中探讨西方入侵如何左右中国历史，仍然占压倒优势。当然也有例外。例如，人们特别会想起何炳棣（Ping-ti Ho）早年关于人口的著作（1959）以及关于社会流动性的著作（1962）；也会想起张仲礼（Chung-li Chang）、萧公权（Kung-chuan Hsiao）、梅谷（Franz Michael）以及其他参加五十年代和六十年代在华盛顿大学（University of Washington）开展的中国近代史研究计划的学者，他们在开创中国社会、政治与军事历史的研究方面贡献卓著。[1]不过就整个学术领域说，这一阶段的绝大部分学术研究如果不是按照西方挑战与中国应战的思路加以处理，就是按照"近代化"——由西方带入并由西方界说的"近代化"——如何冲击中国传统文化与社会这一思路加以处理。

3　　　这两种互相补充的取向在六十年代后期受到尖锐批评。但是这种批评的出发点并不是认为西方的作用被夸大了，而是认为冲击－回应与近代化这两种取向似乎都以褒扬的口气描述西方扩张，而以贬谪的口气描述中国对西方的抵抗。这些批评者由于受到经典的帝国主义理论的强烈影响，同时也受到美国与中国作者在三十年代、四十年代把这种理论应用到中国的强烈影响，认为美国史家不应过分侧重中国内部发展的研究，因为在他们看来这种侧重似乎意味着把中国过去一个半世纪所经历的种种问题，主要都归咎于中国社会与文化自身的弱点与不足。反之，他们要求对西方帝国主义的各种问题进行深入研究，其目的是说明帝国主义对中国社会的发展产生了阻滞作用，扼杀了这个社会的生机。按照这种说法，我们就得重新回到鸦片战争、不平等条约、通商口岸及义和团。不过这次观察问题的角度和以前完全不同了，他们认为我们应该探讨西方介入中国社会之后如何抑制并扭曲了中国历史的自然进程。

本书将对这三种思想框架——冲击－回应框架、近代化框架与帝国主义框架——逐一分析考察。在最概括的层次上，我的主要论点是，这三种框架以不同的方式使我们对 19 ~ 20 世纪的中国产生了一种以西方为中心的曲解。冲击－回应框架由于把注意力集中在中国对"西方挑战"之回应上，就很容易鼓励人们把并不仅仅是，或主要并不是对西方做出回应的发展错误地解释为是对西方做出的反应。此外，它还促使史家认为凡是和西方入侵没有明显联系的中国近世史的各个方面都是不重要的——或者说只有当这些方面有助于说明中国对西方之回应时才是重要的。

近代化或传统－近代取向则根深流远，它的基础可上溯至19 世纪西方人对文化、变化、中国与西方本身所持的看法。 4

这一取向的错误在于把一种来自外界的——同时也是狭隘的——西方观点，即关于什么是变化，哪种变化才是重要的界说，强加在中国历史上。这种取向如果不是明显地，也是隐含地侧重于从西方近代史角度就中国历史提出问题——例如，中国能否独立产生近代的科学传统和工业革命呢？如果不能，为什么？——而较少探讨中国历史自身提出的问题。隐藏在这种做法背后的假设是，西方近代史是规范（norm），从此又引出另一假设，即认为中国社会有些稀奇古怪，不太正常，必须加以特殊解释。

至于帝国主义取向，至少就其中更加概括的提法而言，也有若干弱点，易遭攻击。有时它陷入了非历史的困境，假设中国历史本来有一种"自然的"或"正常的"发展道路，可是这种道路受到西方（后来是日本）帝国主义的干扰。但有时它又认为中国社会停滞不前，因此迫切需要来自外界的一次震击。在这种情况下，主张此一取向的人变得不知究竟应如何解释西方的作用。有些史家似乎认为需要西方来"发动"（acti-vate）一下中国的历史。但是所有这些人都一致认为西方起了有害的作用，认为它是（或几乎是）一百五十年来中国一切灾难的祸根。

现在，让我先澄清可能已经使某些读者感到迷乱的若干问题。首先，本书真意并不反对把诸如"帝国主义"，"冲击－回应"，甚至"近代的"这些词语严格而仔细地使用于一百多年来中国历史中出现的某些界限分明的具体过程或现象。它所反对的是把这些概念当作广泛的囊括一切的思想框架，企图据此告诉我们在整个历史时期中什么是重要的——同时也就意味着什么是不重要的。

　　说得更具体些,当我批评指导战后美国有关中国 19～20
世纪历史著作的主要模式,指出其严重的西方中心本质时,我　　5
绝非鲁莽地暗示西方对这段历史是无足轻重的。我的目的只是
剖析某些探讨中国近世史的模式,这些模式事先肯定了西方的
重要性,然后再回过来证明它确是如此。换句话说,这里涉及
的是两件事:一是美国史家头脑中关于西方对 19～20 世纪中
国所产生的作用;二是西方实际上所产生的作用。我的主张并
不是认为西方的实际历史作用不重要,而是认为和其他因素相
比,这种作用被夸大了,而且往往被错误地加以陈述,我还认
为不论是夸大的陈述或错误的陈述,主要都是由美国人研究中
国时所采用的思想模式造成的。

　　夸大的陈述对 19 世纪说来特别严重,而错误的陈述我感
到是自始至终贯穿整个时期的。按照冲击－回应与近代化模式
的思路,史家势必主要选择那些不是促进就是阻碍"进步"
"发展"与"近代化"的历史侧面;按照帝国主义模式的思
路,史家势必主要选择不是促进就是阻碍"革命"的因素。
而"革命"则被认为是"进步""发展"与"近代化"必不
可少的前提。因此三个模式都受同一弱点的制约,即受渊源于
西方的关于历史理应如何发展之假设的制约,以及同样渊源于
西方的历史为何按此发展或不按此发展的一些固有问题的制
约。正如一切带有明显目的论倾向的取向那样,它们从根本上
说都是一种循环推理,因为它们最后在庞大复杂的历史现实中
所发现的现象恰恰就是它们一开始就要寻找的现象。

　　最后需要说明的是,虽然我认为西方人把中国视为停滞不
变反映了一种关于哪种变化才算重要的狭隘的 (Parochial) 假
设,但我无意把另一套同样以西方为中心的、同样狭隘的、同

6 样反历史的假设暗中引进中国的历史，即认为变化本身就是件好事，一个社会经历的变化越多，这个社会就"越好"，因此为了使中国和西方显得平起平坐，就必须认为中国是一个充满各种变化、精力充沛的动态社会。我特别强调我绝不相信变化本身就是件好事；我相信有些变化是好的，有些则是不好的。但是作为历史学家我崇奉一个信条（当然我认为这不只是一种信仰），即认为任何社会在任何时候都经历着变化，并认为这些变化到底有多少重要性，在多大程度上被史家"所注意到"，归根结底是相对的，它取决于生活在某一特定社会的某一史家在某一特定时刻刚好认为哪些事物才是重要的。

在我看来这一点正是问题的核心。在本书头三章所考察的每一分析框架都采用了某一特定的尺度来确定哪种变化才是重要的。由于这种变化在西方入侵之前，中国没有发生过，或者（请注意此点和上面一点大不相同）由于设计这种尺度的西方人认为，如果没有西方入侵中国根本无力产生这种变化，因此一旦用这种尺度来衡量中国时，我们当然会发现这个社会是停滞不变的或者最多只发生了一些微不足道的变化。[2]这种看法有两个问题。首先，一般西方人，特别是美国人，恰好认为变化，最少是某种形式的变化，具有崇高的文化价值，因此停滞不变或者变化甚微的中国就必然显得低人一等。另一个更为严重的问题，是这种看法可以说肯定是错误的。

上述最后一点将在本书末章充分讨论；该章将描述在美国研究中国的史学中近来出现的某些趋势，特别是一种离开冲击－回应与传统－近代这两种模式，转向对中国历史采取一种更加以中国为中心的取向，该章同时还要总结这种新趋向带来的各种影响。其实，这一新趋向只是在美国史学研究领域中发生的更广泛的变化的一部分，这种变化不仅在研究中国的著作中可以发现而且在研究非洲、穆斯林近东及其他非西方地区的近著中也可以发现。这种变化出现的具体时间和情况各不相同，但是发展的总方向是一致的：离开外在的——往往是"殖民地历史的"——看法，而转向更加内在的取向，其特点是力图对任何特定的非西方社会的历史，从自身的情况出发，通过自身的观点，加以认识，而不是把它看成西方历史之实际或理论上的延续。[3]

7

在中国史研究方面这种变化开始于 1970 年前后或稍前。带有讽刺意味的是，恰恰在这个时候，史学界的某些成员重新鼓吹过去的帝国主义模式以攻击近代化理论对美国史学的影响，尽管此模式自身也带有明显的西方中心偏见。这种奇怪的情况反映了一个基本矛盾，这种矛盾在越南战争中暴露出来并随后一再得到证实。越南事件从某一角度看来代表了美国帝国主义发展的顶峰，即把巨大破坏力量倾泻在一个比自己远为弱小贫穷的民族身上。在这种情况下美国的史学家自然会为自己的国家在这场战争中的行为感到震惊、羞愧，从而用一种新的眼光来看待帝国主义，认为它是解释中国和其他亚洲国家百年来所经历的各种问题的关键。

但是，越南战争又使美国人超越了帝国主义。正如 1973 年阿拉伯石油禁运和 1979～1981 年伊朗人质危机一样，这次战争迫使我们正视自己力量的局限性，看到美国要想随心所欲摆弄世界，将受到真正的制约。在我看来越南战争的这种第二层含义，对美国研究中国的史家同样产生了深刻的影响。由于揭露了美国在政治、道德、文化全面领先的神话，越南解放了美国史家，使他们也许是第一次，放弃了西方的准绳与西方衡量历史重要性的标尺，转向一种更加真正以对方为中心的史学，一种植根在中国的而不是西方的历史经验之中的史学。

注

[1] Ping-ti Ho, *Studies on the Population of China*, 1368 – 1953（Cambridge：Harvard University Press, 1959）；Ping-ti Ho, *The Ladder of Success in Imperial China：Aspects of Social Mobility*, 1368 – 1911（New York：Columbia University Press, 1962）；Chung-li Chang, *The Chinese Gentry：Studies on Their Role in Nineteenth-Century Chinese Society*（Seattle：University of Washington Press, 1955）；Chung-li Chang, *The Income of the Chinese Gentry*（Seattle：University of Washington Press, 1962）；Kung-chuan Hsiao, *Rural China：Imperial Control in the Nineteenth Century*（Seattle：University of Washington Press, 1960）；Franz Michael，"Military Organization and Power Structure of China During the Taiping Rebellion"，*Pacific Historical Review*（1949），18（4）：469 – 483；Franz Michael and Chung-li Chang, *The Taiping Rebellion：History and Documents*, Vol. 1, *History*（Seattle：University of Washington Press, 1966）.

[2] 有些读者可能会联想到托马斯·库恩（Thomas S. Kuhn）关于"模式"（paradigm）在"正规科学"中所起的作用。他指出"模式"提供一种"事先形成的相对僵硬的框架"。在"正规科学"的活动中，自然现象中"凡不符合此框架者往往被置之不顾"。见 *The Structure of Scientific Revolutions*, 2d ed.（Chicago：University of Chicago Press, 1970），p. 24。

[3] 见 Philip D. Curtin，"African History"，在 Michael Kammen, ed. , *The Past Before Us：Comtemporary Historical Writing in the United States*（Ithaca, N. Y. : Cornell University Press, 1980），pp. 113 – 130，esp. 119 – 130；Nikki Keddie，"The History of the Muslim Middle East"，见同上书，pp. 131 – 156，尤可参看第 141、148、151、154 ~ 155 页；又见 Charles Gibson，"Latin America and the Americas"，在同上 pp. 187 – 202，尤可参看第 194 ~ 195 页。

第一章　"中国对西方之回应"症结何在？

五十年代和六十年代美国史家解释鸦片战争（1839～1842）*到义和团起义（1899～1900）这段历史时，在很大程度上借助了"西方冲击"与"中国回应"这两个概念。这一理论框架所依据的前提假设是：就19世纪的大部分情况而言，左右中国历史的最重要影响是与西方的对抗。这种提法又意味着另一假设，即在这段中国历史中，西方扮演着主动的（active）角色，中国则扮演着远为消极的或者说回应的（reactive）角色。对西方冲击的这种极端重要性主张最有力的著作之一是邓嗣禹与费正清合写的《中国对西方之回应》（*China's Response to the West*）（1954年）。在此书序言中他们说：

> 既然中国是人口最多的大一统国家，又有着最悠久的绵延不断的历史，她在过去百年中遭受西方蹂躏就必然产生连续不断、汹涌澎湃的思想革命，对这场革命我们至今还看不到尽头……在充满"不平等条约"的整整一世纪中，中国这一古代社会和当时居于统治地位的、不断扩张的西欧与美国社会接触日益频繁。在工业革命的推动下，这种接触对古老的中国社会产生了灾难深重的影响。在社

---

* 此处有误，鸦片战争起止时间为1840年至1842年。本书在所涉及的历史事件起止时间和历史人物生卒年份上存在偏差，请读者注意。不再一一更正标注。——编者注

会活动的各个领域，一系列复杂的历史进程——包括政治的、经济的、社会的、意识形态的和文化的进程——对古老的秩序进行挑战，展开进攻，削弱它的基础，乃至把它制服。中国国内的这些进程，是由一个更加强大的外来社会的入侵所推动的。她的庞大的传统结构被砸得粉碎……经过三代人的更替，旧秩序已经改变模样。[1]

"西方冲击"与"东方回应"也是另外一本发行最广的战后教科书的核心概念，此书是保罗·H. 克莱德（Paul H. Clyde）与伯顿·F. 比尔斯（Burton F. Beers）合著的《远东：西方冲击与东方回应之历史》（*The Far East：A History of the Western Impact and the Eastern Response*）。作者在该书 1966 年版本中说：

> 过去一百五十年，东亚一直是一场革命的舞台，这场革命的广度与深度很可能是史无前例的。它包括两个伟大的运动。第一个运动是西方文化生气勃勃地向中亚与东亚的古老传统社会全面扩展，这个运动从 19 世纪初开始，通称"西方之冲击"。到 20 世纪初，就政治权力而言，它几乎征服了整个亚洲。不过此时这场革命的第二部分已经相当深入地展开。亚洲对西方冲击的回应，开始是软弱无力、步调参差、方向不明的。但是到第二次世界大战结束时，已是汹涌澎湃、势不可当。到 20 世纪中叶因此出现了一个个崭新的东亚。[2]

尽管克莱德与比尔斯一书把冲击－回应模式应用于整个中国近世史，但其他著作大都把这一模式集中应用于 19 世纪。

最典型的例子是由费正清、埃德温·O. 赖肖尔（Edwin O. Reischauer）和艾伯特·M. 克雷格（Albert M. Craig）合著的《东亚文明史》（A History of East Asian Civilization）。此书第二卷中有关 19 世纪中国的论述主要出于费正清手笔，集中探讨的一个问题就是："为什么中国对外国的入侵没有较早地做出更加有力的回应？"由于把这个问题作为中心问题，费正清的论述就出现了一系列的偏向或歪曲。首先，从数量上说，他把过多的精力（大约 75% 的篇幅）用于这段历史中与西方有关联的历史侧面。其次，由于主要是通过冲击－回应模式这个棱镜来观察这些侧面，致使对它们的复杂历史含义未能做出充分阐述：有些事变本来在相当大程度上是对内部因素做出的回应，却被过多地说成对外来冲击做出的回应。再次，费正清为了说明中国"对西方挑战回应不力"，不得不反复使用"明显的惰性"[3]这一说法来勾画——也可以说是来歪曲丑化——19 世纪中国与西方世界没有关联的侧面（诸如中国的政权结构、社会、经济与思想等方面）。

尽管作为严肃的学术分析框架，冲击－回应取向的鼎盛时期是在五十年代与六十年代，但是它对教科书和其他大学教学资料的影响则至今不衰。在有些情况下，例如《中国对西方之回应》一书，是因为原书一直未经修订。[4]但在另一些情况下则尽管修订版不断出现，第一版的总思想框架却从来未做修改。例如克莱德与比尔斯的书，费正清、赖肖尔与克雷格的书，以及另外一本流行甚广的教科书，即梅谷与乔治·泰勒（George Taylor）合著的《近代世界中的远东》（The Far East in the Modern World）都是如此。[5]总之，我们面临一个问题，即学术研究的最新趋势与初学者所得到的中国史画面之间存在

11

着一个差距。

其实，这一画面的主要毛病，并不在于它是"错误的"，而在于它没有把其思想所能概括的范围交代清楚。就像在物理学领域，过去百年的发展尽管没有推翻牛顿定律，却表明这些定律适用的范围是有限度的，冲击－回应取向对晚清历史虽然可以说明某些问题，但并不能像上述诸例设想的那样足以说明全部问题。[6]

冲击－回应框架存在的问题

除了适用范围这个总问题之外，冲击－回应取向还有一系列具体问题。问题之一是在谈到"西方冲击"时，人们往往忽视近代西方本身就带有扑朔离迷、自相矛盾的性质。我们中间不少人意识到自己对"非西方社会"的了解比较肤浅，而自惭形秽，这是应当的。不过另一方面却认为自己对西方这块故土已经了如指掌。其实正如史华慈所说："当我们回过头来观察近代西方本身时，这种虚假的一目了然的现象迅速消失。我们认识到19～20世纪的大师们殚精竭虑地探索近代西方事变的内在含义时，往往众说纷纭，相持不下……当然我们对西方所'知道'的（比对任何特定的非西方社会所'知道'的）要多得多，但是对于我们，西方和过去一样依然是迷惑难解的。"[7]

西方之所以如此迷惑难解，理由之一是近代西方随着时间推移不断发生巨大的变化。鸦片战争时中国所遇到的西方，和20世纪二三十年代时对中国思想、政治生活发生如此重大影响的西方，同样都是"近代西方"，但是两者之间却存在着巨大差别。西方在近代阶段并不是停滞不前的，这个明显的真理却容易被人忘记。

同样容易被人忘记的事实是"西方"只是一个相对的概念。没有"东方"或"非西方"和它比较，西方根本就不存在，我们的词汇里也不会出现这个词来表达这个概念。倘若西方这一概念根本不存在，则"西方"所包括的地域中种种空间的划分就自然会在我们的脑中更为凸显。这时，法国和美国的区别很可能就变得和如今中国与西方的差别同样巨大。如果按逻辑推论，我们也可以设想，倘若美国是世界上唯一的国家，人们就既不会认为它是美国，也不会认为它是一个国家。我们感受到的差别就会完全集中在"美国"文化内部的种种变异。

按照这个思路，我们就比较容易理解下列看法，即"作为整体的西方"从来没有对任何社会产生过任何冲击。就以19世纪后期的上海为例，它和具有典型中国风貌的内地相比似乎是"西方化"了。但是它的行政制度受英帝国的控制，它的经济高度商业化，它的人口绝大多数是中国人，它并不能作为整个西方文化具体而微的代表，正如纽约城不能作为整个北美文化的具体而微的代表一样。同样，在看待20世纪前期这段历史时，如果通过整个西方文化对中国产生冲击的概念来分析问题，也将是荒谬可笑的，尽管在这个时期几乎每个西方思想流派都先后在中国的知识界找到鼓吹者。甚至当中国人谈到"全盘西化"时，在他们心目中实际上也并不是用西方的社会与文化来机械地代替中国的社会与文化，而是按照经过精选的、他们心目中的西方形象来改造中国。例如胡适（1891～1962）就只希望采纳西方的科学与民主，反对中国采纳西方的基督教；而且，他心目中的科学与民主都带有明显的杜威学派的烙印，不能一般地代表西方类型的科学与民主。

因此像中国这类国家所接触到的"西方"，只是整体中的一部分。而且即使这一部分在接触的过程中也逐步蜕变。例如，19 世纪远离西方到中国的传教士，本来就很可能不是很典型的西方人，而且在中国居住一段时间后，肯定会变得更加不典型。他学习中文，采纳某些中国的风俗习惯，和新的环境接触交往，开始经历一个"杂交"的过程。他已经不是单一纯粹的西方人，而是变成了"在中国的西方人"（Westerner-in-China）。尽管和他接触的中国人仍然把他看成洋人——当然他还应当算个洋人——但是由于他对中国这个异国环境产生了回应，就使中国人心目中的"洋"也带上了他所特有的色彩。因此单纯用西方冲击与中国回应来解释所发生的现象是不够的，因为其中还含有一种西方对中国冲击所产生的回应。

在思想概念领域也产生了类似的杂交现象。概念不像人，不能对环境做出积极回应，但是概念的含义起码部分是由环境决定的，因为概念只有在人的头脑中才产生意义，而某一概念对某一人的含义是受表达这一概念时各种环境条件所深刻制约的。所以，说什么对于诸如国家主权、基督教和进步等概念直接做出中国回应是没有多少意思的，因为在这些西方概念能够引起回应之前，首先得进行交流，而交流只有通过中国语言及其思想方式的过滤才可能实现（这里所谈的，当然不是直接通晓西方语言的少数的 20 世纪的中国人）。这种过滤不可避免地会造成对原义的歪曲（例如"liberty"或者"freedom"被译成"自由"，但"自由"就字面含义而言是"由自己"，难免带有放任或无视法律的色彩）。其实，使大多数中国人做出回应的正是这种经过歪曲的本土的说法，而不是外国原有的说法。[8]

这种西方的首次冲击，当它经由中国人传递时，还会受到另一种歪曲。在有些情况下，例如外国商人与买办之间，或传教士与教徒之间，西方的冲击多少比较直接。但是在其他情况下则并非如此。当基督教是经由中国起义者加以传播，或者西方的制度是经由中国的改革家予以倡导时，西方冲击就和冲击的发源地又远隔了一步，或者不只一步。当这种情况发生时，西方冲击和中国的各种人物与政治斗争搅成一团，构成一个难解难分的网络。此后，冲击－回应的传统分析框架是否还能起作用就大成问题了。清廷对太平军叛乱的回应，保守派和温和改革派对戊戌年间改革的回应，一方面固然是由于中国人不熟知的西方挑战所引起，但同时也是由于中国人所熟知那一套叛乱与改革的挑战所引起的。如果把这些回应简单地说成只是对西方的回应，那就会造成极大的误解。

15

另一个史家容易堕入的陷阱是在讨论"中国回应"时往往过分抽象化。中国在地理上横跨整个大陆；在种族、语言和地区上，变异甚多，极为复杂。在每个特定地区，少数上层社会人物（the elites）①与广大群众之间在世界观和生活方式上都存在着巨大区别。即使在这两大社会阶层内部，正如在一切人类集团内部一样，影响人们的态度和行为的因素也是多种多样，包括气质、性格、年岁、性别以及由个人的社会、宗教、经济和政治关系所形成的特定的情况。所以"中国回应"这个词最多只是一个代表错综复杂的历史情境的简化符号而已。

———————

① "elite"意指在社会上处于比较优越地位的、精选出来的、有影响的少数人，以别于一般群众，它比"士大夫"所指范围较广，有的译为"社会精英"，本书暂译为"上层社会人物"或"上流社会人物"。——译者注

当然，在某一层次上说，所有中国本土人——男人、女人，城里人、乡下人，穷人、富人，广东人、湖南人——都参与一个共同文化体系，这个体系可以统称为中国文化体系；但是在另一个层次上，这些人的经历千差万别。每个从属的集团进入较大的中国文化时，角度都不相同，正是这种不同左右了他们如何对各种情况做出回应。所以当我们把这些回应统称为中国回应时，我们实际上是把各种现象加起来，再加以平均。这种做法在最好的情况下，只能使我们对历史现实有一个均匀、单一的理解；在最坏的情况下，由于我们鲁莽草率地从特殊上升到一般，就很可能把现实完全歪曲了。

简而言之，中国在前一世纪对西方回应的这段经历，必然是极为错综复杂的。在这一时期所发生的许多事情尽管具有历史的重要性，但与西方冲击并无关联，或者关联甚少。另外一些事情则虽然直接或者间接受西方冲击的影响，但绝不能把它们看成仅仅是（在某些情况下甚至主要是）对西方冲击的"回应"（如果我们把"回应"理解为有意识地去解决冲击所造成的新问题的话）。对上述第一类历史事变本书将在第四章加以讨论，本章将集中探讨第二类历史事变，其目的是说明冲击－回应取向，作为理解历史的指针，即使在理应最适用的情况下，也有许多局限性。

晚清历史与西方有关联的方面

叛乱

就直接影响清廷地位及千百万老百姓的生活而言，19 世纪中叶在中国发生的最引人注目的事变，并不是散居蜷缩在沿海小天地中某些西方人的恼人行为，而是内部的骚乱。除了许多地方性的暴乱外，有四次规模巨大的叛乱：云南的回族暴乱（1855～1873）、西北的另一次回族暴乱（1862～1873）、捻军（1853～1868）和太平天国运动（1850～1864）。其中最为重要的是太平天国。它也是破坏性最大的叛乱，曾使长江下游大部分地区一片苍凉，丧生者估计达两千万到四千万之众。诚然，太平军是19世纪中叶受西方入侵影响较大的唯一叛乱运动，但是如果像许多教科书那样，[9]采用"中国对西方之回应"这一比较笼统的框架来分析这个运动，则其效果如何却是另一问题。现在让我们较仔细地回顾一下这个运动的历史及其性质。

太平天国运动的发源地是华南，那里有利于叛乱的条件可能比其他任何地区都更加成熟。南方是清朝17世纪征服中国的最后的地区，一直是清廷政权结构中最薄弱的环节。18世纪末叶由于人口过剩及租佃制度不合理给这地区增加了巨大压力。除此之外，正是在华南，中外贸易与鸦片战争对社会造成的破坏瓦解作用也特别明显。原来的贸易体系发生了变化（例如鸦片战争后对外贸易重心从广州转移到其他港口），海盗横行，走私货物侵入内地，这一切都打乱社会的正常秩序。与此同时英国人打败满洲人引起了广东人的仇外恐外心理（xenophobia），并使这种心理带上浓厚的反满色彩。不管在1850年前西方冲击对中国其他地区的影响如何肤浅和表面，但是在华南一带这种影响却是真实而深刻的。

太平天国的奠基人及其前期领袖洪秀全就在1814年生于华南，距广州约三十英里。值得注意的是洪秀全是客家人，而客家人虽然早在若干世纪前就移居华南，但由于具有独特的语言与风俗习惯，仍然和周围社会隔离开来。洪秀全由于是全家

17

五个孩子中最聪明的一个，有机会读书，并能多次在广州参加科举考试，但是每次都名落孙山。在一次落选之后，他精神恍惚，一病四十天，后来他自称就是在这生病期间，眼前出现过异象。1843 年他再度落榜后，读了一本前几年别人给他的基督教小册子，并首次理解了这些异象的含义。他开始深信自己就是耶稣基督的弟弟，受神的旨意，来消灭世上的鬼怪与偶像，在人间建立"天国"。

洪秀全和他另一位科举落选的朋友开始深入两广宣传教义。他们的徒众主要是一些不满现状的农民及秘密会社的成员，这些人组织了一个松散的团体叫作拜上帝会。四十年代后期该地区天灾人祸，盗匪横行，迫使这一会社采取武装自卫。但是他们自己和盗匪的区别也一时难辨，加上当时华南四处骚乱，很快他们就卷入了一场和官兵相抗的斗争中。事态不断发展，到 1851 年正月他们终于举起了反抗朝廷的旗帜，洪秀全号称天王，建号太平天国。

在官兵节节失利下，太平军向北挺进，连战告捷，直抵长江，接着挥师东指，于 1853 年三月定都南京。这座城市直到太平天国 1864 年覆亡一直是这一运动的政治中心。在五十年代初的北进过程中，太平军从一个很小的地区叛乱发展成一个人力、物力都十分充足的规模巨大的运动。尽管叛军控制的中心战场一直是中国的东中部，但在十五年的战争中其影响却波及全国大部分地区。五十年代中期，一支北伐的远征军在被迫折回前，曾直逼天津；六十年代初期，当叛军主力向沿海推进时，上海几度遭受威胁。

在许多美国学者看来，太平天国运动中最革命的方面是它的意识形态和组织结构。[10] 太平军的意识形态是一种由福音的

基督教、原始共产主义、性的禁欲主义与儒教①乌托邦主义
（Confucian utopianism）熔冶而成的奇特的混合物。他们的先
进的社会、经济教义（包括对鳏寡孤独的扶养保护）是以四
海之内皆兄弟、人类平等相爱的思想为中心建立起来的；这种
思想是由奉拜上帝为父这一信仰推演而来。妇女与男人完全平
等，可以参军作战，可以参加政府考试（虽然此点证据尚嫌
不足），并担任官职。这种女权主义还表现在禁止缠足、娼
妓、多妻，并规定在土地分配上男女平等。此外，太平军还废
除一切私有财产，动产也理应归公并按照需要重新分配。

　　太平军的政治目标是推翻清朝，建立新朝代——这个朝代
不论在名义上还是在实质上都是新的。他们的政治、军事组织
以《周礼》为蓝本，《周礼》据传是记载周朝早期行政制度的
一部中国经典著作。高踞太平军政治组织顶峰的是天王洪秀
全。最少从理论上说，不论在精神或世俗领域他都是至高无上
的。洪秀全的左右最初有五"王"。诸王在各自管辖的地区拥
有充分的民事与军事权力。在这最高层领导下，有一个由次要
军事指挥官所组成的多层次机构，他们同时担任所属单位的军
事、民事与宗教的首领。这套机构主要是洪秀全的第一副手杨
秀清（死于1856年）设计的。梅谷曾称这套机构为"极权主
义的"，认为它提供了"中国历史上前所未有的由国家全面控
制社会生活的体制"。[11]

19

---

①　"Confucianism"一词本书暂译为"儒教"或"儒教思想"。因按西方学
　　者用法，如译为"儒家思想"或"儒家学说"均嫌含义稍狭。但此处译
　　为"儒教"未必都含有一般宗教之意，故"Confucian"一词作为形容词
　　时仍译为"儒教的"，有时也译为"儒家的"；作为名词时则一律译为
　　"儒家"。"Neo-Confucianism"一词则一般译为"理学"。——译者注

上面这段概述足以清楚说明如果没有西方入侵，太平军起义势必大为改观。中国在鸦片战争中战败，加上华南地区对贸易的破坏作用都促使社会分崩离析，形成产生叛乱的背景。叛军在意识形态上向现存的社会与政治秩序提出的革命性挑战最少有一部分是来源于基督新教。起义的后期最高领导人之一洪仁玕（1822～1864）更是直接接触过西方文化。而且，在六十年代初镇压起义军的过程中（尤其是在江苏省），英、法两国的军队，由西方人率领的雇佣军（特别是"常胜军"），以及西方国家提供的现代武器都起了相当大的作用。

尽管如此，太平天国运动在任何重要意义上，我们仍然不能把它看成针对西方做出的回应。这个运动的矛头不是针对西方的，它不像有些通俗读物所宣称的那样，是一次想把中国弹射入"近代世界"的尝试。[12] 也不能把它（除非在很次要的意义上）说成为了对付西方或西方所造成的问题而做出的努力。更确切地说，它只是按照一支主旋律演奏出来的带有西方情调的变曲，而这支主旋律从 1850 年到 1870 年曾在中国许多地区广泛出现过，同时从总体上说是对西方冲击到来以前的情况所做的回应。应该不断强调的是，正如芮玛丽所说：

> 19 世纪中叶控制中国的斗争是一场内部的斗争。西方的冲击尽管从长远看十分重要，在当时则知之者甚少。外国入侵只是一种地区性的骚扰与刺激，它只限于整个帝国东南边缘的五个港口。[13]

其实，从另一方面说，太平天国运动本身倒是对中国对西方之回应产生了重要影响。首先，由于叛军与基督教发生了联系，加上传教运动又四分五裂无法证明自己与这场起义无关，因此玷污了西方宗教在中国的形象。其次，在镇压叛乱的过程中产生了新的地域性或地方性的权力源泉，从而永远削弱了中央权力，使清廷从此无力对西方入侵做出有力回应。最后，太平天国和19世纪中叶其他起义带来的问题堆积如山，而中国的领导人误以为对这些问题已通悉熟晓，便把注意力转向内部；恰在此时，日本的领导人正在全力以赴地迎接西方的挑战。换句话说，中国反应"迟缓"，并不仅仅是由于中国社会的性质，同时也是由于中国社会在19世纪中叶所面临的很不寻常的历史环境：内部事务万分火急，至于西方则可以暂缓一步。

改革

19世纪中叶的几十年，中国领导人面临的主要问题是："清朝向何处去？"到了1900年这个问题就变成了"中国向何处去？"在中间的这个时期出现了改革运动。这段运动的来龙去脉，可从第一个问题如何过渡到第二个问题这一角度予以描述。

但在描述这段过程时，我们必须力戒轻易地假定，把这次改革看成只是中西关系这个总范畴中的一个次范畴——认为它只是随着西方冲击才产生的现象，而且只有联系这种冲击加以了解才具有意义。晚清中国的改革思想与活动尽管越来越受西方的影响，但同时也是具有悠久历史的改革传统的一部分，这个传统在其渊源、风格，甚至许多内容上很少乃至完全没有受到外国的启发。[14]

中国的改革志士早在鸦片战争时期就开始对西方做出反应，但是直到七十年代与八十年代，西方问题才最后成为头等大事——而且即使到这时，有此看法的也只是很少数的学者和官员。七十年代之前十年左右，中国大部分改革家关心的主要问题是国内叛乱问题。实际上在同治时期（1862～1874），人们普遍认为只要消除导致叛乱的祸根，西方的问题自会迎刃而解，如果中国能把内务整顿得比较像样，西方根本就不会成为一个问题。

对满族人说，1860年秋天真是满目苍凉，暗淡到极点。英法联军趁"第二次鸦片战争"之势，占领北京，毁坏圆明园。咸丰皇帝一行风尘仆仆，避难热河。太平天国运动在五十年代后期似乎即将销声匿迹，可是随着李秀成（死于1864年）和洪仁玕一类领导者的得势，又生气勃勃，卷土重来。统观全局，清王朝大有分崩瓦解之势。

但是，清朝竟然奇迹般地起死回生。1861年咸丰去世，为清廷出现新纪元铺平了道路，汉满两族协力支持朝廷。此后十年，占据政府要职的都是难得的贤才。外军在迫使清廷签署一系列新条约以后，撤离首都，返回南方，表示他们无意垂涎中国的领土。尤为重要的是，部分由于上述因素，太平军终于形势逆转，到1862年败局已定。

中国人曾把同治时期列为"中兴"，意指朝廷在最后时刻决心对整个体制摇摇欲坠的基础注入新的生命力，以重新获得民众与绅士阶层的支持。中国历史上曾有过几次中兴，但这次中兴却有个特点，即面临西方入侵。这就迫使我们不得不探讨一个问题：同治中兴到底在多大程度上是对西方做出的回应？

要回答这个问题，必须就六十年代所倡导实行的种种改革稍加说明。从总体上说，这些改革的性质与其说是"革新"（innovative）不如说是"复旧"（restorative）。例如在文官制度方面，固然大家都认识到选拔人才的重要性，但是所谓

"才"则仍然沿袭旧意，指的是无所不能的通才而不是专业人才。而且大部分中国人仍然深信只要政府选贤与能，制度上的改变是不必要的。同样，当讨论到恢复遭受严重破坏的科举制度时，议者最多只能遵循旧法，建议考试应注重文章内容而不应注重形式和书法。没有人做出任何努力吸收西学各种科目，使考试内容赶上时代。

在经济领域亦复如此。正如芮玛丽所有力证明的那样，在拟议的改革中压倒的重点是重新恢复内乱前的经济。[15]在农业方面不外削减皇室开支、增加耕地面积、兴修水利等。对日趋严重的佃农问题，特别是亟待解决的农村减租问题，却无人过问。[16]再者，大家仍然认为农业理应是经济领域中唯一真正重要的部门。没有人对于像商业这类非农业活动课以重税，提出异议。另外兴修铁路与建立电报系统的阻力很大。这也可证明中兴的经济思想是向后看的、复旧的。有影响的中国人很少有人同意外国人的看法，即认为扩大中西贸易将给中国提供繁荣发达的极好前景。中兴时期的领导人对经济增长这一概念始终无法理解。

不过有两个重要部门，拥护中兴的朝臣们认为有必要按照西方路线进行改革。首先是对中国军队进行改组。太平天国的挑战暴露了朝廷正规军的腐败无能，另外英法军队的威力又戏剧性地显示了西方作战方法与军事技术的优越性。为了做出回应，中兴的领导人物在西方技术的援助下，建立了近代的兵工厂与船坞，做出了相当巨大的努力以提高中国军队的效率，并引进更加有效的训练方法。这样就开始了所谓的"自强运动"，其目的是使中国的国家安全能得到保障。

中兴另一重要改革是在外交领域。对亚洲国家恢复了传统

23

的以进贡为基础的制度，但为了对付西方国家，则成立了一个
新的机构，即总理各国事务衙门。从 1861 年成立后，总理衙
门就得应付成堆的难题，因为除了承担外交部门的日常工作
外，还需掌握一套完全陌生的复杂微妙的国际关系体制，并向
有抵触的中国民众证明政府对这种制度让步妥协是多少有些道
理的。和它所面临的大量问题相比，到六十年代结束，总理衙
门的成就是相当可观的。

值得注意的是，在这两个革新部门中都有一些情况冲淡
了革新，使它显得不是那么激进。对中国来说，在军事方
面，向西方学习，实际上是按照陈旧的古旋律奏出的一支变
曲。在他们悠久的历史中，中国人曾经多次向"夷人"屈尊
就教，学习他们的作战技术。至于为了对付西方国家建立一
个新的政府部门，革新的色彩确实要更浓些。但是，即使在
这一点上，也埋下了伏笔，因为建立这个制度只是临时措
施。恭亲王（1833 ~ 1898）及其同僚在力主建立总理衙门的
奏疏中曾明确指出："俟军务肃清，外国事务较简，即行裁
撤，仍归军机处办理，以符旧制。"[17]

所以即使在中兴领导人采取革新的部门中，当时普遍存在
的保守倾向也是很突出的。中国的改革家，除少数例外，仍然
远没有认识到进行根本性的变革有什么真正的价值。

芮玛丽对同治中兴曾做如下估计：

在中国曾出现过一系列努力，旨在改造政权到某一程
度，使之一方面得以顺利参加近代世界的种种活动，另一
方面又无须彻底改变中国传统价值观念，以及体现这些观
念的制度。同治中兴作为中国历史上最后一次伟大的中兴

运动，就是这一系列努力中的第一次，同时也是最接近成功的一次。

芮氏主要论点之一是"同治中兴的失败是因为近代化要求和儒教稳定性的要求背道而驰"。[18]

对于这一论点可提出两点质疑。第一，同治中兴事实上是否失败了？[19]第二，假设中兴失败，是否如芮氏所说，是近代化与儒教的要求相互冲突所造成？这些问题与中兴的改革纲领到底在多大程度上是对西方冲击的一种回应这一更加广泛的问题直接相关。因为，在中兴改革中最明显的是由冲击造成的各部门，如外交、军事、与商业部门，恰好在芮氏看来是中兴成绩"最大"，而不是"最小"的部门。[20]反之，同治时期改革成绩最小的部门正是与西方挑战关联最少的部门，如恢复富有成效的文官制度，重建对地方的控制以及复苏经济等。根据这种情况，可以认为中兴在国内斗争中终于受挫，与其说是由于近代化与建立稳定的儒教秩序根本上水火不相容，不如说是当时大部分中国改革者不愿意（或不可能）理解近代化对他们自认为基本上已经熟知的老问题有何关联，能起何作用。19世纪六十年代中国思想的重心依然落在中国的内部。

我们也许还可以就芮氏立论中所采用的概念本身是否正确提出疑问。首先，用"儒教稳定性"这一概念来表述这个时期中国上层社会孜孜以求的根本目标是否妥当，有待探讨。对这一阶层相当多的一部分人物，显然可以这样说。但孔飞力和詹姆斯·波拉切克的著作提醒我们在太平天国运动期间，地方一级绅士的权力得到相当程度的扩大。运动过后这批新的权力受益者仍然力图保持（如果不是加强）已得的权力，即使这

25

样做使他们和中兴的其他目标直接冲突，也在所不惜。[21] 其次，即便对有些上层人物（或对所有上层社会的某些方面），"稳定"是首要问题，我们仍然可以对他们是否把"近代化"本身看成主要威胁提出疑问（不要忘记同治中兴的中心主题之一正是通过选择某些近代措施来支撑旧秩序）。我倒宁可认为他们心目中的主要威胁是发生根本性的变化。

关于这一点同治年间的改革家冯桂芬的情况特别具有启发性。他在上海期间（1860～1861）曾撰写了四十篇"经世"文章，题为《校邠庐抗议》。这些文章猛烈抨击清政府的种种陋规弊政：官薪过低，行政机构臃肿，办事手续繁杂，卖官鬻爵，课税不均，有关回避（禁止回乡做官）的规定以及由为人所不齿的书吏、衙役组成的下层官僚机构，等等。针对这些弊端，他提出一系列对策：以生员替换衙门书吏，通过书面投票选举村长，延长知县任期，建立下级办事机构以减轻知县无法承担的繁重公务。这些对策多受其师尊顾炎武（1613～1682）的启发；同时正如波拉切克所强调的，也受他所代表的绅士阶层的社会、政治与经济利益的影响，如果付诸实施势必使中国地方行政的性质发生革命性的变化。[22]

冯桂芬的某些思想（特别是有关选举的规定），虽然有可能受西方影响，但两者之间的联系至今根据不足，无法确立。无论如何，冯氏本人却正如孔飞力指出的那样，一直宣称他的每个建议都多少可以从中国自己的变法传统中找到渊源。[23]

冯桂芬的例子从两个重要方面启发了我们。首先，它对五十年代与六十年代美国史家深信不移的一套假设直接提出挑战，这套假设认为中国体系制度的根本变化实质上就是"近代化"，而且这种变化既然必须吸收西方的思想与典章制度，就无法从儒家自己的思想天地内部演变产生（对这套假设本书将在第二章予以更加仔细的考察）。其次，冯桂芬对自己的主张采取了小心谨慎的态度，至于当时士大夫的反应则更加小心翼翼。这足以说明在当时和以后多年内巨大的阻力不在于惧怕近代化，而在于惧怕根本性的变化。冯桂芬自己从未将他的《校邠庐抗议》付印，他的几个儿子在他死后才将其中刺激性较小的一部分刊行。该书全文直到 1885 年才终于问世。[24]九十年代后期激进改革运动兴起后，经过光绪皇帝的亲谕，《抗议》一书才得以在中国官员中广泛流传学习。

人们有时认为太平军失败或者说清廷得胜的主要原因之一是前者的意识形态中含有基督教成分。列文森曾写道："从来没有一个反抗运动招致这么多的反抗。"[25]持此论点者认为由于太平天国运动的思想意识中含有反对儒家的成分，许多中国学者与官员本有可能支持这个反满起义的，如今却宁可和清廷同呼吸、共命运。儒教的命运，危在旦夕，而这个问题比汉满之间的斗争要重要得多。按照这种思路，其逻辑结论必然是一种和本书作者恰恰相反的看法，即同治中兴重建儒教社会基础的全部努力（如果我们承认当时确曾有过这种努力），是对西方冲击所做出的大规模的（尽管是否定的）回应。[26]

这种看法尽管娓娓动听，但缺乏有力根据，它的好几个前提假设都有待澄清。第一，它假设在满人建立清朝二百年之后，汉族上层社会中背离满族统治的势力仍然是一股可观的力量；[27]第二，它假设如果太平天国的意识形态和儒家教义更接近一些（这里不妨顺便一提，即太平天国在最后几年，部分由于洪仁玕的努力，其意识形态中曾出现一股不小的"重新儒家化"的潮流），中国的文人、绅士、官员，尽管他们的既

28

得利益在于秩序与安全，仍将群集在太平天国的旗帜之下；第三，它假设其中起决定作用的在于这种意识形态来源于西方，而不在于这种意识形态的一般的非正统的（非儒教的）性质；第四，它假设在当时人的心目中，太平天国的意识形态所造成的威胁，且不管其文化渊源如何，比这一运动所造成的物质上的破坏要更加令人关切。既然所有这些假设都没有得到证实（反倒有不少事实证明相反的假设是正确的），看来把同治中兴过分地看成基本上受西方挑战的制约，是不明智的。

从理论上说，同治中兴以 1874 年同治帝去世告终。但是实际上究竟何时告终，应首先取决于如何理解这个运动。芮玛丽由于强调中兴是为了寻求某种可行的中西关系的格局，因此感到应该把天津教案和 1870 年拒绝阿礼国协定（Alcock Convention）① 作为中兴结束的端倪。[28] 如果我们把重点略加移动，认为应该首先着重这一时期改革思想的风格和性质——强调它的朝内看与朝后看的总倾向——则可以认为把"复旧主义"（restorationism）作为对中国面临的种种困难的回应，其信奉者到光绪（1875～1908）继位后多年仍然绵延未绝。直到九十年代，仍有一些中国人认为西方威胁无足轻重，并认为过去的古老办法依然是解决中国问题的上策。

但是，如今这批人已被视为顽固派，这足以证明时代已迅速前进。他们显然再也不是中国改革思潮的主流。从同治时期结束到甲午战争（1894）这二十年里，中国内部没有出现大规模的动乱。可是，西方人和西方影响的入侵非但没有减退，

---

① 指 1869 年英国公使 Alcock 与总理衙门修订《中英北京条约》一事，但英国政府未予批准，史称中英修约。——译者注

反而愈加猛烈。作为回应，越来越多的倾向革新的人把注意力转向西方的挑战，有些人开始深切认为必须以西方为榜样进行改革。

如果说中国曾有过对西方的真正回应的话，这次回应似乎应该算得上是一次证明了。果然五十年代与六十年代美国最有影响的学术论著就是这样描述 19 世纪后期的改革运动的。[29] 在我看来，问题不在于这种描述是否正确，而在于其复杂程度是否足够。我将在本章后半部并在第四章再次讨论这一问题。这里且让我先把 19 世纪后期的改革思想与活动作为对西方冲击之回应加以简要界说。

虽然 19 世纪最后数十年越来越多的中国人认识到有必要按照西方方式进行变革，但是由衷地承认这种变革确实是一件好事却姗姗来迟。因此，改革家们往往不得不用各种思想外衣来伪装仿效西方的变法主张，使变法不致显得有失体统。这种思想伪装在多大程度上出于改革家自身心理上的需要，在多大程度上出于应付对方批评的政治上的需要，依然是有待思想史家们解决的难题。

为革新辩解的最常用的办法，不少是根据中国所谓"本末"的思想。"本"（原意是"树根"），指开端，根本，实质；"末"（原意是"树枝"），指尽端、偶然、非实质。体现这种思想方法最著名的例子是"体用"之说，此说经张之洞（1837～1909）于 1898 年提出"中学为体，西学为用"这个著名论断后，终于流传后世。"体用"之说于九十年代后期尤为盛行，其目的在于证明"西学"由于实力显著，应该采纳，但同时再度肯定中国文化是至圣极德。有的中国人不用"体用"而用"道"（最终价值）、"器"（技术手段）二字，但根

30

本含义相同。根据列文森分析，这类思想终必陷入一种智力游戏，进退两难，两相抵消。随着越来越多的西方"榜样"为中国改革家所接受，随着"用"（或"器"）的内容从坚船利炮扩大到科学、数学，再到工业化，最后到现代教育，"体"（或"道"）的内容势必不断缩小。中国人终于发现自己从事一桩无法实现的工作，即试图通过根本改变一种文化的办法来保存这种文化。[30]

另外一种为改革辩解的办法是申言西学来自中国。这种说法盛行于戊戌变法（1898）前后。它是许多世纪前中国人为接受佛教而辩解时提出的所谓"化胡"理论的新版（这种理论认为佛教是中国道教印度化后的一种表现形式，因此中国人可以冠冕堂皇地接受它）。例如，许多人都宣称西方的军事技术、科学、数学和基督教，最初都来自战国时期的哲学家墨子。这种说法好处甚多：第一，它既认可了得自西方启发的变革，又无损于中国人文化上的自豪感；第二，它肯定了中国人作为一个种族在智能上并不亚于西方人；第三，它投合一般中国人的崇古倾向。[31]另一方面，对非正统的、非儒家的墨子突然尊重起来，则反映了19世纪最后几年中国发生的一场最重要的转变：民族主义正迅速成为中国改革思想背后的推动力。对墨子说来，关键的事实在于他是中国人。

认可改革的另一个根据是为了建立一个富强的中国，这一认可本身的形成也反映了上述那场最重要的转变。对"富强"的追求集中表现在"富国强兵"这一口号上，它本是法家对中国政治思想做出的贡献，代表了与儒家（和同治中兴）强调简政济民显然不同的另一条路线。不过在中国的政治经济学中还有一股不太正统的思潮，它认为"富强"这个目标和儒家的最终价值观念可以并行不悖。这股思潮在七八十年代逐渐抬头，因为越来越多的中国人相信如果要拯救保存他们所珍视的儒教价值观念，中国必须要比当时强盛得多。这种想法的危险在于手段（建立富强的中国）最后很可能会取代了目的（保存儒教的文化）。当富强成了一切其他价值必须服从的目标时，就为彻底的民族主义打下了基础，而这一切正是著名的西方社会思想与政治思想的翻译家严复（1853～1921）在九十年代中期所走过的道路。[32]此后十年，成百的中国人纷纷加入严复的行列。

　　上述为改革进行的种种辩解，其目的都是维护儒教秩序，使之完好无缺，其中没有任何一种辩解曾断言这种秩序可能发生根本变化——当然更没有赞成这种变化的。但是，当时确有一股改革思潮持此看法，它力图在儒教传统自身的内部寻找认可变革的根据。早在1880年，中国报人先驱王韬（1828～1897）就写道：如果19世纪孔夫子在世，他会毫不犹豫地不仅赞成引进西方的技术与工业，而且会支持整个改革事业。王韬把孔子看成潜在的改革家，从而给某些具体的改革提供了依据；同时也把一种对变化本身采取比较肯定的看法暗中引进了儒教思想。[33]

　　比王韬思想远为系统，影响也远为广泛的是戊戌变法领导人之一康有为（1858～1927）的思想。康有为斥当时流行的对经书的诠释为伪说，坚持今文学派的诠释为唯一正宗。他宣称在今文学派的教义中发现了某些哲学根据，使人不仅视孔子为新制的创建者（这看法本身就是一种革命的观点），而且视历史为进化过程。由于受到西方近世思想的影响，康有为把今文学派的诠释向前推进，远远超过了同时代的儒家可接受的范

32

围。他的学说终于不折不扣地变成了对近代西方进步概念的全面阐述。[34]

为了从正面认可革新而重新解释儒教，和采取诸如体用之说从反面认可革新相比，确实代表一种意味深长的变化，但是它仍然无法解决一个根本问题，即如何能使中国发生根本变化而仍然是个儒教国家。其他认可改革的理论一概认为儒教根本无须改变，而康有为提出的认可，则建立在同样有问题的前提下，即认为真正的儒教历来就允许变革。不管是哪种情况，人们一向熟知的那种儒教已逐渐退出舞台，到 1900 年，历史已为规模空前的思想革命开辟了前进的道路。

说儒教已逐渐退出舞台，并不等于说它已经寿终正寝，也不是说就必须承认儒教事实上在各方面都不可能发生任何值得注意的变化。面对这个问题，人们容易陷入回顾往事时往往产生的一种决定论的看法。这种看法是从"五四"时期有意识地排斥儒教开始的，它认为"五四"以前几十年所有改造儒教的努力都无可抗拒地必然导致排斥儒教的结论。纠正这种推理的有效办法之一，是提醒我们自己，在中国历史上儒家教义曾发生多次大幅度的变化，但都未使这个传统就此夭折。非常可能，在孔子本人看来，不论是汉朝或宋朝的儒教都已面目全非，无法辨识，但这一点并不妨碍当时的儒教信徒认为自己是这位圣人的正宗门人。同样，在上述情况中，很可能也无法确知康有为大胆解释儒教，是否就在任何客观意义上构成对儒教的致命打击。不过我们大体可以肯定康有为继续认为自己是个儒家，而且随后若干年许多中国人虽然没有有意识地认为自己是儒家，却无意识地继续受儒家价值观念和思想方式的影响。

19 世纪后期这种与日俱增的接受西方式改革的思想究竟

有多少化为行动？产生了多少事　上的革新呢？早在同治年间中国已有少数改革志士认为"　　化"必须超过"坚船利炮"的水平。[35]冯桂芬是属于第一批　对西方威胁使用"自强"这一经典词语的作者，他认为外　　事优势的基础在于西方先进的数学，因此力主中国人应该　习"夷人"的数学与自然科学。由于他竭力呼吁翻译西方　籍，六十年代在上海才成立了翻译局与外语学校。

王韬是另一位作家，在　　时期就看出新夷人与旧夷人的不同。他对中国闭关自守，　外界毫无所知，感到震惊。在六十年代后期他着手写一部　　史，于 1871 年脱稿，两年以后又写一部关于普法战争的　　冯桂芬和王韬都在上海住过一段时间（王韬还在欧洲、　　　住过）。在这些地方接触了西方人和西方的风土人情，　　　们摆脱同时代人闭关自守的状态。

34

在 19 世纪七　　　代，曾采取不少措施增进中国对西方的了解。撰写　　　的书籍增多了（往往是传教士们完成的）；在上海　　　这些通商口岸出版了现代报纸，及时报道世界大事　　　年到美国、欧洲学习；在 1876 年中国第一次向全世　　　国家的首都派出外交使节。

在　　　军事领域也进行了改革。同治年间开始的对中国海　　　改造加速进行，矿冶、纺织与其他新企业陆续开办，　　　西方技术援助；1881 年上海与天津之间首次办理电报　，并在同年建成一条短距离铁路。

中国人似乎正朝着"自强"的方向前进并做出显著成绩。但是，如果说这段历史使人有理由感到　　　话，由于甲午战争中国惨遭败北，接着西方又加　　国主义活动，这种乐观前景遭到　　　　　　　　　火。强烈的耻辱感第一次笼罩着相当数量的中国人，并激励他们考虑进行较为广泛的改革。1895～1898 年，宣传改革的报刊在许多地方纷纷出现，讨论改革的学会相继成立。当光绪皇帝自己也开始同情并认为必须进行广泛深远的改革时，整个舞台已布置就绪，1898 年仲夏的一场热闹非凡的戏剧将拉幕上演。

35 戊戌变法从六月十一日光绪皇帝颁布第一道改革谕旨开始，到九月二十一日慈禧太后替侄儿光绪重新摄政告终，[36] 在这段通称"百日维新"的日子里，光绪帝曾就一系列问题广泛颁布了改革法令。在康有为的推动下，年轻的皇帝不是把中国的古代圣君树为楷模，而是把明治天皇和俄国彼得大帝这类力主改革的君主视为榜样。[37] 诏书不断下达：改革考试制度，建立新式学堂；推进陆海军、警察和邮局制度的现代化；修订法律；精简官僚机构，削减冗员；发展商业、农业、冶矿和工业；等等。

虽然这些改革措施大部分（如果说不是全部）已由王韬、郑观应（一位颇有思想的买办，1842～1923）等人陆续提出，但是总合起来，则远远超过以前的任何改革，是对中国陈旧过时的体制所发动的第一次大规模进攻。同样具有重要意义的是，它也是第一次由最高层发动的进攻。

但是很明显，一阵喧嚣过后，留下的后效甚微。只有几个省（特别是湖南，这里的巡抚同情改革）曾认真努力实现谕旨。整个帝国其他部分的反应，则从茫然不知所措直到顽强抵抗。许多官员可能愿意实施改革，但并不理解改革。另外一些官员，则由于摸透了改革的意向，而竭力阻挠其实施。满人因皇帝信赖的改革者多为汉人而深感恼怒。保守派惧怕任何改革；温和派则深恐改革会加强他们所厌恶的康有为一派人物的政治影响。在整个官僚体制中，许多人虽然也许并不反对改革本身，但唯恐某项改革会危及他们个人的仕途。总而言之，戊戌维新的志士如果说善意有余，则实现这种善意所必备的实际政治头脑与经验却极端不足。光绪皇帝本人尤其如此。正如邝兆江（Luke Kwong）令人信服地指出，光绪没有自己完整的变法纲领，是一个极端无能的政治领袖。[38]

上面勾画出的一幅 19 世纪后期中国改革运动的轮廓，在很大程度上是把改革过程理解为中国对西方和日益西方化的日本所造成的种种新问题的回应。根据这种看法不仅把改革和西方挑战密切联系在一起，而且几乎把它完全看成一种思想问题，这个问题的焦点是：中国如何才能强盛？中国可以效法西方到什么程度，既可达到强盛的目的，又可使自己独特的文化本色免遭威胁？

19 世纪最后三十年中国的改革活动和西方冲击有关联，这是毫无问题的。问题在于到底应该把这些活动单纯看成对西方冲击的回应，还是应该也把它们看成在不同程度上针对中国内部挑战而产生的一种受西方影响的回应。对于反对改革的活动也可以提出类似的问题：这类活动是否完全由于对西方或（和）变革产生反感而引起，或者说它们在相当大的程度上也受中国政治环境的制约？

在探讨这些问题时必须首先交代一下，以上总结的各种改革活动大部分都是就全国性的活动而言。省一级特别是地方一级的改革活动情况则颇不相同。和中央或省一级不同，地方一级的改革活动是由非官方的上层社会操纵的。这种活动由于规模较小，因此成效较快。[39]另外由于反映当地的利益与问题，这些活动不大可能是为了应付西方冲击引起的活动，尽管在沿

37　海省份,如浙江——到清末时甚至在内地某些省份——后来也受西方思想与手段方法的影响。[40]

在省和全国这一级,西方发生的作用比较明显。但是这种作用也很少是简单明了、直截了当的。研究 19 世纪日本历史的学者已经证明,日本对"西方的回应"和对国内政治状况的回应,两者息息相关、不可分隔。例如在幕末时代(1853～1868),武士阶级曾利用"攘夷"这个口号当作"打击幕府的一根棍棒",可是武士阶级其实不仅无意驱逐夷人,实际上反而十分愿意接受某些西方的影响。[41]同样,在明治维新前夕,长州和萨摩的领导人把西方的科学与兵器引进各自的藩籍,这固然是日本对西方的一种回应,但也是藩籍对幕府与天皇迫在眉睫的斗争做出的回应。

许多研究的结果表明,在中国历史上也有过类似现象,斯坦利·斯佩克特(Stanley Spector)把曾国藩(1811～1872)和李鸿章(1823～1901)这两位实力雄厚的大区领导人加以比较后,提出下列看法:

> 曾国藩极力宣称他忠于清廷和儒家文化,这也许说明他加强自己的势力是为了更好地效忠皇帝。但是对于李鸿章则不然,当李鸿章谈论"自强"时,他是在发表空论;可当他真正致力于自强时,他是在加强他自己。[42]

简而言之,表面看来,李鸿章只是对西方挑战做出回应,可是至少,他也是部分地对中国内部的政治角逐做出了回应。归根结底,在李鸿章的心目中他本人的问题和西方所造成的问题,可能占同等重要位置。[43]

在另外一些情况下,中国人反对西方影响带来的革新,并不是因为他们根本反对这些革新（尽管许多人确实如此），而是因为他们感到革新引起的某些情况，由于种种原因在政治上是无法接受的。一个重要的例子就是上面提到的戊戌变法中反对改革的情绪，不少是由于敌视康有为所引起的，由于惧怕改革所引起的阻力反而少些。性质稍微不同的另一个例子是沈葆桢（1820～1879）在1876～1877年收购并拆除外国建造的吴淞铁路一事。这一行动表面看来似乎是由于反对西方技术的保守情绪所引起，但最近的研究则表明沈氏的真正动机带有更多的爱国色彩。沈氏在六十年代后期与七十年代初期督办福州船政局，是支持自强的人物，自不待言。对他而言，吴淞铁路的问题在于这条铁路是外国商人未经中国授权而建造的。[44]

在老百姓这一级，也有证据说明反对改革只有一部分是纯粹出于对革新本身的恐惧。周锡瑞认为，19世纪后期和20世纪初，推进改革带来的经济负担过多地压在农民和贫苦市民的身上，而"改革带来的收益，只有直接参加新建立的改革机构的少数上层人士才能享受，其他人一律无法染指"。因此，产生了群众反改革的暴力行动。[45]

19世纪后期中国的改革运动是否进展迟缓、成效甚微或以失败告终呢？显而易见的回答是肯定的。费正清和其他一些史家正是持此看法，而他们都是从中国对西方挑战缺乏有力回应这个角度来理解中国这段改革运动的。[46]但是另有一种回答却并非如此显而易见。历史学家往往猛烈攻击历史决定论，但在写历史时却又发现自己难免要向自己所攻击的这种理论妥协让步。例如，1895年中国败于日本，1898年维新又败于"反动"。由于史学家们通常不满足于找出直接的、偶然的原因，对这两件事就力图从长期的观点寻求解释。这样，我们越寻求

39　就越发现在中日战争前中国的改革运动缺点严重。这些缺点越
占据我们的注意力——由于我们提出了上述的问题，就势必产
生此种现象——九十年代的这些事件就越显得不可避免。要纠
正这类对历史的歪曲，办法之一是把注意力较少地放在九十年
代中国一次又一次单独的"失败"上，而较多集中在更加广
泛长期的变化过程，这些过程开始于 19 世纪下叶并一直延伸
到 20 世纪。[47]近年来中国不少史家——美国也有些史家——
正是沿着这个方向向前探索，在探索过程中他们对 19 世纪后
期的改革运动，已做出高得多的评价。[48]

　　还有一种与此类似的容易令人误解的看法，这种看法是由
于把中日两国对西方的回应加以比较的流行做法所引起的。[49]
这种比较可以揭示中日社会之间较突出的相异之处，因此颇有
价值。但是另一方面也可能产生一种副作用，即把两者之间某
些非常根本的类似之处掩盖起来。例如，在 19 世纪后期中日
两国作为前工业社会，其男性识字率都非常高，而且在两国都
普遍认识到识字读书对生涯的好处。再则，尽管明治时期日本
政府比晚清时期中国政府在积聚国家权力方面成效要明显得
多，但是两国（尤其中国）政府都有实行集中统治的长期经
验，而且正是部分地由于这个原因，两国都得以免遭西方的政
治统治。其实我的论点很简单：如果只就中日两国对于"近
代化挑战"反应之效率与速度加以比较，[50]其结果必然是日本
得分很高，中国得分很低。但是如果把比较的视野扩大，把中
国和日本的成就与世界其他国家的成就加以衡量，就很可能发
现，正如最近的研究所表明的，中日两国的得分都是较高的。

40　　**抗外**

　　中国晚清时期的改革运动，不论是出于复旧还是革新的动

机，基本上都属于上层社会的现象，而抗外运动（指对西方或外国的入侵采取不妥协的抵抗态度）正如反叛运动，则是一种既包括群众又包括上层社会的行动方式。如就思想方面而言，在中国受教育阶层的著作中，抗外论调真是喧嚣激烈。但是这个运动还有更加有形的一面，它生动地表现在 19 世纪后半期连续不断的反洋教斗争上。当暴动的规模扩大到一定程度时（例如 1899～1900 年的义和团运动），抗外运动与反叛运动的界限就几乎无法划分。

如上所述，在 19 世纪七十年代、八十年代，倾向改革的一批士大夫曾力求按照西方的方式做出反应，但是在同一时期，另外一些士大夫则采取了咄咄逼人的反西方立场，这种立场最典型地体现在所谓"清议"这种政治势力中。"清议"的字面含义是"纯正不污的谈论"，有时也可以笼统地意译为"公众舆论"，这个词在后汉时期，曾用来意指一批无权的儒家文人对朝廷日益为宦官外戚所把持而发出的抨击。南宋时期，中国受"北狄"入侵威胁，"清议"又用来意指激烈反对绥靖政策的一部分政见。在各个时期，清议都是为维护儒家道德文章的纯洁性而进行坚决斗争，矛头指向以种种方式威胁或破坏儒家秩序的当权人物。

和近代西方国家的公众舆论不同，19 世纪表达清议的途径不是通过报纸与公开演说，而是通过社交集会、吟诗赋词、发表文章与民间歌谣，尤其重要的是通过奏章上达。在七八十年代，清议的矛头是指向当时日益壮大的一种有限度地容纳西方的潮流，自强运动和向外国军事压力让步的政策就表明了这种潮流。清议这种动向的预兆是 1851 年抨击罢免福建巡抚徐继畬（1795～1873）。前此不久徐氏曾发表《瀛环志略》一

41

书。它是中国人力求收集西方情况最早的著作之一。徐氏遭受
攻击是因为他在与洋人打交道中态度不够强硬；带有讽刺意味
的是他的书却流露了相当强烈的排外情绪。[51]

　　19 世纪七十年代清议最著名的一次抨击是针对郭嵩焘
（1818～1891）发动的。郭氏虽然深受儒教传统的熏陶，却是
最早认识到西方的新夷人和中国历来遇到的旧夷人根本不同的
人物之一。由于认识到不可能从军事上打败西方国家，他力主
公平合理地与西方人真诚相处，坚持必须通过外交途径解决与
西方的争端，而不要诉诸武力。郭氏首次遭到清议非难，是因
为他在 1875 年马嘉理（Margary）事件①中弹劾云南巡抚而引
起的。其实他的暗中用意是想控告巡抚疏于职守，用这个较轻
的罪名来掩护他，使他免遭合谋杀害英国领事馆官员的远为严
重的控告。但是这批文人学士不明郭氏真意，反而谴责他为叛
徒。在他的故乡湖南长沙，对他的攻击尤为凶恶。1876 年，
他即将率领中国官员赴英道歉，对此有人赋诗讽刺：

　　　　出乎其类，拔乎其萃，不容于尧舜之世。未能事人，
焉能事鬼，何必去父母之邦？[52]

42　　　由于社会压力过大，郭嵩焘请免赴英。但在皇上坚持下，
他终于 1876 年下半年离沪赴任。在英期间，他在圣詹姆士
（St. James）王宫作为中国第一位使节受到接待，但对清议之
针砭余痛未消。当总理衙门发表他的出使日志时，因其中对西
方说了一些好话，众情激愤，致使清廷不得不下令查禁。在他

---

　　① 　1875 年驻北京英使馆派翻译马嘉理从云南迎英兵自缅甸入云南，边境民
　　众愤慨，将马嘉理杀死。——译者注

最后返回中国时，深怕到北京又遭攻击，只得直接返回湖南家乡。由于仕途坎坷，他宁可在家乡默默无闻，度过余生。

从七十年代到八十年代初期，清议派不仅谩骂那些认为西方文化具有某些价值的人士，有些人甚至对采用西方军事技术这种目标非常有限的改革措施也激烈反对。这批清议人物恢复了植根于南宋的、被史华慈称为"刚强好斗的儒教"传统，力主驱逐夷人不必恃其奇技淫巧，而有恃于觉醒的中国民心。正如一位清议的死硬派人物所说："中国之胜外国者，非恃修备也，恃民心之固也。"[53]

清议派贬低西方军事威力的结果，必然是一旦与西方发生战争之危机出现时，采取勇武好战的态度。1870 年夏，天津教案使中法两国剑拔弩张，曾国藩的和缓政策受到清议卫士的严厉批评，致使皇帝不得不下令调离他的直隶总督职务。1879 ~ 1880 年中俄发生伊犁争端，1884 ~ 1885 年中法发生冲突，清议的代言人又采取坚决的主战立场。这次则变成了李鸿章的"绥靖"路线；不过，和以前一样，清议仍然显示自己是一股不容忽视的政治势力。

清议作为思想现象显然是对西方的一种回应。但是它同时又不仅仅限于这种回应。关键的问题在于尽管清议和西方表面上有那么多关联，但它主要还是中国人自己的事，它涉及的是某些中国人对另外一些中国人的行动与政策所产生的回应。就其性质而言，清议只可能是阋墙之争：它是向儒教的信奉者，而不是向夷人，要求维护儒教的纯洁性。

另外，如上所述，清议无论如何都不仅是一种思想现象。它也是——有人也许认为主要是——一种强有力的政治工具。易劳逸（Lioyd Eastman）写道："由于严格崇奉儒教而引人注

43

目的官员，往往得以升迁高职。任何政敌被指控为无视儒家礼教，不敬天子，谄媚洋人，往往足以使他在皇帝面前失宠。"[54] 在这种情况下，利用清议来达到实质上是自私狭隘的目的，就必然具有普遍的诱惑力，对行政权力很有限的中低级官员尤其如此。而且正如易劳逸所云，在 19 世纪后期中国普遍存在着错综复杂的各种政治力量的对抗平衡问题，皇帝自己也可以操纵和控制清议这支政治杠杆，来对付诸如李鸿章这类督抚大员。因此，看来至少在一个重要方面，清议揪住西方文化不放和太平天国揪住西方宗教不放，颇有类似之处：两者都是把西方拉来充当一个不知情的合伙者，共演一台戏，而这台戏即使没有西方登场，也会以这种或那种形式开锣上演的。

清议关切西方问题带有强烈的工具主义色彩，同时一般说来也具有浓厚的政治性质，这点从下面的事实可以看得更加明显。在八十年代，清议派中有相当大的一批人在仿效西方问题上采取了几乎是一百八十度的大转弯，到 1898 年许多改革派（包括康有为）都和清议有过密切的渊源。正如石约翰和冉枚烁稍后所指出的那样，过去认为清议派都是些不可救药的故步自封、恐外仇外、对改革设置种种障碍的人物，这种看法是根本站不住脚的。有些清议派一直坚持反对西方，并在 1900 年站在义和团一边。但另一些清议派则变成了西方化的热情赞助人。还有一些清议派虽然对西方文化并不热心，但对西方议会制度产生浓厚兴趣，因为这种制度在重建中国政府与增强他们自身影响国家政策的能力方面，可能发生某种作用。到了 19 世纪末，所有清议派人物共有的特点是除了想为自己争取更多参政掌权的机会外，就是痛感当今之世——指的是他们的世界——正在分崩离析，必须采取激进措施来拯救这个世界。[55]

　　和清议相比，中国在 19 世纪抗外的另一表现，即对传教士与教徒的敌对现象，初看起来似乎显然是西方入侵造成的回应。但是，如果我们既从思想与心理着眼，也从当地社会与政治力量相互激荡的具体情势出发，来理解这种抗拒，那么一幅更加复杂的行为动机的画面就会呈现在我们眼前。

　　1860 年，传教士首次得到条约的保护，被允许在中国内地居住并传教。从这年开始到 1900 年，反洋教的活动在中国极为普遍。[56] 有数百个重要教案，不得不通过最高层的外交途径加以解决，而由地方解决的教案则数以千计。而且，除了这类事件（烧毁教堂、捣毁教士与教徒的家园、杀伤中外基督教徒）之外，反对基督教的慷慨激昂的手册与传单有些时期在清帝国的某些地区四处散发，风靡一时。

　　反基督教情绪的根源甚多，而且十分复杂。有的根源是无形的。例如，种族中心主义传统活力十足，早在反对印度佛教时就得到一次有力宣泄。17 世纪以后，这股传统越来越把矛头集中在西方基督教的身上。除此之外，还有各种更加有形的原因引起中国人的敌对情绪。原因之一是传教士本身的存在就构成攻击的目标。传教士是离开通商港口，敢于进入内地的第一批外国人。在很长一个时期内，他们实际上是唯一一批深入到清帝国最偏远的地区开展日常活动的外国人的。因此，对许多 19 世纪的中国人来说，传教士是独一无二的有形的象征，人们可以把反对外国入侵的情绪倾注在这个象征身上。

　　传教士遭受攻击的另一部分原因，看来是由于 1860 年后他们使中国人感到其存在的方式几乎是存心要冒犯中国人。他们慷慨激昂地攻击中国是人类文化唯一泉源的思想。此外，还更加具体地攻击中国文化的许多方面，从而直接侵犯了绅士阶

45

层对文化的统治。而且他们还通过种种方式对绅士阶层惯于视为禁脔的社会领导权造成了威胁。在地方一级，除了绅士以外，传教士是唯一一批被允许以平等的社会身份与地方当局往来的人，而且他们享有治外法权，而绅士阶层却从未享受过这么多免遭中国法律处分的权利。

比这些具体侵犯绅士阶层特权的现象更加重要的，可能是传教士本身就是教师这一事实。他们受过教育，至少能读能写；他们公开讲道；特别是新教的传教士，还会撰写、散发大量文章。一位著名的新教传教士曾恰当地总结了这些做法对文人学士的影响：

> 要想不触犯他们是不可能的。传教就是侮辱他们，因为传教行动本身就说明你窃踞了教师的地位。发表一本有关宗教或科学的书也是侮辱他们，因为这种做法的前提，是认为中国并不是世间所有真理与知识的宝库……鼓吹进步是侮辱他们，因为你暗示中国并没有达到文化的顶峰，而且你竟比他们高出一头。[57]

虽然1860年后中国政府宣布奉行严格遵守新条约的政策，但实际上只有得到省、府一级当局的合作，才能实施这种政策。不幸的是这种合作较为罕见，部分因为地方官员自己就是绅士阶层的成员，对基督教抱有该阶层通有的反对态度。不过，还有若干更加具体的因素。其中之一是中国政府机构人员配备十分不足，政府官员不仅需靠强迫，还得靠说服进行统治，因此不得不依赖地方绅士的积极合作。如果他们完全不顾绅士阶层的情绪，积极贯彻有关传教条约的规定，就很可能与这个阶层疏远，并使自己成为再也无法有效工作的官员。

　　另外一个因素是传教士们利用自己的特权地位，对政府官员的声望与权威提出了挑战。这种挑战有时是条约规定的传教士权力直接造成的，例如受到人身伤害或财产损失的传教士，可从中国政府得到赔偿；但有时，传教士们令人侧目是由于他们滥用或极不慎重地使用条约给予他们的权利。不论天主教徒或新教徒，通常都同意政府采用武力索赔。天主教的传教士为了索还在反洋教暴乱中所遭受的损失，照例要求占有诸如文人会馆或庙宇这类建筑。而这些建筑是用公款建造的，对中国人具有重要的象征意义。对中国官员说来，最严重的是 1860 年后，传教士们往往为了教徒的利益或为了争取中国人改宗，干预地方的法律程序。

　　虽然十九世纪的许多传教士感到一般民众并不坚持反对传播基督教，但不幸的事实是，反洋教骚乱的参与者（如果说不是它的煽动者）大部分都来自一般民众。造成这种现象的理由显而易见。传教士们攻击祖先崇拜与"偶像崇拜"的民间集会，这就不仅冒犯了上层社会，而且冒犯了所有中国人。在反洋教斗争爆发后，传教士要求的赔偿往往损害了已经十分贫穷的当地老百姓的利益。许多人在改宗后，狂妄自负，神气十足，更加激怒了他们的同胞。而且外国人的奇特作风也使群众感到恐惑不安。

　　但是，当某一地区的民众对教徒有某种具体的不满时，通常得先把这些不满清楚地表达出来，然后才能化为行动。教案往往不是自发的，而是事先经过策划并在某种程度上经过组织的。在这种时候，绅士和官员阶层所起的作用就变得十分重要。主要是通过散发煽动性的反基督教传单布告，绅士阶层一方面可以对外国人的活动制造一种谣言四起、草木皆兵的紧张

47

气氛；另一方面又可以使非基督教民众在直接接触传教士及其追随者时所积累起来的猜疑、恐惧、愤怒不满的情绪爆发出来。就这样，各种力量相互激荡，逐步累积，到最后只要有一点火星就可能，也往往确实触发了暴力行动。

在上述全部过程中，政府官员们的作用有时和绅士的作用十分类似。但一般说来，采取的形式比较间接、被动。官员们给予绅士几乎全部的宣传组织自由，而且当教案发生时，很少采取反对措施，就这样他们给绅士阶层提供了一个比较没有障碍或风险较小的活动天地。

不过，不管官员们同情哪一方，可以肯定，1860 年后，教案是使中国各级政府感到棘手的问题。在地方与省一级，如果事件性质严重，就足以使有关官员受到贬职或其他惩罚；在中央一级，则外国经常有可能使用武力使清廷蒙羞或丧失威望。

这一切势必引出一些微妙的问题：如果反洋教活动给中国当局造成如此严重的问题，那么我们能有多少把握认定，从1860 年到 1900 年，造成反洋教潮流的主要动因无一例外地是出于反洋教情绪，而绝不可能是出于反官府的或反朝代的情绪呢？换句话说，排外主义是否都是"真正的"排外？它是否有时候是由于政治原因引起的？当然，在 19 世纪的中国，触发真正的排外情绪的因素确实很多。但是，这并不意味着在一定形势下，排外主义就不可能为人们所利用、操纵，以达到某种政治目的。

例如，有证据表明 1891 年在长江流域发生的骚乱，有一部分就是由怀有不满情绪的秘密会社成员酝酿推动的，他们较少是为了损害基督教，更多是为了迫使清廷和西方列强发生冲突从而推翻这个朝代。义和团运动在最初阶段，可能也受过类似想法的影响。1899 年初它就充分利用了"反清灭洋"的口号。在此阶段，白莲教教徒曾起过重要的（如果说也曾令人感到迷乱的）作用。

反之，官府自己在有些情况下，有意采取极端的排外立场，并不是因为他们真是激烈排外（虽然往往确是如此），而是因为这是阻止群众把排外情绪的矛头转向自己的唯一办法。19 世纪四十年代在广州曾发生过这种现象。当官员和朝廷对义和团运动做出回应时，就可能同时包括这个因素。

如果说政治性的排外主义更多是直接对中国政治情况做出的回应，较少是对西方做出的回应，那么，真正的排外主义又是什么呢？回答这个问题比较困难，因为在 19 世纪下半叶，中国的排外主义种类较多，来源于不同的情绪，但同样都是真正的排外主义。首先，是各阶层共有的以忿怒为核心的排外主义；其次，是没有受过教育阶层的以恐惧为核心的排外主义，也许将这类排外主义称为仇外、恐外心理更加妥当；再次，是受过教育阶层的以蔑视为核心的排外主义，它的基础是对中国文化极为强烈的优越感；最后，是为数较少但日益增多的中国雏形民族主义者所特有的以自愧为核心的排外主义，这部分人对西方政治侵略的反感比对文化影响的反感更为强烈，他们往往赞同按照西方的道路进行改革，不同意全面排斥西方。

只有最后一种排外主义才显然是中国针对西方本身提出的问题所做出的总回应的一部分，至于其他三种情况，则比较含糊。以愤怒为核心的排外主义，可以理解为传教士和教徒的行为在当地造成某种真正的不公平而引起的出于人类天性的反抗，它并不是一种出于中国文化固有特点的反抗；以蔑视为主的排外主义（这类排外情绪往往是清议所引起的），更多的是中国对非中国文化（不是对特指的西方文化）威胁所做出的反应；群众的仇外、恐外心理（诸如反洋教骚乱中发泄出来的情绪），最少部分的是某一地区（广东或四川而不是整个中国）对于陌生人的出现所做出的回应，只不过这些陌生人恰巧是西方人而已。[58]显然，把所有这些排外主义的表现放在一起，统称为"中国对西方之回应"是对复杂的历史情势草率从事。除了要区别"政治的"排外主义和"真正的"排外主义之外，还必须着重把中国历史上随时都可能产生的各种排外主义，和与特定的西方冲击有关联的各种排外主义区别开来。

如果进一步加以概括，也许可以说，即使在排外主义（不论是哪种排外主义）成了中国人某些行动最明显的标志之时，造成这种行动的根本原因往往需从其他方面进行探索。有些时候这类原因不知不觉地长期积累、根深蒂固，反映了某一地区最根本的物质条件。有些时候这些原因却带有比较暂时的、应变的性质。而在不少情况下中国人的行动则是上述两种原因的共同产物，例如19世纪末20世纪初鲁西的义和团起义就是如此。

如果我们按照一般看法，认为义和团运动是中国针对19世纪后期外国入侵迸发出来的最后一次抵抗，那么把它看成对西方的回应当然是无可非议的。不过，还可以从其他角度来认识义和团运动，并且同样具有说服力。这种看法之一是法国学者玛丽安·巴斯蒂–布鲁盖尔（Marianne Bastid-Bruguiere）提出的。她在一篇考察晚清社会变动的卓越论文中建议把义和团运动看成太平天国后更加广泛的中国农村秩序崩溃过程中的一个具体表现。这种崩溃首先表现在由于租税加重，手工业体系遭受破坏，人口急剧增长（特别是在华北平原），以及其他种种因素所造成的农村不断贫困化。这种崩溃趋势，由于在社会内出现了两个极端现象而加剧：一端是不断扩大的农村"次无产者"（subproletariat）队伍，即"一批赤贫如洗的居民，无固定生计，往往无家可归，天灾、饥馑与瘟疫对他们打击最大"。另一端是地主从乡村向城镇流动，导致与佃户关系不断恶化。在这批无业游民中社会弃儿不断增多，加上传统的社会结构与经济保障分崩瓦解，就提高了秘密会党的作用。这些会党给新出现的次无产者提供某种保护与安全；作为回报，会党得以为自己的政治活动找到呼之即来、易于发动的人力资源。

从镇压 19 世纪中叶叛乱到清朝结束这个时期，与农村情况恶化同时发生的是民间骚乱频繁，从大约 1890 年以后，骚乱加速蔓延。巴斯蒂－布鲁盖尔认为，不能把这种骚乱视为严格意义上的农民战争或阶级冲突的一种表现。许多骚乱是针对基督教传教士、外国人、满洲人或现代技术，而不是针对地主、税吏的。而且参加骚乱者的社会出身各种各样，极为复杂，在不少情况下还包括来自特权阶级的领导人物。不过，她仍然坚持骚乱具有深刻的社会和经济基础，即使在骚乱是针对外国人时，也是如此。她还指出清朝末年，在反对外国传教士的骚乱发生之前，无一例外地都出现过"农业的灾害或者地方性的经济灾难"。1886 年重庆骚乱就是如此，它是当地米价飞涨引起的后果。1891 年长江流域的骚乱也是如此，它们是在多年的水灾和匮乏后紧接发生的；义和团运动则尤其如此，这一运动是紧跟在 1895～1898 年鲁西一系列自然灾害、饥荒和征粮之后爆发的。

虽然巴斯蒂－布鲁盖尔的描述只顺便提及义和团运动，

51

它说明义和团运动尽管有其独特风格，却仍然是个足以体现在清帝国最后五十年蔓延全国农村的社会变化概貌的例子。周锡瑞在探讨义和团运动之起源的近著中，提出了一种比巴斯蒂－布鲁盖尔具体得多的看法，但包括了许多相同的主题思想。在详细研究对运动早期起关键作用的鲁西三个地区时，他特别注意影响每个地区的当地各种力量对比的社会与经济因素，并说明如何因天主教教会这个新的权威体制侵入鲁西而加剧了由于其他因素而不断增强的紧张局势，以及随着义和团运动的逐步开展，又赋予这个运动以其所特有的排外、反基督教的色彩。

巴斯蒂－布鲁盖尔曾一般性地指出：1870年后中国针对西方入侵的起义往往发生在西方人很少、外国经济活动不多或者根本没有的地区。周锡瑞则专门针对义和团运动提出了大体一致的看法。他指出如果义和团起义是西方经济侵略的后果，严格说来应该在广东或江苏发生，如果在山东发生也应在山东东部沿海地区，那里外国经济活动比较广泛，而不应发生在鲁西，那里显然没有外国经济活动。关键的一点不在于巴斯蒂－布鲁盖尔与周锡瑞想尽量缩小义和团运动的排外、反基督教或反帝的方向，而在于他们认为这种方向和外国的经济入侵并无因果关系。对我们目前讨论的问题说来，尤其重要的是他们认为这种方向并不仅仅是中国民众对西方冲击所做的心理的或思想的回应，看来两位学者都认为义和团的这股反西方敌意，主要是受中国农村情况迅速恶化的制约——是各种社会、经济、政治因素相互作用、交错相连的结果。新的外国势力的入侵则通过各种方式，往往是间接地影响这些因素。[59]

矫正冲击－回应取向的一种办法

从最广泛的意义上说，冲击－回应取向的问题，在于它按照中西接触中产生的一整套问题来事先规定 19 世纪中国历史中哪些事物才算是重要的。更具体地说，它从几方面歪曲了历史：它阻碍人们去真正研究这一时期与西方入侵没有关联（或最多只稍有关联）的历史侧面；它容易使人把 19 世纪中国与西方有关联的一些侧面单纯地解释为"中国对西方挑战的回应"，而实际上它们却部分是——在有些情况下主要是——对本土力量做出的回应；最后，由于它把重点放在人们有意识的"回应"上，就自然会引导人们采用思想、文化和心理的解释方法，而削弱了采用社会、政治和经济的解释方法。[60]

为了纠正上述歪曲，把 19 世纪中国历史看成由若干不同层带（zone）组成，可能有所裨益。最外层带（所谓"最外"是就其地理和〈或〉文化含义而言），包括晚清历史中那些显然是对西方入侵做出的回应，或者是入侵产生的后果。这一层带包括的现象颇为繁杂，例如通商口岸、现代兵工厂与船坞、像王韬一类的报人、基督教徒、像总理衙门和海关这类机构、向外国派遣中国学生与使节等。看来，对这一层带，传统的冲击－回应模式显然最为适用。不过使用时仍需十分谨慎。例如有的中国人改信基督教，可能是由于从教义上深信基督教崇高至上，这种情况显然是对西方的回应。但有人改宗也可能是为了在诉讼中取得某种有利条件，这就未必是对西方做出的回应了。

53

　　其次，是中间层带，它所包括的历史侧面不是西方的直接产物，而是经由西方催化或赋予某种形式与方向的事物。太平天国运动，同治中兴，某些自强措施，宫廷和官僚政治，排外主义和中国城乡之间的社会、经济矛盾等现象都可以包括在内。这一层带的现象也是五花八门。对其中有些情况，例如以自愧为核心的排外主义，冲击－回应的分析框架还能勉强适用。另一些情况，例如由于政治原因而引起的排外主义或者为加强个人权力而推进自强活动，这类行为初看时甚似对西方的回应，但仔细观察，就会发现它们也是对内部政治挑战做出的回应。还有一些情况（太平天国运动是最明显的例子），则连这种貌似的现象也基本消失：它们是对中国的情势——其中某些方面（例如人口压力）堪称史无前例——所做出的回应。西方的作用主要限于产生某种影响而已。所有这些例子似乎都说明在中国的环境中根本不可能有"纯粹"的对西方的回应。也许按照"对受西方影响的局势做出受西方影响的回应"这一概念来思考问题比较可靠也更加富有成果。至于西方影响的大小如何，则随情况而异。

　　最后，是最内层带。它所包括的晚清文化与社会的侧面，则不仅不是西方入侵的产物，而且在最漫长的时间内最少受到西方入侵的影响。在这个层带中我们可发现，除了变化缓慢的文化属性，诸如语言和书法外，还有本土的思想，宗教与审美的表现形式；中国农村的生活方式与风格；以及古老的社会、经济和政治的风俗习惯与制度。一旦摆脱了简单的假设，即以为19世纪中国的重要变化都必然直接或间接为西方所诱发，我们就有可能在这个最内层带中寻找并辨认出中国社会与文化长期变化的模式，很可能正是这种模式对晚清历史产生决定性作用。

上述各层带的内容是流动不居的,层带之间也经常相互影响。而且,每个层带的相对重要性,经过一段时间都可能发生相当明显的变化。但是我们切忌随意假设,以为清末数十年中随着受西方影响而变化的最外层带越来越重要,包含本土变化的最内层带就不可避免地越缩越小。历史不是一个跷跷板,而且即使是一个跷跷板,也没有理由假设西方引起的变化和中国自己引起的变化,就必然处在这个跷跷板对立的两端,与某一想象的中心距离恰恰相等。[61]

55

对于研究上世纪中西接触的学者说来,从这种角度观察历史,最关键的问题是把这种接触放在中国文化、社会变化这一比较广阔的情境中,这样就可以确定并分析与西方有关联的变化和无关联的变化之间的相互联系。"西方冲击"的概念,可以恰当地表达"首次相撞"的含义,但它对于相撞所引起的一系列复杂效果却很少探究;反之亦然,如果我们坚持把"中国回应"这个概念和首次"西方冲击"过分紧密地联系在一起,同样也不会有太多帮助。如果一定要保留这些概念,则必须把我们的注意力灌注于一种远为错综复杂的冲击 - 回应网络——在这网络中不论冲击或回应都应该既是中国的又是西方的。只有这样我们才能对中国 19 世纪所经历的转变和在实现这些转变中西方所起的作用,取得比较切实可靠的理解。

注

[1] Teng and Fairbank, *China's Response to the West: A Documentary Survey*, 1839 - 1923 (Cambridge: Harvard University Press, 1954), p.1.

[2] Clyde and Beers, *The Far East: A History of the Western Impact and the*

Eastern Response（1830 – 1965），4th rev. ed.（Englewood Cliffs, N. J.：Prentice-Hall，1966），p. 6.

[3] 见 Fairbank, Reischauer, and Craig, *East Asia：The Modern Transformation*（Boston：Houghton Mifflin，1965），尤可参见 pp. 81 – 82, 404 – 407。

[4] 1979 年 Harvard University Press 曾出该书平装本，并有新写的前言。虽然前言曾表示接受对冲击 – 回应框架的批评（其实编者自己在原版中也曾表达过其中某些批评），但书中原文并未修改。见本章注释 [6]。

[5] 见 Clyde-Beers 一书的最新版本（1975 年第六版），在其序言性的论述中，有关冲击与回应的见解基本未变，只是把"冲击"与"回应"两词都改为复数，如新版书名 *The Far East：A History of Western Impacts and Eastern Responses*，1830 – 1975 中所示。Franz H. Michael and George E. Taylor, *The Far East in the Modern World*，3d ed.（Hinsdale, Ill.：Dryden Press，1975）的第二部分涉及 19 世纪中国、日本与东南亚，题为"对西方之回应"。Fairbank Reischauer-Craig 一书之最新版本压缩为一卷，书名为 *East Asia：Tradition and Transformation*（Boston：Houghton Mifflin，1978）。其中论述 19 世纪中国部分的基本模式与原版无异。

[6] 虽然 Teng 与 Fairbank 在所著《中国对西方之回应》一书的序言中曾经提到冲击 – 回应框架的某些基本弱点，不失为一长处，但后来史家（包括 Fairbank 自己在内）往往忽视这些订正，沿用这个框架。Teng 和 Fairbank 曾在 1954 年一书中写道："'刺激'（stimulus）（或'冲击'）与'回应'两词不甚确切。有人可能会误解，以为我们认定先前之所以有一个'西方冲击'仅仅是因为后来有一个我们称之为'中国之回应'的活动。这个'中国之回应'的活动正是我们想研究的事物，但是显然它是中国行动总体的一部分。换句话说，西方冲击只是中国这个舞台中众多因素之一。把对它的回应从中国历史的总体中分解出来是十分困难的。在探求出更加确切的分析框架之前，本书的书名更多是一种比喻而不是科学的说法。"（p. 5）

[7] Schwartz, *In Search of Wealth and Power：Yen Fu and the West*（Cambridge：Harvard University Press，1964），pp. 1 – 2.

[8] 可另举一例："群学"一词首次是严复翻译"社会学"之用，曾被清末知识分子广泛误解，他们以为此词是指亟须培养的某种"社区群体感"（a "sense of community"），见王尔敏《中国近代思想史论》（台北：华世出版社，1977），p. 43。跨文化思想交流导致的曲解绝不限于中西这两种迥然不同的文化。此点可见 Bruno Bettelheim 最近的一篇论文，他认为弗洛伊德心理分析理论的某些最基本概念完全被美国心理分析学界所误解，部分是由于翻译不当，部分是由于美国文化的倾向和德国不同。见 Bettelheim, "Reflections: Freud and the Soul", *New Yorker*, *March* 1, 1982, pp. 52 – 93。

[9] 上文所引的各种教科书中的论述都强调太平天国运动的内部起因，没有一本书想采用对西方之直接的、具体的回应来解释这个运动。但是，它们同时却都从一个笼统的、包罗一切的冲击－回应的总角度来观察太平天国这一现象。在此点上，Fairbank 的态度最为具体，他认为太平军是中国对 19 世纪西方入侵做出的一系列失败的回应中的第一次回应（"在十年的发展中〔他们〕证明自己只是旧式的权力角逐者，几乎无力改造传统秩序"）。见 Fairbank, Reischauer, and Craig, *East Asia: The Modern Transformation*, p. 404。著名日本史专家 John Whitney Hall 最近评述美国战后对亚洲的论著时，也十分明确地把太平军视为对西方挑战做出的回应。见 Hall, "East, Southeast, and South Asia", 在 Michael Kammen, ed., *The Past Before Us: Contemporary Historical Writing in the United States* (Ithaca, N. Y.: Cornell University Press, 1980), p. 177。

[10] 请特别参看 Franz Michael 与 Chung-li Chang 的合著，*The Taiping Rebellion: History and Documents*, vol. 1. *History* (Seattle: University of Washington Press, 1966), pp. 3 – 4, 散见他处；Philip A. Kuhn, "The Taiping Rebellion", 在 John K. Fairbank, ed:, *The Cambridge History of China*, vol. 10, *Late Ch'ing*, 1800 – 1911, *Part* 1 (Cambridge: Cambridge University Press, 1978), p. 279；与 Joseph R. *Levenson*, *Confucian China and Its Modern Fate*, vol. 2, *The problem of Monarchical Decay* (Berkeley: University of California Press, 1964), pp. 87, 91, 101 – 103。

[11] Michael and Chang, *The Taiping Rebellion*, vol. 1, p. 84；又见同上书, pp. 190, 198 – 199.

[12] 参看，如，Ida Pruitt, *Old Madam Yin: A Memoir of Peking Life* (Stanford, Calif.: Stanford University Press, 1979), p. 58。

[13] Mary C. Wright, *The Last Stand of Chinese Conservatism: The T'ungchih Restoration*, 1862 – 1874, rev. ed. (New York: Atheneum, 1965), pp. viii – ix.

[14] 此主题在 Paul A. Cohen and John E. Schrecker, eds., *Reform in Nineteenth-Century China* (Cambridge: East Asian Research Center, Harvard University, 1976) 中曾多次提出，本书第四章中将进一步讨论。

[15] Wright, *The Last Stand of Chinese Conservatism*, ch. 8. 有一篇近期发表的有关同治中兴的论述曾对 Wright 的分析既表示赞同也有修订之处，见 Kwang-Ching Liu, "The Ch'ing Restoration", in Fairbank, *The Cambridge History of China*, 10: 409 – 490, 606 – 608。

[16] 此点是 James Polachek 一篇论文的主要论点之一，见 Polachek, "Gentry Hegemony: Soochow in the T'ung-chih Restoration", 在 Frederic Wakeman, Jr., and Carolyn Grant, eds., *Conflict and Controlin Late Imperial China* (Berkeley: University of California Press, 1955) pp. 211 – 256。

[17] 引自 Teng and Fairbank, *China's Response to the West*, p. 48。

[18] Wright, *The Last Stand of Chinese Conservatism*, pp. 8, 9.

[19] 有人曾就是否出现过真正的中兴表示怀疑。见 Polachek, "Gentry Hegemony", 散见各处；Franz Michael 的序文式论文 "Regionalism in Nineteenth Century China", 在 Stanley Spector, *Li Hung-Chang and the Huai Army: A study in Nineteenth-Century Chinese Regionalism* (Seattle: University of Washington Press, 1964), p. xiii; 与 Jonathan Ocko, *Bureaucratic Reform in Provincial China: Ting Jih-Ch'ang in Restoration Kiangsu*, 1867 – 1870 (Cambridge: Council on East Asian Studies, Harvard University, 1983)。

[20] Wright, *The Last Stand of Chinese Conservatism*, p. 9.

[21] 见 Philip A. Kuhn, *Rebellion and Its Enemies in Late Imperial China: Militarization and Social Structure*, 1796 – 1864 (Cambridge: Harvard University Press, 1970); 与 Polachek, "Gentry Hegemony", Mary Rankin 对光绪时期持类似观点，见 Rarkin, "'Public Opinion' and

Political Power: *Qingyi* in Late Nineteenth-Century China", *Journal of Asian Studies*（May 1982），41（3）：459－460。

[22] 关于冯桂芬改革地方行政之思想概貌，见 Liu，"The Ch'ing Restoration"，pp. 487－488，与 Philip A. Kuhn，"Local Self-Government Under the Republic: Problems of Control，Autonomy，and Mobilization"，在 Wakeman and Grant，*Conflict and Control in Late Imperial China*，pp. 265－268。

[23] Kuhn，"Local Self-Government Under the Republic"，p. 265. 王韬所持看法与冯桂芬十分相似。但是西方世界对王韬政治改革思想直接产生影响的可能要大得多。见 Paul A. Cohen，*Between Tradition and Modernity: Wang T'ao and Reform in Late Ch'ing China*（Cambridge: Harvard University Press，1974），pp. 210－226。

[24] Liu，"The Ch'ing Restoration"，p. 488.

[25] Levenson，*Confucian China and Its Modern Fate*，2：89.

[26] 此点肯定是 Levenson 分析的主题（请特别参看注同上，p. 113）；它至少在某些情况下也得到了 Fairbank 的支持（见 *East Asia: The Modern Transformation*，p. 330）。

[27] Albert Feuerwerker 曾对此假定进行驳斥，见所著 *State and Society in Eighteenth-Century China: The Ch'ing Empire in Its Glory*（Ann Arbor: Center for Chinese Studies，University of Michigan，1976），pp. 69－71。

[28] Wright，*The Last Stand of Chinese Conservatism*，p. 7.

[29] 请特别参看 Teng and Fairbank，*China's Response to the West*，与 Joseph Levenson，*Confucian China and Its Modern Fate*，vol. 1，*The Problem of Intellectual Continuity*（Berkeley: University of California Press，1958）。

[30] Levenson，*Confucian China and Its Modern Fate*，1：59－78. Levenson 的分析曾受到王尔敏与吕实强及其他人的强烈质疑。Thomas L. Kennedy 曾概述这种修订 Levenson 的观点，见 Kennedy，"Self-Strengthening: An Analysis Based on Some Recent Writings"，*Ch'ingshih wen-t'i*（November 1974），3（1）：3－35. 对 Levenson 取向之前提的分析批判，请参看本书第二章。

[31] 全汉升《清末的"西学源出中国"说》，在李定一等人合编的

《中国近代史论丛》（台北：正中书局，1956），5：216 - 258. 请
同时参看王尔敏《中国近代思想史论》，pp. 50 - 51。

[32] 见 Schwartz, *In Search of Wealth and Power*。

[33] Cohen, *Between Tradition and Modernity*, pp. 152 - 153.

[34] 关于康氏思想与 19 世纪今文学派之复兴，见 Kung-chuan Hsiao, *A
Modern China and a New World：K'ang Yu-wei, Reformer and Utopian*,
1858 - 1927 (Seattle：University of Washington Press, 1975)；Fred-
eric Wakeman, Jr., *History and Will：Philosophical Perspectives of
Mao Tse-tung's Thought* (Berkeley：University of California Press,
1973), pp. 101 - 136。

[35] 同治时期的自强活动，详见 Ting-yee Kuo and Kwang-ching Liu,
"Self-Strengthening：The Pursuit of Western Technology", in Fair-
bank, *The Cambridge History of China*, 10：491 - 542。

[36] 尽管通常都把慈禧描绘为头号保守人物，把光绪描绘为激进改良
的支持者，但是近来的研究却使这幅画面大为改观，即把慈禧与
光绪都解释为温和改良的赞助人，把戊戌政变更多地视为宫廷政
治的结局（特别是慈禧深怕她的侄儿政治上愚蠢无能、鲁莽行事
所造成的结局），而较少地视为意识形态之分歧所造成。见 Sue
Fawn Chung, "The Image of the Empress Dowager Tz'u-hsi", 在 Co-
hen and Schrecker, *Reform in Nineteenth-Century China*, pp. 101 -
110, Luke Kwong, *A Mosaic of the Hundred Days：personalities, Poli-
tics, and Ideas of* 1898 (Cambridge：Council on East Asian Studies,
Harvard University, 1984)。

[37] Kwong *A Mosaic of the Hundred Days* 一书中大幅度地贬低康氏对光
绪与百日维新诏书产生的影响；他认为康氏在这段时期的重要性
主要在于政治方面，并认为他给维新树立的敌人很可能多于招徕
的拥护者。

[38] Kwong 争论说在维新过程中光绪扮演的角色基本上是消极的。他
并没有亲自制定一个全面周密的维新策略，而只是从别人上呈的
维新奏章中挑选一些，然后发出诏令。同上书。

[39] 此点是由 James Polachek 提出。见 Polachek, "Reform at the Local
and Provincial Level", 在 Cohen and Schrecker, *Reform in Nineteenth-
Century China*, pp. 211 - 212。

［40］ Mary Backus Rankin 曾对 19 世纪后期浙江地方改革中本土影响与西方影响之间的交错互融现象做过说明。见 Rankin, "Local Reform Currents in Chekiang Before 1900", 在 Cohen and Schrecker, *Reform in Nineteenth-Century China*, pp. 221 – 230。

［41］ W. G. Beasley, ed., *Select Documents on Japanese Foreign Policy*, 1853 – 1868（London: Oxford University Press, 1955）, 序言。

［42］ Spector, *Li Hung-chang and the Huai Army*, p. 153.

［43］ Marilyn Blatt Young 曾就李鸿章在 19 世纪九十年代提出的南满铁路建造计划发表大体相同的意见。见 Young, *The Rhetoric of Empire: American China Policy*, 1895 – 1901（Cambridge: Harvard University Press, 1968）, pp. 37 – 38. 但是对于李鸿章作为自强派人物其终极目的何在，有些学者则更多地强调他的爱国动机。见 Kwang-ching Liu, "The Confucian as Patriot and Pragmatist: Li Hung-chang's Formative Years, 1823 – 1866", *Haroard Journal of Asiatic Studies*（1970）, 30: 5 – 45; Liu, "The Ch'ing Restoration", p. 427; 与 Kuo and Liu, "Self-Strengthening", pp. 610 – 611。

［44］ Teng and Fairbank, *China's Response to the West*, p. 116; David Pong, "Confucian Patriotism and the Destruction. of the Woosung Railway, 1877", *Modern Asian Studies*（1973）, 7（4）: 647 – 676; Saundra Sturdevant, "Imperialism, Sovereignty, and Self-Strengthening: A Reassessment of the 1870s", 在 Cohen and Schrecker, *Reform in Nineteenth-Century China*, pp. 63 – 70. Sturdevant 文中还讨论了若干其他出于爱国动机而反对西方技术革新的例子。

［45］ Esherick, *Reform and Revolution in China: The 1911 Revolution in Hunan and Hubei*（Berkeley: University of California Press, 1976）, pp. 106 – 142（文中引文出于 p. 118）. 同样的论点可见 Ernest P. Young in *The Presidency of Yuan Shih-k'ai: Liberalism and Dictatorship in Early Republican China*（Ann Arbor: University of Michigan Press, 1977）, pp. 18 – 19。

［46］ 见 Fairbank, Reischauer, and Craig, *East Asia: The Modern Transformation*, Ch. 5, 尤其 pp. 313 – 315, 404 – 407; 另见 John K. Fairbank, *The United States and China*, 4*th ed.*（Cambridge: Harvard University Press, 1979）, pp. 196 – 201。

[47] Kennedy 的 "Self-Strengthening" 一文分析批判了那种追究 19 世纪后期自强活动失败 "症结何在" 的取向，提出了与本文基本相同的看法。

[48] 例如 Kennedy 认为 1894 年前发生的变革 "比早先论述所推想的要远为广泛并富有远见"（同上 p. 27）。中国方面的论述，见《历史研究》1980 年卷：李时岳，"从洋务维新到资产阶级革命"，第一期，第 31 ~ 40 页；徐泰来，"也评洋务运动"，第四期，第 19 ~ 36 页；陈旭麓，"中国近代史上的革命与改良"，第六期，第 3 ~ 19 页。

[49] 见如 Fairbank，Reischauer and Craig，*East Asia The Modern Transformation*，pp. 81，313 – 315，404 – 407。

[50] 此词来自 Cyril E. Black。在他的 *The Dynamics of Modernization：A Study in Comparative History*（New York：Harper & Row，1966）一书中，从全世界着眼，认为有七种不同的政治近代化模式。值得注意的是他认为中国和日本属于同一模式（还有俄国、伊朗、土耳其、阿富汗、埃塞俄比亚和泰国也属于这一模式）。

[51] 对徐继畬的攻击及其对徐继畬仕途产生的灾难性影响，见 Fred W. Drake，*China Charts the World：Hsu Chi-yü and His Geography of 1848*（Cambridge：East Asian Research Center，Harvard University，1975）pp. 44 – 51。

[52] 引自 Immanuel C. Y. Hsü，*China's Entrance into the Family of Nations：The Diplomatic Phase*，1858 – 1880（Cambirdge：Harvard University Press，1960），p. 183。

[53] Schwartz，*In Search of Wealth and Power*，pp. 15 – 16. 读者当会意识到这种观点和毛泽东认为群众拥护比现代武器更为重要的看法有共同之处。看来确有不少清议作风可以在毛泽东时代的中国政治行为中找到共鸣。

[54] Eastman，*Throne and Mandarins：China's Search for a Policy During the Sino-French Controversy*，1880 – 1885（Cambridge：Harvard University Press，1967），p. 18. 对清议作为一种政治现象，我们的理解得益于 James Polachek 甚多，见 Polachek，"Literati Groups and Literati Politics in Early Nineteenth-Century China"，Ph. D. dissertation，University of California，Berkeley，1974。

[55] Schrecker, "The Reform Movement of 1898 and the Ch'ing-i: Reform as Opposition", 在 Cohen and Schrecker, *Reform in Nineteenth-Century China*, pp. 289 – 305; Rankin, "Public Opinion and Political Power", pp. 453 – 454, 467 – 468. 与 19 世纪九十年代清议派对西方态度的大转变同样引人注目的是清议派在 1861 年对勾通外 "敌"问题的态度也发生了逆转。见 Polachek, "Literati Groups and Literati Politics", pp. 381 – 382。

[56] 下文的论述一部分是根据 Paul A. Cohen, *China and Christianity: The Missionary Movement and the Growth of Chinese Antifoveignism*, 1860 – 1870 (Cambridge: Harvard University Press, 1963)。

[57] Griffith John, 引自同上, p. 85。

[58] Edward Friedman 提出一个饶有趣味的论点, 他认为中国神话 "几千年来一直认为污染文化的根源是外国人", 因此 "击退外国人就等于恢复自然界的和谐"。我所见到的流行的、反基督教的文献和图画都无疑证明了这点。见 Friedman, *Backward Toward Revolution: The Chinese Revolutionary Party* (Berkeley: University of California Press, 1974), p. 130。

[59] 见 Marianne Bastid-Bruguiere, "Currents of Social Change", 在 John K. Fairbank and Kwang-ching Liu, eds., *The Cambridge History of China*, vol. 11, *Late Ch'ing*, 1800 – 1911, Part 2 (Cambridge: Cambridge University Press, 1980), pp. 535 – 602, esp. pp. 576 – 602 (引文见 pp. 586, 596); 周锡瑞《论义和团运动的社会成因》,《文史哲》1981 年 1 月, 第 1 期, 第 22 ~ 31 页。

[60] 此点在 John Fairbank 的比较有影响的著作中可以清楚看到。请特别参看 *China's Response to the West* 一书以及 The United States and China, 4th ed. 中有关 19 世纪的部分。此点在 Joseph Levenson 的著作中也表现得十分突出。

[61] 对说明历史过程的这种 "跷跷板" 理论, J. H. Hexter 曾给予摧毁性驳斥。见 Hexter, *Reappraisals in History* (New York: Harper & Row, 1963), pp. 40 – 43. 关于传统 – 近代两极分法的类似例子, 见本书第二章。

第二章 超越"传统与近代"

若干年来美国研究中国近世史的论著，经历着一个重大变化：一个停滞不前、沉睡不醒的中国，等待着充满活力、满载历史变化的西方，把它从无历史变化的不幸状态中拯救出来——这样一副中国的旧形象终于逐渐消失。中国确实在经历一场解放。只是，它不是从自身解放出来，而是从我们解放出来。不是从事实上的无变化状态中解放出来，而是从一种由外界强加的无变化之看法中解放出来。这种看法的根源在于对什么才算变化，以及哪种变化才算重要的某种特殊的（而且是十分狭隘的）界说。

美国史家的这种根本转变与思想领域中开始发生的另一变化密切相关。我指的是人们对近代化理论作为研究中国近世史的框架所产生的日益增强的幻灭情绪。近代化理论的文献浩如烟海，本书无法进行全面讨论。我的兴趣侧重于其中把社会演变分为"传统的"（traditional）与"近代的"（modern）两个 阶段的做法。正是这种传统-近代的两分法，不是近代化理论的更加复杂详尽的形式，对美国的中国史专家产生了最大魅力。[1]在五六十年代，几乎所有这批史家都采用"传统"和"近代"二词来划分中国漫长的历史（"近代"一词通常指与近代西方接触比较频繁的时期）。甚至今日尽管这些词语的用法已发生相当大的变化，但在学术著作中仍然颇为流行。很少人因察觉到这些词语对历史研究可能为害甚烈而要求停止使用之。[2]

近代化理论作为分析社会的一整套学说，是在二战后几年中开始定型的。当时冷战爆发，这种理论应运而生。它适应了西方的，主要是美国社会科学家意识形态上的需要，被用以对付马克思列宁主义对"落后"和"未发达"现象的解释。同时它也提供了一套完整的说法来解释"传统"社会如何演变为"近代"社会——或者如一套"传统社会近代化"丛书的编者们所称，"一些宁静地区如何会变得生气勃勃"。[3]

虽然近代化理论产生的近因是战后世界的某些情况，但是它对非西方文化以及这些"宁静地区"的变化性质所持的最根本假设，则大量汲取了19世纪西方知识分子中广泛流行的一套思想。关于这段19世纪的渊源，只是在泛论近代化理论时才有人偶尔提及，[4]却为大部分美国研究中国的学者所忽视，他们总喜欢一味强调战后美国史学研究已经如何超越了维多利亚时代的种种假设，并引以为豪。

19 世纪西方对中国的看法

虽然上面提到的假设涉及整个非西方世界，我在此主要只讨论它们如何反映在对中国的评论上。在这类评论中，一个几乎固定不变的看法，是认为中国是一个静止不变的社会，一个处于永恒宁静状态的社会。在19世纪刚刚开始前，法国的数学家兼哲学家孔多塞（Condorcet）写道："在这些土地辽阔的帝国中，人类的思维能力……陷入停滞不前的可耻状态，这些帝国亘古未断的存在一直使亚洲长期蒙受羞辱。"几乎同时，赫尔德（Johann Gottfried von Herder）宣称，只有在欧洲，人类生活才真正具有历史，中国、印度和美洲的土族都没有真正

59

的历史进步，有的只是停滞不变的文化。若干年以后，黑格尔则老调新唱，做出如下判决："展现在我们面前的是最古老的国家，但它却没有过去……这个国家今天的情况和我们所知道的古代情况是一样的。从这个意义上说，中国没有历史。"历史学家兰克把中国描绘成处于"永恒停滞不前"的状态。穆勒（J. S. Mill）在他著作中也提到他所谓的"中国的固定不变的状态"。[5]

在美国方面这类思想中特别令人感到过分的例子，是爱默生（Ralph Waldo Emerson）1824 年在他的笔记中写下的一段话：

> 当我们居高临下对这个愚昧国家观察思考得越仔细，它就越显得令人作呕。中华帝国所享有的声誉正是木乃伊的声誉，它把世界上最丑恶的形貌一丝不变地保存了三四千年……甚至悲惨的非洲都可以说我曾经伐木，引水，推动了其他国土的文化。但是中国，她那令人敬仰的单调！她那古老的呆痴！在各国群集的会议上，她所能说的最多只是——"我酿制了茶叶"。[6]

其实认为中国是不变的，并不是什么新鲜看法，它在 19 世纪以前已流行甚广。19 世纪看法的新处，在于它给予这种据说是中国的停滞不变属性否定的评价。在法国革命前，中国社会稳定不变曾被许多作家视为值得西方仰慕的明显优点。（例如哥德斯密 [Oliver Goldsmith] 在《世界公民》（*The Citizen of the World*）一书中，就曾把"一个时代更迭而旧貌依然的古老帝国，描绘为"如此卓越伟大，相形之下，我对其他所有国家都不禁鄙视厌弃"。）[7] 可是从 18 世纪后期开始，工业革命逐步扩大了欧洲与中国之间的物质差距，同时欧洲人开始把"文化"等同于高度的物质文明，因此中国这个一度技术昌盛，物产丰富，为西方所称羡的国家，却被视为落后的社会。

对中国这种新看法，由于当时欧洲正在发生一场重要的思想变革，而进一步加强。在经济领域，对重商主义的种种限制引起强烈反抗，倡导自由贸易与放任主义原则的潮流不断高涨；在政治领域（最少在某些人中）对专制主义（不论是开明专制或是他种专制）的反感日益加深；从更广泛的意义上说，欧洲人在生活的各个领域都把他们自己和进步、和生气勃勃的运动以及变化的可贵价值，结下了不解之缘。由于人们越来越多地把这种对世界的新看法等同于思想上的启蒙，而中国却仍然在恼人地限制贸易，坚持君主专制，显然顽固抵制任何变化，因此在许多西方人看来，中国就像个过时的社会，注定要在一潭死水般的野蛮状态中衰弱下去，直到一个生气勃勃，其活动遍及世界各国而又把各国加以世界主义化的西方，给她注入新的活力，使她脱胎换骨。

马克思和恩格斯在1848年的《共产党宣言》中言简意赅地表达了19世纪西方的这种流行看法：

> 资产阶级，由于一切生产工具的迅速改进，由于交通的极其便利，把一切民族甚至最野蛮的民族都卷到文明中来了。它的商品的低廉价格，是它用来摧毁一切万里长城、征服野蛮人最顽强的仇外心理的重炮。它迫使一切民族——如果它们不想灭亡的话——采用资产阶级的生产方式；它迫使它们在自己那里推行所谓的文明制度，即变成

资产者。一句话，它按照自己的面貌为自己创造出一个世界。[8]

如果说马克思和恩格斯对于西方资产阶级是否就有资格算得上文明人，还有一点（最多也就是那么一点）踟蹰难断的话，他们却毫不犹豫地认为中国是野蛮人，并认定中国将像其他"未发达国家"一样，按照近代西方的形象加以改造。马克思在 1850 年写道：

> 这个世界上最古老、最稳固的帝国八年来在英国资产者的大批印花布的影响之下，已经处于社会变革的前夕，而这次变革必将给人类文明带来极其重要的结果。如果我们欧洲的反动分子在不久的将来会逃奔亚洲，最后到达万里长城，到达最反动、最保守的堡垒的大门，那么他们说不定就会看见这样的字样：
> 中华共和国
> 自由、平等、博爱！[9]

列文森和 20 世纪五十与六十年代的史学

19 世纪西方对中国的这种根本看法，对从二战到六十年代后期美国史学的发展道路产生了巨大影响。19 世纪的这种惰性，最生动地表现在列文森的著作中。列文森在探讨近代化与文化演变问题上，锲而不舍，富有想象，在美国战后数十年研究中国的史家中堪称首屈一指，在许多读者心中他的著作也许是最有说服力的。今天研究中国的一代年轻史家对列文森已

不大注意，可是在五六十年代，他却具有巨大魅力——是一位 62
令人不得不正视的人物。

列文森的主要著作是在五十年代早期开始问世的。[10]那时
中国共产党刚刚上台，革命风暴余波未息，同时冷战的态度及
其前提假设，又给美国的学术思想罩上一层浓厚的阴影。但是
列文森思路复杂缜密，冷战的激烈对阵远远未能束缚他的头
脑。尽管他一心想把中国共产主义"放在"历史中加以考察，
但是这种努力始终从属于另一个更加广阔的目标——他力图说
明世界历史上的伟大文化之一如何在近代西方入侵中分崩瓦
解，成为他所谓的"历史的过去"，而且将被一个新的彻底近
代化的中国文化所代替。他对这段重要过程的许多分析，充满
具有长远意义的真知灼见。如果说就他所提供的答案和所收集
的材料而言，还不能这样说，至少就他所提出的问题和提问题
的方式而言，则完全可以这样说。但是任何史家都无法完全摆
脱在他生活的时代占据主导地位的某些假设。具有讽刺意义而
且又颇能说明问题的是列文森，尽管他是一个富有创见的思想
家，而且与美国的狭隘主义进行了坚持不懈的斗争，[11]可是他
在研究中国历史时，却采取一种看法，即在理解近代化的必备
条件方面，带有明显的 19 世纪烙印，而且集中体现了整整一
代美国史家中狭隘主义思想的核心。

在这个核心中，19 世纪狭隘主义表现得最不明显的一部
分，要算关于西方体现文明，中国体现野蛮的说法。[12]文化上
的相对主义，对 20 世纪的美国确已产生重要影响。当然，美
国人在处于逆境时，依然可能在感情的最深处不由自主地回到
那种经过夸大的"我们"与"他们"的两分法思想中去，认
为"我们"代表文明，"他们"则代表文明的对立面（二战就

是一个例子，最近的伊朗人质危机则提供了另一个例子）^[13]。

63　　可是止如越南战争所证明的那样，这种感情也可能倒转过来，从自我陶醉变为自我仇视——"野蛮人不是他们，是我们自己"。而且，尽管还有一批顽固不化分子，甚至在越南战争后仍然认为科技发展的高水平是文明的绝对必备条件，但越来越多的美国人由于初步意识到现代技术（不论在工业或战争方面的）的潜在破坏力，开始怀疑作为文明标志的科技力量本身是否能与它最后如何被某一文化所利用，具有同等重要的意义。

美国研究中国的史家则无论如何，已不需要越南战争来培养一种设身处地体验中国文化遗产的感情——因为我们早已有鸦片战争帮助我们做到这一点。在一战后的岁月中，五四运动产生的一代中国偶像破坏者，尽可以和作家鲁迅（1881～1936）一起咒骂自己的文化遗产，斥之为野蛮绝顶，但是在20世纪认真研究这些遗产的美国学者中，无人会抱此看法，更不必说会使用那种语言。就列文森本人而言，他当然对中国文化表现了深刻的敬慕。引起他不满的并不是这一文化的本身，而是中国近代保守派拒不承认这个文化已经死亡。

可是，对于19世纪思想的另一部分，即认为中国文化是不变的，认为它是处于稳定平衡的状态的看法，在列文森和五六十年代其他美国史家的思想里，则远为模棱两可。诚然，在这些史家中有一种强烈的倾向，认为中国文化正如西方文化，具有变动不居的性质，而且批驳我们前辈的相反的看法，斥之为极端的种族中心主义，无法令人接受。但是这种信念上的泛泛之谈，常常和有关"传统中国"的具体论述背道而驰。在做出这种论述时他们往往仍然套用无变化或变化甚微的范畴、框架或模式。固然一些研究西方冲击到来以前的中国历史的学者，确曾做出重大努力，并日益成功地深入中国社会内部，开始勾画出一个生生不已、变化不居的社会。但是从总体上说，研究中西对抗时期的史家，则由于把一只眼睛盯住西方不放，往往对历史变化的"形状"采取一种比较狭隘的看法，并据以研究中国，他们按照西方（和日本）在近代所经历的巨大转变来衡量中国，从而认为相对地说中国是没有变化的。

　　说变化具有"形状"，当然只是一种比喻，其主要含义（此点十分重要）在于说明所谓变化并不就是我们可以指出的就"在那里"发生的某事，并不就是"过去的一些事件"，它同时也是（也许主要是）某种经由史家决定或"塑造"的事物，而史家做出决定或进行塑造的依据，则是他自己当时碰巧想寻求的是哪些过去的事件。E. H. 卡尔（E. H. Carr）曾提醒我们："事实就像广漠无边、有时无法进入的大海中的鱼；……史家捕到什么鱼……主要取决于他选择在大海的哪一部分捕鱼以及他选用哪种渔具捕鱼——而这两个因素当然又取决于他想捕捉的是哪种鱼。"[14]更直截了当地说，如果史家想寻找的事实是甲，他就不大可能发现乙或丙，因为即使他碰上了乙或丙，也不会认为它们有什么重要意义。

　　中国的过去，从中西相遇的角度来观察，在五六十年代往往依然被认为是相对不变的。这一观点可以《东亚文明史》（上下卷）（1960，1965）为证。此书是美国战后最先进的，也是名副其实影响最大的一本东亚历史教科书。值得注意的是，此书第一卷描述的是西方入侵发生作用以前的中国历史，它还一直强调历史中一脉相承的变化。[15]可是到了第二卷，当与西方接触的作用渐趋明显时，该书则特别强调东亚的过去是

稳定的、变化极小的。作者费正清、赖肖尔和艾伯特·M. 克
雷格在卷首曾讨论了他们感到有助于组织史料的、几个解释历
史的主要概念，其中之一是所谓"在传统范围内的变化"。对
此概念他们做如下解释："（在每个东亚国家）里，思想与行
动的主要传统形式一旦确立，就具有一种惰性，一种按照常规
惯例持续下去的倾向。只要未和西方直接接触，它们就只发生
过'传统范围内的变化'，而未曾发生过根本转变（transfor-
mation）。"[16]

"传统范围内的变化"这个概念的症结在于它反映了关于
哪种变化才多少可算重要变化的偏见。在上面摘引的一段话里
隐含着循环推理。所谓"根本转变"看来是指西方自己在近
代所经历的过程，或者指非西方社会遇到西方近代文化后所发
生的变化。因此说"没有和西方直接接触前，（东亚国家）只
发生过传统范围内的变化，未发生根本转变"，就有点像是在
说这些国家在经历西化之前未曾变得西方化一样。[17] 显然，
费正清、赖肖尔和克雷格已经远远超过了比较粗糙的 19 世
纪的提法，但是我认为他们仍然是按照某种框架去思考，这种框
架实际上迫使他们不得不特别强调中国文化中比较稳定持久的
特点。[18]

另外一本流行甚广，基本上采用同一取向的教科书是徐中
约（Immanuel Chung-yueh Hsü）的《近代中国之兴起》（*The
Rise of Modern China*）（1970）。徐氏认为从 1600 年到 1800 年，
"中国的政治体制、社会结构、经济制度和思想气氛和此前
2000 年的情况大体一样"。[19]

还有一个例子是卡尔·A. 魏特夫（Karl A. Wittfogel）的
理论分析巨著《东方专制主义》（*Oriental Despotism*）（1957）。

此书尽管采取了迥然不同的观点与意识形态，但可以说明同一问题。魏特夫虽然激烈反对共产主义，却以承受马克思、恩格斯之衣钵，并上承古典经济学家而自豪。他认为凡是"水利型社会"（hydraulic society），其"社会停滞的现象都异常突出"，而中国则是这类社会的一个主要代表。他认为尽管产生水利型社会有好几种不同途径，而且在有利环境下，这类社会会发展出很复杂的财产占有方式和社会阶层的区分，但是它"除非受外力冲击，从未放弃其根本结构"。[20]

列文森也持有相同看法。诚然列文森在《儒教中国及其现代命运》（Confucian China and Its Modern Fate）一书的第二卷，曾专门强调渗透中国文化的某种紧张相持的状态——君主政体与官僚制度之间，儒教与君主政体之间，甚至儒教内部都存在着紧张相持的状态。但是在他的心目中，中国的过去，从公元前3世纪建立皇权-官僚国家开始直到19世纪，基本上是一派和谐景象，每件事物（包括上述紧张状态）都和其他事物默契吻合，"文化上的各种选择，交织成一幅完整的图式，形成特定的社会秩序，各得其所，相得益彰"。[21]这个社会秩序如此稳定、和谐、平衡，看来它不仅无力凭自身内部因素产生重要变化，而且还能抵抗来自外界的大规模改革。外国的影响可能使固有文化更加丰富（类似在语言中注入一些新"词汇"），但在近代之前，这些影响绝无可能导致根本转变（类似"语言"本身的改变）。[22]

列文森正是从区别这两种不同变化的角度出发，来理解佛教产生的冲击。他的观点非常清晰，他说：

佛教的故乡印度对中国社会并无直接冲击，双方的接

66

触只限于思想方面。佛教输入中国后最初几百年，从汉末到中唐，中国社会内部动荡激烈，这时外国宗教对于适合中国官僚社会运转的儒教似乎构成了严重威胁，可是一旦这种社会的正常运转得到恢复，中国的儒教就再度被奉为印度佛教的宗师，佛教终于在一个虽然经过修改但中国特色依然压倒一切的环境中安顿下来。[23]

紧接着在下一句中，列文森由于把注意力集中于共产主义思想在 20 世纪中国造成的巨变，转而坚决主张"……—劳永逸地勾销关于中国能吸收万物的老说法"。[24]佛教通常被认为是 19 世纪前对中国文化发展作用最大的外来影响，既然列文森认为佛教对中国的影响微不足道，他的上述主张就颇为反常。不过对我们来说，比这种反常现象更重要的，是列文森提出中国社会运转有一种"正常的方式"，并认为这种正常运转方式的支柱是具有高度稳定性的实体——儒教。显然，列文森并非不知晚唐与宋朝儒教的复兴，并被重奉为中国文化之宗师曾付出高昂代价，这笔代价的形式正是在佛教影响下儒教自身发生了重大变化。[25]但列文森观察这种变化的角度使他无法充分估量这次变化的幅度；相反，却促使他完全夸大了中国过去文化常规不变的一面。[26]他所谓的"佛教终于在一个虽经修改，但中国特色依然压倒一切的环境中安顿下来"，只不过是上述"传统范围内的变化"的翻版而已。

19 世纪对中国看法的最后一部分可以分解为下列几个互相关联的论点：第一，中国只有通过外来的强刺激才能从沉睡中惊醒；[27]第二，近代西方，而且只有近代西方，才能发现这一强刺激；第三，这一震击过程已经开始，其结局必然是按照西方形象改造中国文化。

五十与六十年代美国史家当然不会赞同上述论点的全部细节。他们会废弃"沉睡"一词（此词表达 19 世纪最流行的形象），而坚持代之以贬义较少的词语，如"发展缓慢""稳定""逐渐变化"。同样，他们对上述第一个论点中隐含的决定论的提法也感到格格不入，而极力主张采用描绘语气进行重述。（例如，前面摘引的费正清等三人有关东亚各国的论断就只说："只要未和西方接触，它们就只发生过'传统范围内的变化'，而未发生根本转变。"）另一方面，在六十年代中期或后期以前，大部分美国史家都会赞成体现在上述第三个论点中的"历史单向集聚"的观点，很少有人真正怀疑迫使中国文化与社会在过去一个半世纪中发生巨变的唯一或主要因素是西方入侵。1853 年马克思曾预言，一旦中国的"孤立状态通过英国的介入，突然告终"，中国"势必分崩离析，正如千方百计保存在密封棺材里的木乃伊，一旦接触空气就势必分崩瓦解一样"。[28]和马克思这个提法一脉相传的是费正清等三人的宣告："与科技上远为先进的西方接触日增，是东亚从 19 世纪开始发生巨变的主要推动力"，那时面临西方的猛烈进攻，这个地区的国家"突然发现自己的防线迅速崩溃，经济陷入混乱，政府遭受威胁，甚至社会制度也遭到破坏"。[29]

孔飞力的里程碑著作《中华帝国晚期的叛乱及其敌人》（*Rebellion and Its Enemies in Late Imperial China*）（1970）开始对这种总解释进行修订。在该书序言讨论到"近代史界限"时，孔飞力指出：对近代中国发生的转变有一种流行看法，即在界说"近代"一词时至少是隐指"在这一时代，控制中国历史发展的主要力量来自中国社会和中国传统之外"。孔飞力

68

69　感到这个界说不妥，他认为在我们废弃这个界说之前，必须首先摆脱中国历史循环演变的老看法。因此在序言中，他讨论的中心问题，是在西方展开全面进攻之前中国社会变化的性质。由于注意到"人口激增（18 世纪人口从一亿五千万增到三亿）；物价高涨（在同期之内可能增加三倍）；经济日益货币化，以及农村社会中经济竞争加剧"等现象，他怀疑是否仍然可以视具有这种性质与规模的变化为循环变化，并提出一个与流行看法不同的假设，即"西方所冲击的并不只是一个正在衰亡的朝代，而且是一个正在衰亡的文化：这个文化很可能就要从自身内部生成某种社会与政治组织的新形式"。[30]

　　列文森同样对 19 世纪前夕中国变化之性质产生兴趣。但他的兴趣不像孔飞力那样超脱，提出的问题也比较狭隘。孔飞力的问题则是中性的、"开放式"的：18 世纪中国发生了什么事？他之所以提出这个问题，是因为他意识到针对这样一个问题做出答案，对于较全面地了解中国如何变成近代社会是至关重要的。列文森的问题是在《儒教中国及其现代命运》第一卷序言的开头提出的，他问道：由于 17~18 世纪中国出现了一批唯物主义思想家，是否有迹象表明"貌似稳定的带传统性的中国社会，无须西方工业主义入侵起催化作用，也能够独立发展为具有科学气质的社会"？[31]

　　说列文森的问题比较狭隘是有理由的。因为正如马克斯·韦伯探讨资本主义精神之起源，或列文森在另一场合探讨扩张
70　主义之根源时[32]一样，列文森提出这个问题的前提是认为唯一的重要"发展"——因此也是在中国历史上值得追寻的发展——是导致近代化的发展，而这个"近代化"是按照西方的历史经验来理解的。其实，比列文森提出的狭隘口气更重要

的是他的问题不是中性的，或开放式的。事实上，对这个问题的答案只可能是"是"或"否"。如果答案为"是"，即如果在清朝早期或中期的中国，可以找到"近代价值观念"，列文森分析近代中国思想史的整个大厦就会立即坍塌。列文森对这点十分明白，并在他的三部曲序言中说得一清二楚：

> 如果我们想说明中国思想家过去百年里所面临的重大问题，是如何把他们公开承认的普遍思想原则和他们特有的中国情操协调起来，① 就得首先探索近代早期，或西方到来以前时期中国思想的历史。因为，如果这段历史是近代价值观念蓓蕾渐开的历史（例如作为近代思想主流之一的科学精神在逐步发展），则一味怀疑中国文化的连续性就是不必要的。反之，如果在西方到来前的中国历史中找不到近代价值观念的根源，则这种怀疑是不可避免的。[33]

和列文森提出的问题类似的是中国大陆史家提出的同样片面的问题，这个问题列文森自己曾经透彻地研究过，即在西方人大批来到中国之前，是否有迹象说明资本主义萌芽已经在中国出现：如果回答是否定的（马克思本人似乎倾向此种看法），有爱国心的中国史家要想证明自己国家的近代史是独立自主的，就会感到为难。反之，如果回答是肯定的，他们就可以说：（1）中国的历史和西方历史走的是一条平行的道路，这样中国历史就不是从别国历史衍生出来的，而是全世界共同

---

① 关于列文森所谓文化中"普遍思想原则"与"特有情操"之区别请看下文。——译者注

71　的历史模式的一部分；（2）西方帝国主义根本不是把资本主义（或延伸为全部近代历史）引进中国，而是阻碍或者歪曲资本主义在中国的正常发展（这是一种经由列宁主义而不是马克思主义启发而形成的看法）。不出所料，中国大陆史家对自己提出的问题做出了前后比较一致的，虽然有些勉强的，肯定的回答。[34]

　　我们可以同样预测，列文森对他的问题的回答一定是：在西方把近代价值观念引进中国之前，在中国的思想中是找不到这种观念的。可是，当西方在19世纪终于真正来到中国时，即不仅是带着机械钟和欧几里得算术几何，而且是挟着坚船利炮来到中国时，中国的历史，在列文森看来就被推出轨道，发生了全面的转变。正如马克思所说，旧秩序像木乃伊一样，一旦暴露在空气中，就迅速分崩瓦解，在一片瓦砾与废墟上一个崭新的、全面近代化的中国终于涌现在眼前。

　　实际上，列文森对上述变化过程的描绘，前后不尽相同，这要看他是在讨论思想史（一般说他讨论的是思想史问题），还是在讨论整个社会变化（此问题通常他只顺便涉及）。在前一种情况下，他往往按照冲击－回应框架进行分析；在后一种情况下他的看法则反映了美国近代化理论家的影响及其前提假设（其中尤为明显的似乎是马里安·利维［Marion Levy］的思想）。不过不论是哪种情况，他给西方安排的角色都是令人惊愕的：在他看来西方是中国近代化转变的创始人，也是西方规定了中国近代史的全部主题。

　　作为思想史家，列文森主要关切的不是"外在的"世界，即近代中国的经济、政治和社会的变化，而是"内在的"世界，即中国人怎样看待和感受不断变化的周围世界。他的全部思想史著作（显然包括他在世时未能完成的关于狭隘主义与世界主义的新三部曲）[35]都贯穿着一个主题，即价值和历史的区别：他认为对文化的有些方面人们衷心崇奉，是因为他们确信这些事物是普遍正确的（任何时候对任何人说都是正确的），但对文化中的另一些方面人们愿意献身，则出于某种较为主观的、特有的理由。列文森受了莫里斯·拉斐尔·柯恩（Morris Raphael Cohen）《理性与自然》（*Reason and Nature*）一书的影响，断言稳定的社会必然是"一种社会，它的成员正是根据普遍适用的原则选择了他们所继承的那个特殊的文化"。[36]他深信"在中华帝国的伟大时代"恰恰就是这种情况占据主导地位。在这些时期"历史与价值的冲突不可能发生"，"这时中国人热爱自己的文化，不仅是因为他们从祖先继承了这个文化，而且因为他们深信这个文化是正确的"。[37]

在列文森看来，这种谐和状态由于19世纪西方入侵而被彻底打破。列文森勾画了中国近代思想史的特色，认为"这段受西方影响的时期……是两种潮流相互激荡的过程。一方面是偶像破坏者日益背弃传统，另一方面是传统主义者日益使传统僵化"。他认为这两种过程都表明"中国人迫切希望建立中国与西方之间的对等状态"。这种对对等的追求，这种寻找新的模式好让历史（"它属于我个人"）和价值（"它属于普遍真理"）重新协调并恢复心理宁静的努力，是"鸦片战争以来中国各种新思潮的共同特点"。"中国各种流派之间细小的区别与冲突，在西方文化与中国各种事物的强烈对比面前，变得无足轻重。由于对每个流派说来，都有一种西方提供的新选择，而这个选择比他们彼此间所提供的任何选择都更加真实鲜明，中国各流派间的界限就模糊起来了"。当"西方成为劲敌时，中国内部的对手就联合起来"。这样，中国思想史这一领域就成为中国与西方两种思想交错互融的独霸天下。[38]

不可否认，西方对 19～20 世纪中国思想史的冲击是极为重要的。但如何确认这一重要性，却是一个十分棘手的方法论问题。每种理论取向都有自己的逻辑。但是，如果说数学家只需为其逻辑的本身是否严密而操心，历史学家则除此之外还得操心其取向的逻辑是否和确实发生过的往事相互吻合。如果史家不能使自己的逻辑经受与史实是否吻合的考验，而相反地把自己的逻辑强加在史实上，他就用合理性代替了真实性，人们对历史的理解就要遭殃。列文森在很大程度上依靠对等这个概念。这种做法使他得以打开并探索许多思想与心理变化的问题，尤其是使他集中研究人格认同（identity）及其异化（alienation）问题，而研究中国近世史的学者过去往往回避这些问题。列文森这种取向所产生的大量真知灼见，是他著作的巨大优点之一。但是这种取向本身却带有某些缺陷，而且这些缺陷更加突出了冲击－回应框架的主要缺点。

这种框架的缺点之一是假设只要有西方冲击，就一定会产生强度相同的中国回应。在中国的历史中，有时确是如此。但在许多情况下，则不然。有些（至少回顾起来）似乎十分重要的西方冲击引起的中国回应却微不足道，相反有时少量的冲击却触发强烈的回应。列文森最明显的错误在于他坚持认为从鸦片战争开始，"西方文化与中国各种事物的强烈对比"，几乎一夜之间就改变了中国思想界的中心主题。西方文化是否如列文森所设想的那样，和中国的每件事物都形成鲜明对比，这问题本身就已经值得商榷。但是我认为即使存在着这种对比，在这样早的时期也只有极少数的中国知识分子才看得清楚。而

且即使意识到对比，也未必就会形成内心的关注。林则徐 74
（1785～1850）在19世纪三十年代后期被清廷任命为钦差大臣
解决鸦片贸易危机。他在留守广州时和西方人接触频繁，而且
从他的日记可以看出他曾意识到西方和中国迥然两异。可是据
我所知，并无证据足以说明林则徐的内心世界由于意识到这种
差别而有所震动。[39]

19世纪中期的大臣曾国藩的情况要复杂一些，但对我们
说来更有启发性。列文森比较详细地讨论了曾国藩思想上的折
衷主义（曾国藩自己称之为"礼学"），认为"他（曾国藩）
作为一个忠诚的但接近过西方人的中国人，似乎已无心注意中
国内部的种种思想差别"，"对曾国藩这类人物来说，一旦意
识到西方思想为另一种可能的选择时，中国的教义就只能是兼
收并蓄，几乎包罗万象了"。[40]列文森力图在曾国藩的折衷主
义和西方的挑战之间找出因果联系。这种努力本身似乎是有道
理的，其逻辑也是无懈可击的。但是这种联系却并无事实根
据。折衷主义在中国的思想生活中是一种具有相当历史渊源的
现象。看来曾国藩最后采用的那种特定的折衷主义学说，曾受
早些时候折衷主义思想家的强烈影响（例如他的挚友刘传英，
死于1848年）。而且有足够证据说明曾国藩礼学的基础于他任
京官时期（1840～1852）已大体奠定，在此期间他的大部分
时间是在翰林院度过的，和中国的对外事务隔绝无缘。正如人
们所预料的，他这几年的论述，说明他几乎完全没有意识到西
方的冲击。[41]

张灏的看法更进一步。他认为在19世纪九十年代以前西
方对中国思想生活的影响总的说来一直比较肤浅。西学远远没
有（像在日本那样）成为许多知识分子关切的主要问题，它

所引起的回应起初也是微不足道的。19 世纪后期主要思想家诸如陈澧（1810～1882）、朱次琦（1807～1882）、朱一新（1846～1894）与王闿运（1833～1916）等人，反复思考的中心思想问题仍然是儒教传统的古老问题。对于 1840 年后五十年间文人、绅士阶层的大多数人说来也是如此。张氏还进一步认为即使在西方冲击成为中国知识分子关切的一个主要问题后，它不仅没有替代中国哲学家所关心的古老哲学问题，实际上反而被后者通过复杂微妙的方式潜移默化。（艾恺［Guy Alitto］对于 20 世纪乡村建设理论家梁漱溟［生于 1893 年］的研究证明了张氏的观点。）[42]

这种看法和列文森看法又形成鲜明对比。列文森赋予西方冲击巨大力量，这就使他不仅把西方思想从中国思想天地的边缘渗透到中心的时间提早了，而且夸大了中国原先所关注的问题在渗透发生后消亡的程度。列文森坚持认为"儒教在经历了漫长的岁月后，由于西方入侵终于丧尽了和中国现实的联系……中国传统分崩瓦解，它的继承人为了保存零砖碎瓦，不得不根据西方入侵的精神加以解释"。他承认"在九十年代的中国，许多具有传统思想的思想家仍然活着"，但他坚持这些思想本身已经"死亡"。因为一种思想如果想保持活力就必须"对某种客观情势真正有所意指。而 19 世纪的中国历史表明它的意识形态经历的过程，是从具有客观意义向单纯具有主观意义不断后撤的过程"。[43]

总之，列文森就中国近代思想史提出"问题"的整个思路是围绕着西方摧毁性冲击，冲击所提出的对等问题，及其所引起的一系列中国回应形成的。正是从这个观点出发，他写了一本关于清末维新鼓动家梁启超（1873～1929）的书。因此，虽然书中讨论了今文学派对梁氏的影响，讨论了梁氏如何引用孔孟与佛教来支持他的论点，但通观全书，列文森没有做出任何努力去探讨梁氏如何生根、立足于当时的中国思想世界。事实上，随着西方入侵，列文森对这个世界的内在动力已经不再重视了。因此他不可能把梁氏这类偶像破坏者，看成仍然在思想上（不是在感情上）和这个世界有任何联系。他同样也不可能想象梁氏（或任何其他中国知识分子）会利用西方思想，帮助自己解决在西方冲击以前已经存在的问题。

76

虽然列文森最关切的是思想变化这个"内在"领域，可是他也认为在造成这个变化中，西方的作用只是它在"外在"领域所发生的更广泛作用的一部分，这个领域包括近代中国在政治、经济和社会方面的变革。列文森在许多情况下还特别强调正是由于西方冲击是全面的社会冲击，不限于思想冲击，才可能使冲击在思想方面产生如此深远的巨变。他说：

> 思想传播的效果如何，这些思想打乱原来思想环境的程度如何，看来并不取决于它们作为游离于母体之外的抽象思想，而取决于它们把母体社会带到异国的程度如何。只要一个社会没有最后被另一社会所根本摧毁，外来的思想就只可能像新词汇一样为当地的思想环境所利用。但是一旦由外力推动的社会颠覆活动开展到相当程度，外来思想就开始排除本土思想（这种情况曾在中国但未在西方发生过，而且只发生在19世纪及以后的中国）。一个社会发生的这种类似整个语言的变化，可以恰当地被看成是在外来力量全面入侵的情况下做出的新的选择，而不是在纯粹思想渗透的情况下做出的选择。[44]

在反复谈到中国发生的全面社会变化时，列文森给西方安排了两种角色。一种角色是这种变化的促成者，是破坏旧秩序的最根本的力量。他申言"正是西方冲击造成中国传统社会的崩溃，也是西方入侵动摇并最后摧毁了中国人对中国在思想方面可以独立自足的信心"。列文森在坚持中国历史的连续性而又无须把共产党阶段解释为儒教之永恒再现时①，再度强调了同一看法，他写道：

> 对地主制度、家庭制度与儒教教育的反感在中国一直在不断积累，经历了很长时期，它显然不是从昨天下达的教条式的指令开始的。虽然当权的共产党促进了这些思想的发展，但是这些思想的根源却来自一个半世纪中西方所采取的无计划行动，这些行动冲击了当时存在的社会结构。[45]

列文森这段推理的弱点和我们已经遇到的其他几次情况中他所暴露的弱点是完全一样的。问题不在于中国社会在 19 世纪事实上是否正在分崩瓦解，也不在于西方入侵是否成为加速这种崩溃的一个重要因素。争论的焦点是列文森轻而易举地假设是西方单独触发了这场崩溃，而且一直是造成这个崩溃的主要的（如果不是唯一的）动力。近年积累的证据说明，在 18 世纪，即西方进攻开始以前，中国主要的社会、经济变化已经开始。这些证据的一部分，特别是人口增长的资料早已公开传

---

① 五十年代有些美国学者认为，新中国政权只是中国永恒不变的儒教权威主义政治传统的复现。列文森则认为新中国的变革主要源于西方。——译者注

播，列文森本人无法不知。可是他（和五六十年代大部分其他学者一起）仍然在一个从 19 世纪继承下来的精神世界中进行探索，这个世界假设中国社会不可能从内部发生根本变化，因此只可能由于"从异体得到……致命的感染"[46]而发生巨变。在这种精神世界中进行探索，要想对 19～20 世纪中国社会变化的因果关系做出比较复杂的解释，即使不是不可能的，至少也是很困难的。

在列文森看来西方除了触发旧秩序的崩溃之外，还是塑造中国新秩序的主要力量。在这方面他做出的最明确的论断是在五十年代，这时近代化理论对美国学术界的影响正居上风，其中某些问题较大的前提还未受到严重挑战。尽管近代化理论当初的出现，一部分是针对马克思主义对社会变化的解释提供另一种解说，可是带有讽刺性意义的是，这种理论却延续了马克思和 19 世纪其他思想家的论点，即认为工业化的西方将"按照自己的面貌创造一个世界"。正如艾森斯塔特（S. N. Eisenstadt）所说的那样：

> 对近代化问题的一般研究，对各种工业社会单向集聚观点的专门研究，从五十年代发端直到六十年代中期，其中大部分……都强调各种社会越加近代化，越加发达，它们在基本的、中心的和制度方面，就越加相似……而这些社会内部传统因素的重要性就越加降低。[47]

列文森至少在早期著作中也接受了单向集聚的假设，他争论说，"随着中国的工业化，中国自己的文化与西方文化的区别势必变得越来越模糊"，通过工业化带来的改变社会的作用，中国社会将变成"和近代西方社会异常相似的社会"。[48]

诚然，在 1969 年去世时，列文森很可能已从单向集聚观点所提供的这幅刻板的图画后退了几步。不可否认，他曾多次提到中国在近代的追求中独具的特征，而且对中国人亟须具有自己的历史一事，感触很深。但是列文森分析中国近世史的整个思想结构，特别是他让西方扮演的异常重要的角色，使得他无法大踏步后退，除非重起炉灶。

总之，在列文森看来，体现为西方文化的近代社会，通过两种途径同时作用于中国文化：一种是作为溶剂，中国的旧文化对之无力防卫；另一种是作为楷模，中国的新文化对之亦步亦趋。从这种观点出发，中国革命必然自始至终为近代西方向中国提出的问题所左右。用列文森自己的话说，中国革命是一种反对西方正是为了加入西方的革命。这样一幅中国革命的画面几乎无法容纳另一种看法，即在很大程度上，把革命看成对年深日久的本土问题所做出的反应——这类问题可能由于西方入侵而加剧，但并不是西方单独造成，甚至也不是全部由西方主要造成的。列文森提供的这幅画面更加无法容纳一种看法，即中国过去文化包含着一些重要的特征，这些特征不仅绝不会阻碍中国向近代社会转化，实际上反而会促进这种转化，并在指导转化中起重要作用。

重新界说传统与近代的两极对立

列文森假设儒教与近代社会基本上水火不容，并认为只有摧毁传统秩序之后才可能建立新的近代秩序，对这种看法五十和六十年代许多其他学者都表示赞同。其中最著名的、影响最大的是芮玛丽，她的《中国保守主义的最后抵抗》（*The Last*

Stand of Chinese Conservatism）于 1957 年发表。此书研究 1862 年到 1874 年的同治中兴（见本书第一章），史料周全，立论严谨，堪称学术专著之楷模。它对这个即将分崩瓦解的儒教国家的几乎每一方面都提出了精辟见解。不过相形之下，该书的中心论点则受到越来越多的学者的质疑。这个论点芮玛丽在书中曾反复提及，即认为"阻碍（中国）成功地适应近代世界的并不是帝国主义侵略、清朝的统治、官员的愚昧或者一些历史的偶然事件，而恰恰是儒教体制自身的各个组成部分"。[49]

费维恺（Albert Feuerwerker）1958 年发表一部研究中国早期工业化的开路先锋的著作，提出了与芮玛丽基本上相同的观点。费维恺的提法不像后者那样明确，在做出斩钉截铁的历史论断方面也远为谨慎。尽管如此，贯穿全书，中国的传统价值观念和制度几乎完全被视为中国经济近代化的阻力，一种必须加以克服或摧毁的"障碍"，而不是助力的潜在源泉。[50]

应该顺便指出，上述思想方式在 20 世纪前期曾得到中国人自己的大力支持。但近年来越来越多的学者对这种看法提出质疑。后者在解释"近代"与"传统"的关系时，摒弃了那种认为两者各处一端、相互排斥的概念。史华慈在专门提到中国历史，批判列文森对文化的有机或整体式的看法时，曾强调指出："人类过去的各方面经验，不论有益有害，都可能继续存在于现在之中"，并认为"中国之'过去'和'近代'未必就作为互不渗透的整体彼此对抗"。[51]

鲁道夫夫妇（Lloyd and Susanne Rudolph）在关于印度政治发展的富有启发性的研究著作《传统的近代性》（*The Modernity of Tradition*）（1967）中，采用稍微不同的方式批评了把传统与近代截然两分的假设。他们认为问题的根源在于研究

80

者观察问题的角度。他们指出，当研究的对象仅限于近代社会时，日益增强的倾向是强调传统的存续现象，可是当人们把现代社会和传统社会对比时，现代社会中的传统特征不是全部消失，就是"被描绘成残存的范畴，这些范畴由于历史进程的阴差阳错，至今尚未屈从于近代化迫切的需求"。他们认为和这种"排斥传统特征从而对近代社会产生误解相类似的错误判断，是低估传统社会中潜在的近代因素。只就新兴国家之间进行比较研究的学者，往往只看到符合传统模式的某些明显的、主导的价值、形相与结构，而忽视了符合近代模式的潜在的、变异的和少数的价值、形相与结构"。他们的结论是，这一切造成的总效果"是在传统与近代之间制造了一条分析鸿沟"，这两个体系就成了"相互排斥""根本不同、水火不相容的"。倘若想用一种体系替代另一种体系就"必须有一批采用新蓝图和新材料的社会工程师。这样，变化就势必是带有系统性的，而不是逐步适应的性质"。[52]

　　史华慈、鲁道夫夫妇和许多其他学者[53]对于把传统与近代看成互相排斥、水火不容的两个体系的看法所发动的这场进攻，在西方了解中国近世史方面产生了巨大而深远的影响。从19世纪继承下来的一整套假设——认为中国是野蛮的，西方是文明的；中国是静态的，西方是动态的；中国无力自己产生变化，因此需要"外力"冲击，促使它产生巨变；而且只有西方才能带来这种外力；最后认为随着西方的入侵，"传统"中国社会必然会让位于一个新的"近代"中国，一个按照西方形象塑造的中国——彻底动摇，一个新的、更加复杂的研究近代化进程中过去与现在关系的模式被提出来了。

　　看来绝非偶然，正当对"传统"与"近代"之关系的新理解逐步形成时（约在六十年代的中后期），出现了一批反映这种新观点的著作。它们对"过去"在中国近世史中所扮演的角色，做了显然不同的描述。在这幅新画面中"过去"的某些特征继续被描绘为与革命变化是对立的，但是另有些特征则不仅未被视为这类变化的阻力，反而被视为推进乃至于左右这种变化的一股力量。按此推论，中国革命本身也被视为不仅仅是对西方入侵造成之新问题的回应，而且也是对来自中国内部老问题的回应。其结果是，过去一个半世纪中国的历史重新获得了它已失去的一部分自主性，同时也为更加谨慎恰当地描绘西方在这段历史中所起的作用铺平道路。

在这类研究中有一些著作明确地或含蓄地把重点放在鲁道夫夫妇所谓传统社会的"近代潜在因素"上。例如由几人合著的《中国的近代化》（*The Modernization of China*）（1981）的通篇主题就是如此。该书的作者感到在 19 世纪与 20 世纪初，除了一些阻碍中国进行近代化的因素外，还有一些中国政治、经济、社会和思想遗产方面的重要特点，归根结底是有助于中国近代化的（尽管其中某些特点自清朝中叶以后已逐渐减色，从而使 19 世纪中国对外来挑战所做出的初步反应也随之减缓）。在宣道华（Stuart Schram）的著作中也可以发现类似的主题，他一方面承认和近代西方的接触震撼了中国传统的根基，可是另一方面他却坚持认为这一传统中有两个特点——某种历史感以及由于把政治视为人生要义之一而产生的一种关切——为中国人做了"异常良好"的准备，使他们可以适应近代世界。珀金斯（Dwight Perkins）的思路和宣道华大体相同，尽管所涉及的人类活动领域不同。他有力地争论道："和许多其他发达较慢的国家相比，中国传统社会似乎在内部哺育

82

着某种和近代经济发展比较相符的价值观念和特点。这就是说，中国社会有若干重要特征完全不是消极的障碍。一旦经济发展的其他真正障碍被排除，它们将是一股积极力量。"托马斯·肯尼迪（Thomas Kennedy）就 19 世纪中国的自强运动，罗友枝就晚清的识字率都提出了类似的论点。[54]

83　　几乎所有这些新的著作都花费很大的精力探讨由中国人自己确认的中国社会所存在问题，对这些问题，近代化或革命提供了解决的可能。值得注意的一例是爱德华·弗里德曼的著作《退向革命》（*Backward Toward Revolution*）（1974）。这部著作表面是研究中华革命党的，但其中有不少重要见解涉及中国城市中的激进知识分子和辽阔腹地上的贫苦农民对中国革命具有完全不同的想法与感受。

　　城市中的激进知识分子受到历史进程只能单向发展的思想束缚，认为对待过去只能采取克服、摧毁和彻底决裂的态度。和马克思、恩格斯与列宁一样，中国的知识分子（不论是马克思主义者还是自由主义者）坚信一种近代化信念，认为"革命的本质就是变化，而变化越大越好"。[55]可是对千百万的中国农民来说，弗里德曼认为，情况是两样的。他们基本上是在一个循环变化的思想框架中思考问题，因此并不认为眼前的悲惨处境是古老社会结构不可避免的产物，相反他们认为它是这种社会崩溃的后果。在这种情况下，中国农民最怕的是一种抽象的变化，他们想从革命得到的并不是更多的而是更少的动乱，不是向着崭新的、渺茫的未来前进的变化，而是重建并加强旧的家庭、宗教和社团的联系，重建一种完整和谐的生活情趣。在这本书的开头，弗里德曼强调"关键并不在于说天下再无新鲜事，而在于说从过去汲取活力，帮助人们产生一股力量使他们可以采用革命的方式，超越巨大的障碍，走向较为美好的未来”。革命是前进与归复、新与旧的复杂的混合物。革命不只是重建旧制，而且是“为复兴的社会提供新的机会使人们可以和生活的最基本问题进行搏斗并加以解决”。[56]

　　这种“传统”与“革命”互相渗透的关系——在这种关系中传统不只是对革命的障碍，同时也是促进革命，给革命增添活力，提供合法依据的源泉——在对毛泽东本人所做的一些解释中，也有所体现。这点在宣道华的著作里尤为明显。在他所写的这位中国革命家的传记中，宣道华认为马克思主义中国化是毛泽东最伟大的理论与实际的成就。他指出毛泽东由于扎根于中国传统，对于“20世纪二十与三十年代中国社会的真正需要与理想”非常敏感，他才能够“扮演他所扮演的角色”。[57]毛泽东最终确信——在这点上宣道华和弗里德曼的理解更加相似——“归根结底只有中国内部传统发展出来的偶像破坏运动，采取中国人民喜闻乐见的形式，才有可能溶解乃至超越儒教的遗产”。“文化大革命”从这种观点看来“可以被界说为一种巨大努力，想克服从过去继承下来的恶势力，只不过这一切是通过中国原有的一套特殊观念来进行的”。[58]

　　虽然弗里德曼在讨论20世纪中国农村革命所涉及的问题时，十分重视外国帝国主义作用，但是他的分析从未暗示，中国农村生活的崩溃就不可能也是内在力量起作用的结果，而这些力量——诸如人口爆炸、阶级冲突加剧、官僚腐化盛行——在与外国发生较多接触前早已存在。[59]孔飞力在讨论清末民初地方政府的一篇文章中则更加明确地把变化区分为内在的与外在的两个方面。[60]他通过三种因素分析地方政府问题：控制、自治与动员。其中最后一个因素，由于它反映了必须采取新的

84

方式借助地方力量来发展经济、增强国力，似乎直到清末才开始出现。但是，他指出需在中央控制与地方自治之间寻求适当的平衡，则是从明朝直到共产党时期使中国统治者伤尽脑筋的问题。当然，体现这个问题的历史环境已几经更迭，可是问题本身却已持续了数百年，从而在许多重要方面批驳了"传统"与"近代"截然两分的老观点。

再则，这种区别还由于中国思想家把某些思想应用于自治与控制问题而变得更加难以判别。我这里所指的尤其是所谓"封建"这一套复杂的政治理论（封建一词一般译为 feudal，其实这种译法不甚妥当）。这种理论曾企图通过各种办法在政府官员和地方居民之间培植更多的共同利益。孔飞力花费了很大篇幅讨论封建传统，并指出长期以来政治改革家们如何从这一传统中汲取智慧，从清初的顾炎武到冯桂芬、康有为，直到孙中山和 20 世纪国民党的其他理论家，无一不是如此。虽然在康有为与孙中山时期有人把封建传统与西方代议制在思想上紧密联系起来，但是孔飞力却竭力证明像冯桂芬这类人物在 19 世纪六十年代提出的改革措施，尽管看上去如何貌似"近代"，[61]实际上完全可以从冯桂芬自己所继承的思想中产生出来。因此 20 世纪中国面临的地方政府问题及所提出的解决措施，虽然由于西方的入侵而受到影响并复杂化了，但实际上却深深地植根于本土环境之中。

孔飞力分析地方政府时所论证的这种"传统"与"近代"因素之间错综复杂的关系，[62]在美国最近对五四运动的解释中得到了有力的支持。林毓生在一本讨论五四时期激进知识分子的著作中曾经指出，像胡适、陈独秀（1879～1942）和鲁迅这类人，特别重视文化与思想变化，认为它们比社会、政治与经济变化更加重要，同时他们在攻击儒教时都采取全盘否定的态度。其实，这些现象正说明他们无形中受到了自己所攻击之传统的根深蒂固的思想方式的影响。[63]贾祖麟（Jerome Grieder）把五四运动时期对"政治"的看法区分为自由的与激进的两种，这种做法与上述观点也颇为相似。贾祖麟说：

> 当激进派或早或晚向马克思 – 列宁主义的纲领靠拢时，他们发现，人类行动受环境制约这一传统思想在马克思 – 列宁主义原理中得到了重申……尽管他们对"环境"重新下了一番界说，去掉其中儒教的道德含义，代之以唯物主义的社会与文化的决定论，但是他们把文化看成是从政治权力派生出来的，这点则反映了传统看法。[64]

甚至五四时期的文学家，尽管大力鼓吹打破偶像，实际上并未能摆脱他们力图叛离的文化传统。正如谷梅所提醒的那样，这些作家和他们前辈的文人学士一样，都认为社会的本质体现在它的文化与文学之中，作为作家他们负有特殊使命指引国人，匡扶社稷。[65]

近来思想史领域的研究也大体遵循同一趋向。张灏在他论述梁启超的一本书中提出一个总的看法，即"晚清中国知识分子，主要是从儒教传统沿袭了一套人们所关切的和存在的问题，从而对西方冲击做出回应的"。[66]在同书中张灏进一步发挥了这个主题思想，并从贾世杰（Ion Price）论晚清知识分子一书和程一凡一篇论湖南思想家王先谦的文章得到支持。他们认为某些传统价值概念，如梁启超的群体主义（collectivism），晚清改革家与革命家对大同理想的追求，王先谦思想中的"公"的概念（按程一凡的说法）等，"并不是中国近代化的

86

障碍而是它的推动力"。[67]

87   上述这种总看法最有力的表达者之一是狄百瑞。他针锋相对，反对那种认为理学（Neo-Confucianism）是"把传统奉为神圣不可侵犯的教规"（马克斯·韦伯语），"是桎梏中国人思想的枷锁"（费正清语），是一套"僵死的价值概念"，根本无法使中国近代化。他坚持认为理学并非"始终不渝地为维持现状服务"，它"也能成为对现存秩序的一股批判力量"。展望未来，狄百瑞满怀信心地预测"中国人民的新经验最后将被认为在很大程度上是从内部涌现出来的事物，而不仅仅是由外部激发的革命"。[68]

狄百瑞的某些主题思想在墨子刻的一部引起许多议论的著作《摆脱困境》（Escape from Predicament）（1977）中得到发展。墨子刻指出，只要学者们一心只想解释中国在近代的种种失败，则对传统中国社会的许多老看法——其中之一即认为它是停滞不前的——势必会持续下去。但是随着中国的成就超过它的失败，就需要有一种新的解释，其基础是对中国传统做出与过去迥然两异的理解。[69]墨子刻给自己安排的正是这样一个雄心勃勃的任务。

墨子刻的中心论点是认为理学家们的内心充满一种强烈的、痛苦的困境感（sense of predicament）。这种困境感有"内在的"一面，它集中表现为心理、道德和形而上学上的左右为难的窘境，同时还有"外在的"一面，即涉及政治、经济问题的一面。理学家们的根本目的在于通过改造自己与社会，从这种困境中解脱出来。但是这种力图变革的要求却屡遭挫折，一个又一个思想家提出的解决方案都化为泡影。生活对理学家们说来就成了一场循环不已、悲惨无效的战斗。

西方进入了这个世界，但这件事并不像费正清、列文森和许多其他学者反复宣称的那样，预告了灾难的到来；相反，它带来了解放。近代化——甚至革命——并不意味着中国传统社会的毁灭，而恰恰意味着它的理想的实现。墨子刻认为，在 88 19～20 世纪之交主张近代化的中国人士看来，西方方法的巨大魅力不仅在于它许下了工具主义（instrumentalist）① 的诺言，使中国富强起来，更重要的是"这些方法似乎有助于解决儒家内心的痛苦问题，实现他们长期以来念念不忘的社会理想"。[70]因为西方带来的并不是社会、经济势必发生变革这一思想本身，它带来的是一种信念，即深信由于有了近代科技、民众参政的新办法（不管是自由主义或是共产主义的办法），以及各种新知识，"外在"领域的各种政治、经济问题实际上是可以改进的，而这些问题从王安石"新法"造成的亢奋状态以来，一直被认为是几乎无法解决的……随着近代中国人感到改变"外在"领域日益切实可行，他们对改变内心世界的追求也就松弛下来了。"内在的"困境……就显得不那么尖锐和重要，盲目的乐观主义在中国人的思想中传播开来。[71]

马克斯·韦伯在寻求某一社会为何能改变自身时，抓住了所谓"与世界发生紧张状态"的思想——当该社会认识到自己的理想与现实之间存在着似乎无法弥合的鸿沟时，就会产生这种状态。在韦伯看来，中国不能独自发展资本主义是和儒教的道德观中缺乏"道德理想与人类缺点之间的任何紧张状态"有直接联系，它使与外在世界的紧张态度减少"到最低

---

① 工具主义指一种实用主义的理论，认为思想是服务于行动计划、适应环境的工具，思想的正确性由效果检验。——译者注

点"。[72]韦伯的理论不仅提供了中国无法产生近代资本主义的解释；而且给一种流行的西方看法提供了理论基础，根据这种看法，传统的中国社会是停滞不前的，它甚至无法设想自身会发生变化，更别提会希望发生这种变化了。[73]

墨子刻在他的论证中似乎毫不犹疑地接受了韦伯关于心理紧张状态与社会变化之联系的笼统假设。不过在他看来理学家们完全不是缺乏变革的要求，他们实际上热切希望重新改造自己和社会，因此他描绘出的一幅中国画面就和韦伯的大不相同。同时他也把列文森所描绘的儒教中国及其近代命运的一幅图景完全颠倒过来了。列文森认为儒教的中国归根结底是逍遥无碍、不存在任何问题的，并认为中国在近代不断增长的忧患意识（sense of problem）是外界猛烈震击的直接后果。而墨子刻则认为儒教的中国由于问题重重，辗转反侧，无法摆脱，直到西方到来才找到了答案。于是忧患意识魔术般地突然消失，令人难忍的焦虑转化成无限的乐观情绪。

在我看来韦伯和列文森几乎可以肯定是错误的，但是墨子刻是否就正确呢？在回答这个问题前需要进行大量的研究工作。这里我只想指出我认为在他的论据中易受责难的两种看法。一个看法是他的关键性假设，即认为帝制晚期儒教具有强烈的困境感。他曾经在书中坦率承认，"我们说理学家具有困境感，是说出了他们自己不愿说出的有关他们自己的话"，他还进一步认为"这种困境感在诠释理学的当代主要著作中已被筛选掉了"。[74]诚然，帝制晚期的理学家们自己并没有明确表述他们有困境感，而且儒教的近代诠释家如唐君毅（他是墨子刻分析中一块重要基石）对此也略而不提——这两件事本身还不足以推翻墨子刻的论点，即认为这种困境感当时不仅存在而且十分普遍。[75]很有可能，正如他自己所提出的，理学家们没有明确表达他们的困境，恰恰因为他们认为这种困境是理所当然的既定前提。尽管如此，墨子刻歪曲、夸张事实的可能性是存在的，特别如果我们考虑到墨子刻只是把韦伯的看法颠倒过来，一心想在中国的过去寻找出中国近代取得成功的秘密（正如韦伯想寻找出它失败的秘密一样）；这就很容易造成一种现象，即墨子刻想寻找的事物正是他自称已经发现的事物。[76]

依我看来在墨子刻的分析中，值得商榷的第二种看法是他给西方在中国近世史中所安排的巨大的角色。墨子刻曾坚持不能把清末的复杂变革运动归结为"外来的转变趋向与本土的停滞趋向之间"的简单对比。[77]在这点上，墨子刻确实和19世纪流传下来的认为中国社会基本上缺乏任何变革要求的旧看法彻底决裂了。但是，他却认为中国深深陷入困境，不能自拔，只有等待西方的解救，才能摆脱困境。其实这种看法听来耳熟，它和伊懋可（Mark Elvin）在《中国过去的格局》（*The Pattern of the Chinese Past*）（1973）一书的主张十分相似。伊懋可认为传统的中国经济到后期陷入"一种高水平平衡圈套"（high-level equilibrium trap）（"几乎无法通过内部产生的力量发生变化"），而"近代西方的历史性贡献就在于在19世纪中叶"打开"这个国家的门户，让它向世界市场开放，从而松解并粉碎了"这个圈套。[78]

在上述两种情况中，主要的问题还不在于墨子刻和伊懋可为了支持自己的解释而收集的材料是否充足（虽然在这方面墨子刻收集的材料非常单薄，伊懋可的材料也受到了严重的质疑），[79]问题在于这种解释所采用的词语以及词语背后的前提假设。采用诸如"困境"与"圈套"这类词语来勾画西方出现前夕中国的社会，势必给人一种印象，即这个社会被"锁

90

闭在"一种无法忍受的处境之中。对这种处境墨子刻与伊懋可的 19 世纪前辈们定会比较坦率地冠以"恶劣"二字。对墨子刻与伊懋可说来，这就势必意味着西方扮演的是"善良"的角色。西方赠给了中国一把金钥匙，使中国既可摆脱道德与心理的困境，又可逃出经济与技术的圈套，从而使所有中国人对西方的恩情永世难忘。西方使中国经济有可能沿着许多世纪以前被中止的道路继续发展下去；它同时首次给中国提供了按照自己古老的目标改造自己的方法。

91　墨子刻与伊懋可提出的解释把西方对中国历史的研究提到了前一代无法达到的精密化程度。但是只要他们让西方扮演中国救世主的角色，在这种程度上他们的解释就难免使人有些疑虑不安。原因并不在于这些解释一定是错误的，而在于它们和一种固定看法完全符合，这种看法的基础是认为西方理应执世界之牛耳。在此情况下，就有必要提出比两位学者提出的更有力的事实根据以减少疑虑，证明确实没有强迫中国历史为某种根深蒂固的主观价值观念与偏见效劳。

19 世纪的残余影响

19 世纪对美国研究中国近世史的影响已经削弱了许多，在有些方面已基本消失。但它毕竟持续下来了，至少它的残余仍然留存。对这种影响的首次进攻来自五十年代和六十年代的学者，他们的研究是对战前"通商口岸"历史学①的一种反

---

① 指美国战前只侧重研究与中国通商口岸有关联的历史现象的史学，诸如中国对外战争、条约、海关、商业等。——译者注

动。他们辛勤工作，力图进入中国文化的"内部"，显示这段历史中的中国的侧面。这种取向往往是出于对非西方文化的真实的（虽然是有条件的）仰慕之情，在此程度内，它就背离了那种指引大部分早期研究的蔑视中国的旧观点。但是这种背离是不彻底的。虽然人们开始重视中国内部发生的事情，而且第一次下功夫认真了解中国的态度与价值观念，采用档案资料和新发表的中国文献汇编，但是这种理解是根据一种假设框架进行的，而这些假设却给予中国社会很少独立产生变化的余地，认为中国近代的转变几乎完全是由西方引起的。芮玛丽的看法就是其中的典型代表，她把中国的革命看成在广泛的意义上"从外部引发的革命"，[80]而不是在任何重要程度上中国历史自身的产物。

七十年代初出现了一批研究成果，使这幅画面大为改观（其中一部分研究成果将在第四章讨论）。尽管研究的方向各不相同，但它们在一点上是大体一致的，即认为中国本土社会并不是一个惰性十足的物体，只接受转变乾坤的西方的冲击，而是自身不断变化的实体，具有自己的运动能力和强有力的内在方向感。在这种程度上，这批新的研究大大削弱了19世纪对我们理解中国近世史的影响。但是只要这些研究继续受某种形式的"传统-近代"对比的影响，[81]由于此一对比在19世纪思想中根深蒂固，在这种程度上，这批研究就不能从持续几代的世界观中彻底解放出来。

为了理解为何出现上述现象，也许有必要在结束本章时指出传统-近代这种两分法本身固有的一系列问题，这些问题即使在其最精密的表达中也在所难免。问题之一是这种两分法迫使我们对现实只能严格地按两极来划分，排除任何中间的可

92

能。即使像鲁道夫夫妇那样，把传统与近代看成两种流动不居、互相渗透的状态，认为传统社会中包含近代的潜势，近代社会中又体现了传统的特点，可是实际上并没有放弃原来的假设，即认为文化的所有特征都可以在传统—近代这个单一的连续体（continuum）中找到自己的位置。史华慈在他的著作中曾提到，在人类经验里可能存在着一些极为重要的超越时空的领域，不可能很容易地把它们确认为"传统的"或"近代的"。[82]如果采用传统－近代两分法，这些经验就没有容身之地。

　　和这种排他性假设直接关联的是第二个同样致命的假设。J. H. 赫克斯特曾把这种假设称为"历史能量守恒的假设，……即认为在特定的社会中，花费在成对的两极因素身上的能量是固定不变的。因此社会能量向一极流动，就要求相应减少向他极流动之能量"。赫克斯特还指出，按此推论，在任何成对的两极中，向一极增加能量的本身就足以证明另一极的能量已经外流并减少。赫克斯特引用了 16 世纪英国世俗活动与宗教活动的例子来批驳历史能量守恒的假设。史实确凿无疑地证明这两种活动在当时曾同时增加。但是长期以来，历史学家却不言而喻地假设世俗活动既然明显增加，则宗教活动势必下降。只有当人们认识到宗教与世俗尽管是对立的两极，却有可能同时发展时，才有可能发现"它们在 16 世纪曾经同时发展过"。[83]

　　赫克斯特的精辟见解，可以同样成功地用来解释传统与近代的两极关系。[84]正如迪安·蒂普斯（Dean Tipps）所指出的那样：

一件一件零碎的"近代化活动"未必就会导致"近代社会"……引进近代医学可能增加人口压力，加剧贫穷；半导体无线电可能被用来强化传统的价值观念，技术先进的军队可能为最反动的政权效劳。因此，这种有选择的近代化可能只会加强传统的制度与价值，在一个领域中迅速的社会变化可能会抑制其他领域的变化。[85]

近来历史中一个特别恰当的例子是伊朗废除王位后的宗教领袖们。按照《纽约时报》的分析，他们"确实在采用电子时代的技术扩大宣传，号召恢复几百年前古老的风俗习惯"。[86]

弗里德曼和墨子刻也曾采用这个观点，只稍做修改。他们两人（尽管采用的方式不同）都认为革命变化的净增有可能和信奉旧价值观念的加强同时进行。他们向几乎渗透整个中国历史研究领域的假设提出了挑战，这种假设认为，就像跷跷板一样，中国的近代化因素越来越多，她的传统因素就自动变得越来越少。弗里德曼和墨子刻的挑战为了解中国近世史打开了大门，展示一个充满生机的新天地。

传统－近代两分法的第三个问题是它采用整齐匀称的概念，来描绘和解释根本上不匀称的现实。诚然，"近代"一词也许确实可以表示某种具有统一特点和跨文化一致性的状况，足以使近代社会的居民感到自己在一定意义上属于同一世界。但是"传统"一词，不论从主观上或客观上说，都没有相应的统一状况可以用它来指谓。从主观上讲，像 14 世纪的法国和 10 世纪的中国这样不同的文化，我们很难想象它们的居民会感到自己是生活在同一类的社会里。从客观上讲，如果一定要说这两个文化有什么共同点，我们最多只能说它们都不是"近代的"。可是这种说法就好像在说鱼和鸟是一样的，因为它们都不是猴子。用一个东西不是什么来给这东西下定义——"非西方"一词就是另一个不幸的例子——在描绘事物时可能还有某种微弱的效用，但在分析事物时却是一种废话。

如果说"传统"一词无法和它本来想描绘的现实吻合，因此不符合概念必须符合客观的要求，[87]那么，围绕"近代"一词所发生的问题则属于另一种性质。其中有两个问题和我们关系至要。第一个问题是，"近代"一词从根本上说是一种封闭式的概念。它对历史进程抱有固定的看法，认为它是严格按照直线方式向前发展，而且带有浓厚的目的论性质。约瑟夫·拉帕洛巴拉（Joseph Lapalombara）写道："'近代的'与'近代性'这两个词本身就意味着对政治发展采用社会达尔文主义的模式：它们暗示变化是不可避免的，是沿着可以明确划分的阶段向前发展的，演变过程的后一阶段必然比前一阶段更加复杂，而且也必然比前一阶段更加美好。"[88]拉帕洛巴拉的批评虽然是针对政治发展史而言，但对于一般历史变化也同样适用。封闭式的变化模式往往不知不觉地强迫我们削足适履，让史料迎合预先形成的理论框架。只有采用开放式的变化模式，辅以开放式的问题，史学家才能勾画出一幅对历史事实比较敏感的中国近世史画面。

"近代性"的第二个问题是来自蒂普斯所谓的"近代化理论中根本的种族中心主义"。[89]对西方人说来这是个特殊问题，因为作为近代人，我们自己就构成我们正在研究的问题的一部分。由于我们是第一批进入近代的人，我们就认为自己对近代状况的了解已着先鞭，其自然倾向是把自己的经验普遍化。但是实际上我们对近代世界的理解与感受是具有很大独特性的，以致石约翰就认为可以把西方称为"当代伟大文明中目光最为狭隘的文明"。

石约翰的论点是，在近代只有西方"从来没有从外界来观察自己"。[90]西方人从来无须认真对待其他民族对我们的看法，也无须像所有其他伟大文化的人物那样，为了求得自己文化的生存，被迫对它做出根本的估量，并有意把自己文化的大部分拆散，然后再重新组合起来。这一切造成一种似非而是的奇怪现象：和其他民族相比，西方人虽然是创造近代世界贡献最大的一些民族，但是在某些方面却成了最不理解这个世界的民族。[91]

这个问题对西方史家的影响尤为严重，因为这些史家被囚禁在自己近代经验的狭隘牢笼中，却想去了解并解释非西方社会近代化的过程。当然犯错误的程度是不一样的。有些史学家会堕入陷阱，而比较聪明的史学家则可以免遭此祸。但是我们中间没有任何人可以完全从紧紧裹着自己的这层"文化皮肤"中抽脱出来。从这点看来，根本放弃近代化理论的整套术语（特别是"传统"与"近代"的概念），寻求另外一种西方中心较少的方法来描绘一世纪来席卷全球的各种大规模历史过程，可能有其可取之处。

96

注

[1] 最近出版的 Gilbert Rozman, ed., *The Modernization of China* (New York: Free Press, 1981) 是个值得注意的例外。该书撰稿人（其中不少是史学家）曾试图将近代化理论系统地应用于 1700 年后的中国。

[2] 近代化理论的批评者之一 Dean C. Tipps 曾有力地论证"近代化"是一种幻想，整个概念应予抛弃，改用其他取向。见他的"Modernization Theory and the Comparative Study of Societies: A Critical Perspective", *Comparative Studies in Society and History*（March 1973），15: 199 – 226。Raymond Grew 的态度则更加典型：他一方面承认对近代化理论的所有批评都是正确的，但另一方面却仍然感到采用这种理论不致产生恶果，因此可以保留。见他的"Modernization and Its Discontents", *American Behavioral Scientist*（Novembe-December. 1977），21（2）：289 – 312。

[3] Wilbert E. Moore and Neil J. Smelser, foreword, 在 S. N. Eisenstadt, *Modernization: Protest and Change*（Englewood Cliffs, N. J. : Prentice-Hall, 1966），p. iii.

[4] 参看如 Tipps, "Modernization. Theory and the Comparative Study of Societies", pp. 200 – 201，散见他处。

[5] Herder 看法简介，见 R. G. Collingwood, *The Idea of History*（Oxford: Oxford University Press, 1961），p. 90；引文来自 Raymond Dawson, "Western Conceptions of Chinese Civilization", 在 Raymond Dawson, ed., *The Legacy of China*（Oxford: Clarendon Press, 1964），pp. 14 – 15。

[6] 引文见 Stuart Creighton Miller, *The Unwelcome Immigrant: The American Image of the Chinese*, 1785 – 1882（Berkeley: University of California Press, 1969），p. 16. 美国教士 Josiah Strong 对中国停滞不前曾提出如下解释（1893）："亚洲一直存在着庞大的社会组织，但是个人的发展却很早就受到抑制，从而使万物停滞不前。东方文化表现出统一性，但很少表现出差异性，因此许多世纪以来一直是整齐划一、死气沉沉。"引自 Alexander Saxton, *The Indispensable Enemy: Labor and the Anti-Chinese Movement in California*（Berkeley: University of California Press, 1971），p. 279。

[7] 引自 Dawson, "Western Conceptions of Chinese Civilization", p. 14。

[8] 在 Karl Marx, *Capital and Other Writings*, Max Eastman, ed.（New York: Modern Library, 1932），p. 325。

[9] 引自 Shlomo Avineri, ed., *Karl Marx on Colonialism and Modernization*（Garden City, N. Y. : Doubleday. 1968），p. 45。

［10］ Levenson 死时已完成的主要著作是：*Liang Ch'i-ch'ao and the Mind of Modern China*（Cambridge：Harvard University Press，1953）；以及分别发表的三部曲 *Confucian China and Its Modern Fate*：vol. 1，*The Problem of Intellectual Continuity*（Berkeley：University of California Press，1958）；vol. 2，*The Problem of Monarchical Decay*（Berkeley：University of California Press，1964）；vol. 3，*The Problem of Historical Significance*（Berkeley：University of California Press，1965）. 关于 Levenson 著作之详尽书目请参看 Maurice Meisner and Rhoads Murphey，eds. ，*The Mozartian Historian*：*Essays on the Works of Joseph R. Levenson*（Berkeley：University of California Press，1976），pp. 197 - 203。

［11］ 见 Vera Schwarcz 对 *The Mozartian Historian* 之长篇书评，*History and Theory*：*Studies in the Philosophy of History*（1978），17（3）：349 - 367。

［12］ Tipps 在"Modernization Theory and the Comparative Study of Societies"一文中对此点提出质疑，他争论说："尽管当前近代化理论的术语经过一番清理显得比较中立——不提'文明'而提'近代'，不提'野蛮'而提'传统'——但是这种理论，和它的 19 世纪先辈一样，继续按照各民族靠拢西方社会，特别是靠拢盎格鲁 - 撒克逊社会之制度与价值观念的程度来评定这些民族的进步。"（p. 206）

［13］ 读者可参阅在释放美国人质后不久《纽约时报》（*New York Times*）发表的两篇有趣文章。一篇是 Bayly Winder 写的，讨论在发生冲突的局势下对文化的简单化看法会如何进一步强化；另一篇是美国驻德黑兰代办 L. Bruce Laingen 在 1979 年 8 月 13 日（人质危机刚刚开始前）给国务卿万斯（Vance）发出的密电，它是这种简单化看法的最典型代表（见《纽约时报》，1981 年 1 月 27 日，p. A19；1981 年 1 月 30 日，p. A27）。

［14］ Carr，*What is History*?（New York：Vintage Books，1961），p. 26.

［15］ Edvin O. Reischauer and John K. Fairbank，*East Asia*：*The Great Tradition*（Boston：Houghton Mifflin，1960）.

［16］ Fairbank，Reischauer and Craig，*East Asia*：*The Modern Transformation*（Boston：Houghton Mifflin，1965），p. 5. 我感到"传统范围内

变化”这一公式首先是 E. A. Kracke 采用的，见 Kracke，“Sung So-
ciety: Change Within Tradition”，*Far Eastern Quarterly*（August
1955），14（4）：479 – 488。Fairbank 重述了这一提法。见 John
K. Fairbank，ed.，*The Cambridge History of China*，vol. 10，*Late
Ch'ing*，1800 – 1911，Part 1（Cambridge：Cambridge University
Press，1978），pp. 6 – 8。这一公式在 Albert Feuerwerker，*State and
Society in Eighteenth-Century China: The Ch'ing Empire in Its Glory*
（Ann Arbor：Center for Chinese Studies，University of Michigan，
1976），p. 113；与 Richard Smith，“An Approach to the Study of Tra-
ditional Chinese Culture”，*Chinese Culture*（June 1978），19（2）：
75 中也得到支持。

[17] 或者，如 Tipps 所言，“‘传统社会’，显得没有变化，仅仅是因为
在给这些社会下定义时就认为……除按照西方经历的方向发生之
变化外，不承认有任何其他重要的变化”（见“Modernization Theo-
ry and the Comparative Study of Societies”，p. 213）。又见 Lloyd
I. Rudolph and Susanne Hoeber Rudolph，*The Modernity of Tradition:
Political Development in India*（Chicago：University of Chicago Press，
1972），p. 5。

[18] 下面事实可以证明此点，即 Fairbank 对 19 世纪中国社会的描述
（主要在第二、五章）充满了诸如“惰性”“平衡”“稳定”的字
眼。Fairbank 有关西方入侵前夕中国经济的早期观点大体反映了同
一看法。在他与 Alexander Eckstein、Lien-sheng Yang 合写的一篇著
名论文中，他把 19 世纪早期的中国经济描绘成处于“传统平衡”
的阶段，在此阶段“可能产生次要的小型的经济增长、革新和技
术上的变化，但是……不足以打破社会、经济制度传统框架的限
制与束缚”。见“Economic Change in Early Modern China: An Ana-
lytic Framework”，*Economic Development and Cultural Change*（Octo-
ber 1960），9（1）：1。

[19] Immanuel C. Y. Hsü，*The Rise of Modern China*（New York：Oxford
University Press. 1970），p. 6；同一段话见 2d ed.（1975），p. 6，与
3d ed.（1983），p. 6。

[20] Wittfogel，*Oriental Despotism: A Comparative Study of Total Power*
（New Haven，Conn. : Yale University Press，1957），p. 420。

[21] Levenson, *Confucian China and Its Modern Fate*, 1: 14.

[22] Levenson 有关词汇变化与语言变化之不同的意见，见同上书，1: 156 – 163，又见 3: 113。

[23] 同上书，1: 161。

[24] 同上。

[25] 参看如 Levenson, "The Genesis of *Confucian China and Its Modern Fate*", 在 L. P. Curtis, Jr., ed., *The Historians Workshop* (New York: Knopf, 1970), p. 282, Levenson 此处意指千百年来儒教的可变性。

[26] 或者，正如 Benjamin Schwartz 分析 Levenson 时所说："我们看到的似乎是一种持续千百年、历久不失其原貌的文化整体所具有的生气勃勃的完整形象。中国文化并不是超然历史之外，但是它威力巨大足以凝结历史的洪流。"见 Schwartz, "History and Culturein the Thought of Joseph Levenson", 在 Meisner and Murphey, *The Mozartian Historian*, p. 105。

[27] 正如 19 世纪后期重要传教士 Arthur H. Smith 所说："想无须借助'某种外力'改造中国就像在大海中建造船只一样，一切有关大气与水的定律都联合起来使之无法实现。"*Chinese Characteristics*，重印本 (Port Washington, N. Y.: Kennikat Press, 1970), p. 324. 有关相似论调，见 Jerry Israel, *Progressivism and the Open Door: America and China*, 1905 – 1921 (Pittsburgh, Penn.: University of Pittsburgh Press, 1971), p. 16; Robert McClellan, *The Heathen Chinese: A Study of American Attitudes Toward China*, 1890 – 1905 (Columbus: Ohio State University Press, 1971) pp. 180 – 181。

[28] Dona Torr, ed., *Marx on China*, 1853 – 1860: *Articles from the New York Daily Tribune* (London: Lawrence and Wishart, 1951), p. 4.

[29] Fairbank, Reischauer, and Craig, *East Asia: the Modern Transformation*, pp. 6 – 7.

[30] Kuhn. *Rebellion and Its Enemies in Late Imperial China: Militarization and Social Structure*, 1796 – 1864 (Cambridge: Harvard University Press, 1970), pp. 1 – 2, 5 – 6. 固然中国经济的货币化在很大程度上是由国外白银流入中国造成的，因此部分是外来因素引起的，但是 Kuhn 仍认为仅仅人口爆炸本身就可能意味着"中国传统社会

的某种新灾难"（同上，p. 51）。尽管这里外来因素也发生了作用，但近来的研究却似乎更加重视内在原因（参看本章注释 [39]）。

[31] Levenson, *Confucian China and Its Modern Fate*, 1：3.

[32] 参看 Joseph R. Levenson, ed. , *European Expansion and the Counter-Example of Asia*. 1300 – 1600 （Englewood Cliffs, N. J. ：Prentice-Hall, 1967）. 在 *Confucian China and Its Modern Fate* 一书中，Levenson 谈及"业余爱好者与专家"之两分法时，背后隐藏着同样的根本问题。见该书 1：15～43。

[33] Levenson, *Confucian China and Its Modern Fate*, 1：xix.

[34] 同上，3：48ff。《人民日报》1980 年 2 月 25 日 （p. 5）有一篇关于 1980 年在山东大学举行的资本主义萌芽讨论会的报道，说明中国史家几乎一致认为中国的资本主义萌芽在鸦片战争之前出现。近来肯定此一观点的文章，见 1979 年 6 月《历史研究》，6：47～48，刘耀的"从长江中下游地区农村经济的变化看太平天国革命的历史作用"。讨论此问题时依据的主要权威是毛泽东在 1939 年的论断："随着中国农村社会商品经济的发展，社会本身内部带来了资本主义种子，即使没有外国资本主义的冲击，中国也会独自逐渐发展成资本主义社会"，见"中国革命与中国共产党"，《毛泽东选集》 （英文版）第二卷 （北京，外文出版社，1965），p. 309。又见 Albert Feuerwerker, "From 'Feudalism' to 'Capitalism' in Recent Historical Writing frorn Mainland China", *Journal of Asian Studies* （November 1958）, 18 （1）：107 – 115；同作者，"China's History in Marxian Dress", *American Historical Review* （January 1961）, 66 （2）：327 – 330；较近期论著有 Arif Dirlik, "Chinese Historians and the Marxist Concept of Capitalism：A Critical Examination", *Modern China* （January 1982）, 8 （1）：105 – 132, esp. p. 106. 由于外国白银流入推动了晚明开始的中国经济货币化，整个"萌芽"问题变得相当复杂。最近的有关讨论，见 William S. Atwell, "Notes on Silver, Foreign Trade, and the Late Ming Economy", *Ch'ingshih wen-t'i* （Deoember 1977）, 3 （8）：1 – 33。

[35] 在 Frederic Wakeman 给 Joseph R. Levenson, *Revolution and Cosmopolitanism：The Western Stage and the Chinese Stages* （Berkeley：University of California Press, 1971）一书所写的前言中曾扼要提到这部

未完成的三部曲涉及的诸因素。

[36] Levenson, "*The Genesis of Confucian China ana Its Modern Fate*", p. 280.

[37] Levenson, *Liang Ch'i-ch'ao*, p. 198.

[38] Levenson, *Confucian China and Its Modern Fate*, 1：xvi, xix, 50，58.

[39] 见 Arthur Waley, *The Opium War Through Chinese Eyes*（London：Allen and Unwin, 1958）。

[40] Levenson, *Confucian China and Its Modern Fate*, 1：54，57.

[41] 详细的研究见 Han-yin Chen Shen, "Tseng Kuo-fan in Peking, 1840 - 1852：His Ideas on Statecraft and Reform", *Journal of Asian Studies*（November 1967），27（1）：61 - 80，尤其 pp. 62 - 64，69。

[42] Hao Chang, *Liang Ch'i-ch'ao and Intellectual Transition in China*, 1890 - 1907（Cambridge：Harvard University Press, 1971）pp. 3 - 5；Guy S. Alitto, *The Last Confucian*：*Liang Shu-ming and the Chinese Dilemma of Modernity*（Berkeley：University of California Press, 1979）.

[43] Levenson, *Liang Ch'i-ch'ao*, pp. 84 - 85.

[44] Levenson, *Confucian China and Its Modern Fate*, 1：158 - 159. 又见同上，3：113："欧洲和近代前的中国社会仅仅通过思想传播相互接触，因此只限于扩大彼此的文化词汇……到了 19、20 世纪，西方不仅发动了思想传播，而且发动了社会颠覆，这时中国的文化语言就发生了变化。"

[45] 同上，1：145，162～163（重点号外加）。

[46] 此是 Levenson 自己采用的比喻（同上，3：104）。关于 19 世纪后期对同一思想的提法，参看注释［27］。James T. C. Liu 的评论采用了相同的口气，他说："从这个社会本身来说，其内部似乎不可能产生任何力量——社会的、政治的、经济的——足以促成剧烈变化，更谈不上将许多世纪形成的……统一的整体击碎。唯一足以使之分崩瓦解的力量只能来自外部；一种不可抗拒的冲击，造成经济与经济地理上的巨变，造成思想上的革命和制度上的瓦解。"见 James T. C. Liu, "Integrative Factors Through Chinese History：Their Interaction"，在 James T. C. Liu and Wei-ming Tu, eds.,

Traditional China （Englewood Cliffs, N. J. : Prentice-Hall, 1970），pp. 22 – 23。

[47] Eisenstadt, "Convergence and Divergence of Modern and Modernizing Societies: Indications from the Analysis of the Structuring of Social Hierarchies in Middle Eastern Societies", *International Journal of Middle East Studies* （January 1977），8（1）: 1；又见 pp. 3 – 4。

[48] Levenson, *Liang Ch'i-ch'ao*, p. 8. 在此处与在 *Confucian China and Its Modern Fate*, 1: 187 n. 12, Levenson 都引用了 Marion Levy, *The Family Revolution in Modern China* （Cambrideg: Harvard University Press, 1949）以支持他关于单向集聚的观点。

[49] Wright, *The Last Stand. of Chinese Conservatism: The T'ung-chih Restoration*, 1862 – 1874, rev. ed. （New York: Atheneum, 1965），pp. 9 – 10；又见 p. 300，作者说："同治中兴的失败异常清楚地证明，即使在最有利的条件下，也无法把真正近代国家嫁接到儒教社会身上。"

[50] Feuerwerker, *China's Early Industrialization: Sheng Hsuan-huai* （1844 – 1916） *and Mandarin Enterprise* （Cambridge: Harvard University Press, 1958）.

[51] Schwartz, "History and Culture in the Thought of Joseph Levenson", pp. 108 – 109. Schwartz 曾就传统与近代对比问题进一步提出质疑，见他所著 "The Limits of 'Tradition Versus Modernity' as Categories of Explanation: The Case of the Chinese Intellectuals", *Daedalus* （Spring 1972），101（2）: 71 – 88；又见他所著 "Notes on Conservatism in General and in China in Particular", 在 Charlotte Furth, ed. , *The Limits of Change: Essays on Conservative Alternatives in Republican China* （Cambridge: Harvard University Press, 1976），pp. 18 – 21.

[52] Rudolph and Rudolph, *The Modernity of Tradition*, pp. 4 – 6.

[53] 参看如 Tipps, "Modernization Theory and the Comparative Study of Societies", 散见各处；Reinhard Bendix, "Tradition and Modernity Reconsidered", *Comparative Studies in Society and History* （April 1967），9: 326, 345 – 346；Joseph R. Gusfield, "Tradition and Modernity: Misplaced Polarities in the Study of Social Change", *American Journal of Sociology* （January 1967），72: 351 – 362；C. S. Whitaker, Jr. ,

"A Dysrhythmic Process of Political Change", *World Politics* (1967), 19 (2): 190 – 217。

[54] Rozman, *The Modernization of China*, 散见各处; Stuart Schram, *Mao Tse-tung* (New York: Simon & Schuster. 1966), p. 14; Dwight H. Perkins. "Introduction: The Persistence of the Past", 在 Dwight H. Perkins. ed., *China's Modern Economy in Historical Perspective* (Stanford, Calif.: Stanford University Press, 1975), p. 3; Thomas L. Kennedy, "Self-Strengthening: An Analysis Based on Some Recent Writings", *Ch'ing-shih wen-t'i* (November 1974), 3 (1): 9 – 10; Evelyn Sakakida Rawski, *Education and Popular Literacy in Ch'ing China* (Ann Arbor: University of Michigan Press, 1979), pp. 140, 149 – 154. Rawski 的论点本书第四章将予以归纳。

[55] Friedman, *Backward Toward Revolution: The Chinese Revolutionary Party* (Berkeley: University of California Press, 1974), p. 224.

[56] 同上, pp. 4, 120 – 121; 又见 pp. 118, 130 – 131, 136 – 137, 146 – 147, 158 – 159, 220 – 222。

[57] Schram, *Mao Tse-tung*, pp. 60, 322.

[58] Stuart Schram, "Introduction: The Cultural Revolution in Historical Perspective", in Stuart Schram, ed., *Authority, Participation, and Cultural Change in China* (Cambridge: Cambridge University Press, 1973), pp. 6 – 7.

[59] 从 1600 年到 1850 年中国人口增加了两倍,这在一定程度上是从美洲引进新农作物的结果,因此这种增长只能算部分地由内部因素造成。不过,从总体上说,新农作物所起的作用很可能不如其他基本上是内部因素所起的作用那么关键。见 Dwight H. Perkins, *Agricultural Development in China*, 1368 – 1968 (Chicago: Aldine, 1969), pp. 13, 47 – 51, 184 – 185, 散见他处; Albert Feuerwerker, *Rebellion in Nineteenth-Century China* (Ann Arbor: Center for Chinese Studies, University of Michigan, 1975), pp. 47 – 48。

[60] Kuhn, "Local Self-Government Under the Republic: Problems of Control, Autonomy and Mobilization", 在 Frederic Wakeman, Jr., and Carolyn Grant, eds., *Conflict and Control in Late Imperial Chinas* (Berkeley: University of California Press, 1975), pp. 257 – 298。

[61] 如第一章所言，冯桂芬在 19 世纪六十年代曾在上海度过一段时间，似乎知道一些西方代议政府的传统与惯例。Kuhn 虽然承认这些知识可能 "和（冯桂芬）自己身上的封建传统引起共鸣"，但他感到迄今并无足够证据说明在这方面西方观念曾左右过冯桂芬的思想（同上书，p. 265）。

[62] 在上述简介中，我的分析省略了一个方面，即 Kuhn 关于帝制晚期与民国时期地方上层社会的论述。这些人物在给地方政府造成问题或为解决这些问题而做出反复努力时，都在全局中占据重要地位。

[63] Yü-sheng Lin, *The Crisis of Chinese Consciousness：Radical Antitraditionalism in the May Fourth Era*（Madison：University of Wisconsin Press，1979）；又见 Lin 的早前论文 "Radical Iconoclasm in the May Fourth Period and the Future of Chinese Liberalism"，在 Benjamin Schwartz，ed.，*Reflections on the May Fourth Movement：A Symposium*（Cambridge：East Asian Research Center，Harvard University，1972），pp. 23 - 58。按本章所持观点，这篇早期论文似乎有些自相矛盾。该文一方面笼统地接受一种论点，即认为近代化并不一定意味着全面否定传统，认为 "文化传统的某些因素（可能）并不妨碍，而是十分有助于建立一个可存在的近代社会"（pp. 26 - 27），但是当具体谈到中国时，它却似乎体现了至少是旧观点的精神。它说："传统的政治与文化秩序受到侵蚀……是包括整个西方入侵史的漫长而复杂的过程，而传统的中国社会缺乏抗御西方挑战的有生命力的本土势力，则影响了这个过程。"（p. 28）

[64] Jerome B. Grieder，"The Question of ' Politics ' in the May Fourth Era"，在 Schwartz，*Reflections on the May Fourth Movement*，p. 99.

[65] Merle Goldman，序言，在 Merle Goldman，ed.，*Modern Chinesep Literature in the May Fourth Era*（Cambridge：Harvard University Press. 1977），p. 5. Guy Alitto 在论及隐藏在梁漱溟 1917 年行为的背后动机时，提出同一观点，他说："对人民精神与物质的幸福他有一种天生的责任感。号召有识之士，挺身而出承担对社会的责任，在他也是天经地义。"（*The Last Confucian*，p. 61）

[66] Hao Chang，*Liang Ch'i-ch'ao and Intellectual Transition in China*，p. 3.

[67] 同上，散见各处。I-fan Ch'eng's "Kung as an Ethos in Late Nine-

teenth-Century China：The Case of Wang Hsien-ch'ien（1842 – 1918）"，在 Paul A. Cohen and John E. Schrecker，eds.，*Reform in Nineteenth-Century China*（Cambridge：East Asian Research Center，Harvard University，1976），pp. 170 – 180. Don Price 之书名为 *Russia and the Roots of the Chinese Revolution*，1896 – 1911（Cambridge：Harvard University Press，1974）.

[68] 见 de Bary 之序言，在 Wrn. Theodore de Bary et al.，eds *The Unfolding of Neo-Confucianism*（New York：Columbia University Press，1975），尤其 pp. 1 – 2，32；另见对 de Bary 之采访，在 Paul M. Evans，"Fairbank：Intellect and Enterprise in American China Scholarship，1936 – 1961"，Ph. D. dissertation，Dalhousie University，Halifasx，Nova Scotia，1982，p. 381，n. 35。

[69] Thomas A. Metzger，*Escape from Predicament*：*Neo-Confucianism and China's Evolving Political Culture*（New York：Columbia University Press，1977），p. 197.

[70] 同上，p. 17。

[71] 同上，pp. 214 – 215。

[72] 参看同上，pp. 3 – 4，200 – 201；Max Weber，*The Religion of China*，trans. Hans Gerth（Glencoe，lll.：Free Press，1951），pp. 226 – 249.

[73] Metzger 曾注意到 Weber 对 S. N. Eisenstadt 把儒教的意识形态描绘成"停滞不前""无蜕变"的做法所产生的影响（*Escape from Predicament*，p. 4）。

[74] 同上，pp. 49，160。

[75] 同上，pp. 39 – 40。

[76] 此点当然也正是 Weber 的做法。很难想象任何道德体系竟可不集中探求道德要求与人类弱点之间的紧张状态而仍能存在。理学的两部基本文献《孟子》与《论语》几乎没有一页不在论述这种紧张状态。（当孔子强调求仁之难时，如果不是在说明人类的深刻弱点又是在说明什么呢？）可是 Weber 由于显然已经设定儒教中不存在任何道德紧张状态，因此对明摆着的事物视而不见。H. D. Harootunian 尽管分析时采用的词语颇不相同，却对 Metzger 突出理学家困境感的中心地位感到类似的不安，见 Harootunian，"Metzger's Predicament"，*Journal of Asian Studies*（February 1980），

39 (2)：251。

[77] Metzger, *Escape from Predicament*, p. 211.

[78] Elvin, *The Pattern of the Chinese Past：A Social and Economic Interpre-tation* (Stanford, Calif：Stanford University Press, 1973), pp. 312 - 315. Elvin, 尽管是英国人, 但他表示曾得到不少美国学者给予的思想启发。不过反过来他对美国经济学家与经济史家产生的影响也是不可否认的。参看如本书第三章对 Robert Dernberger 思想的论述。

[79] 参看如 Nathan Sivin 的书评 "Imperial China：Has Its Present Past a Future?" *Harvard Journal of Asiatic Studies* (December 1978), 38 (2)：449 - 480, 尤其 pp. 459 - 462, 477 - 480。

[80] Mary C. Wright, "Revolution from Without?" *Comparative Studies in Society and History* (1962), 4：247.

[81] 此点在思想史领域的研究中尤其如此。我自己的著作 *Between Tra-dition and Modernity：Wang T'ao and Reform in Late Ch'ing China* (Cambridge：Harvard University Press, 1974) 可作为一例。另一例是 Alitto 的 The Last Confucian。他的研究对象梁漱溟认为儒教不仅与中国近代化并行不悖, 而且是近代化唯一可能的基础。Alitto 自己则显然未为梁漱溟所动, 他有时似乎倾向于认为传统 (至少是梁漱溟心目中的传统) 和近代社会是水火不相容的老看法, 参看如 pp. 274 - 278。

[82] 参看如 Schwartz, "History and Culture in the Thought of Joseph Leven-son", 散见各处；又见 Cohen, *Between Tradition and Modernity*, pp. 88 - 90。

[83] J. H. Hexter, *Reappraisals in History* (New York：Harper & Row, 1963), pp. 40 - 43.

[84] 见 L. E. Shiner, "Tradition Modernity：An Idea Type Gone Astray", *Comparative Studies in Society and History* (1975), 17：252.

[85] Tipps, "Modernization Theory and the Comparative Study of Societies", p. 215；又见 Bendix, "Tradition and Modernity Reconsi dered", pp. 316, 329.

[86] *New York Times*, November 9, 1980, p. 1.

[87] 对于 "传统社会" 这一概念的富有启发的批判, 请参看 Tipps,

"Modernization Theory and the Comparative Study of Societies", pp. 212 – 213。Shiner 争论说既然"传统 – 近代"两极分法本应被正确地理解为一种"理想典型"（ideal type），那么要求它能如实描绘经验史实在原则上就是错误的。在他看来，指出"传统"这一概念和"传统社会"的经验现实之间不一致，是不切题的（"Tradition Modernity"，散见各处）。

[88] Joseph La Palombara, "Bureaucracy and Political Development: Notes, Queries, and Dilemmas", 在 Joseph La Palombara, ed. , *Bureaucracy and Political Development* (Princeton, N. J. : Princeton University Press, 1963), pp. 38 – 39.

[89] Tipps, "Modernization Theory and the Comparative Study of Societies", p. 216. 近代化理论带有的西方中心偏见已受到人们广泛注意，见如 Ali A. Mazrui, "From Social Darwinism to Current Theories of Modernization", *World Politics* (October 1968), 21 (1): 69 – 83。

[90] Schrecker, "The West in Outside Perspective: An Introduction to the Intercultural-Historical Method"（未发表论文），p. 2. 试将 Schrecker 的评论和 Denis de Rougement 提出的下列三点加以比较〔见 *The Meaning of Europe* (London: Sidgwick and Jackson, 1963), p. 12〕："1. 欧洲发现了全球，却从来无人前来发现欧洲。2. 欧洲接二连三地统治了各大洲，可至今从未被任何外国列强所统治。3. 欧洲产生了一种正被全世界所模仿的文化，但相反的情况却从未发生过。"又见 Ruth Benedict, *Patterns of Culture* (New York: Mentor Books, 1952), pp. 5 – 6；Benedict 在讨论了白人文化传遍全球之心理后果时写道："这种遍及全球的文化传播使我们得以无须认真对待其他民族的文明，这是人类史从来没有过的现象；它赋予我们的文化以一种深入人心的普遍性，对这种普遍性我们长期以来已经不必从历史上做出解释；相反我们把它看成是理所当然、不可避免的。"

[91] Edward Shils 有一段话最恰当地说明了这种似非而是的奇怪现象："目前（1961 年）西方之外的整个思想界，甚至其中最富有创造性的一部分，都处于一种视野狭隘的状态中。它醉心于西方的成就。为西方的思想成果所吸引而神魂颠倒。甚至日本、苏联和中国，虽然它们各有千秋，产生过许多富有创造性的思想家，但仍

然十分重视西方，尽管不仅仅出于政权或者军事与战略的考虑。
它们面对西方的灿烂光辉，目瞪口呆。它们缺乏思想上的自尊与
自信。"在某一层次上，Shils 视西方为世界的思想中心，把西方之
外的一切都视为"外省"（provinces），是十分正确的（而且无需
为此在论争中采取一副被动防御的姿态）。但是他没有看到在另一
层次上正是西方处于一种"闭塞状态"（a state of provinciality）。
这是因为在近代世界的所有文化中只有西方没有体验过在自身之
外还存在着一个中心，并在某种意义上为之"目瞪口呆"。见
Edward Shils，*The Intellectual Between Tradition and Modernity*：*The
Indian Situation*（The Hague：Mouton，1961），p. 13。

第三章　帝国主义：是现实
还是神话？

　　研究 19～20 世纪中国历史的美国学者使用"帝国主义"
一词时有两种基本含义。一些思想比较激进的史学界成员从毛
泽东的著名论断——"中国近代史是一部帝国主义侵略中国，
反对中国独立与发展资本主义的历史"[1]——得到启发，从比
较宽泛的含义来理解帝国主义，认为它是鸦片战争到共产党胜
利这一个世纪中中国种种问题的最后根源。本节这种看法称为
帝国主义取向（imperialism approach）。另外一些史家则虽然
激烈反对这种包罗万象的看法，却十分愿意承认帝国主义曾起
过某种有限度的作用，特别是在政治领域。在论战中双方在许
多地方都涉及近代化理论——它的起源、基本前提与思想
作用。

为帝国辩护：作为意识形态的近代化理论

　　在第一章中，我把研究中国近世史的"近代化"取向，
基本上作为一种理论的或分析问题的构架（construct）加以讨
论。我曾指出这种构架虽然主要是美国社会科学家直到二战后
才正式形成并予以阐明的，但是隐藏其中的有关西方、中国及
文化演变的基本假设则可上溯至 19 世纪甚至更早些时候。由
于这些假设通过微妙，往往是隐蔽的方式严重歪曲了我们对中
国历史的理解，我最后纯粹出于理论上的缘由，建议放弃近代

化理论及其全部术语。

到了六十年代末，美国在军事上日益介入越南并引起了强烈反响，这时有人出于完全不同的一套缘由，向研究 19～20 世纪中国的近代化取向提出挑战。首先发难的是詹姆斯·佩克（James Peck）。他在 1969 年 10 月号的《关心亚洲学者通讯》（*Bulletin of Concerned Asian Scholars*）上开了第一炮，发表了《花言巧语的根源：中国动态观测者之职业性意识形态》（The Roots of Rhetoric：The Professional Ideology of America's China Watchers）一文。他主张近代化理论并不只是一种根据不足然而无害的理论构架，而且是美国的主要中国问题专家用来为美国战后在亚洲的政治、军事、经济干涉进行辩解的意识形态构架。[2]近代化理论强烈反共，代表上层社会，认为改变社会的最好办法是改良而不是革命，对美国的制度、价值观念及其道德上的终极优越性无限自信，隐含地（如果不是明确地）支持美国在世界各地的利益，因此它就必然一方面对中国革命采取冷漠、敌视，至少是傲慢不恭的态度，另一方面，对美国帝国主义的种种现实表现，采取沾沾自喜、拒不认账的态度。此种理论根本无法解释中国。但是更加狡诈的是它为美国开脱，使美国的残暴行径合法化，并掩盖了美国权势在战后世界的真正性质与目的。

99　　　　根据佩克的看法，中国问题专家们的这种近代化取向不仅掩盖了美国帝国主义当今的罪行，而且对它在中国过去一百五十年的历史中所起的作用也未能认真对待。他说："在不断演变的世界中发生了一场文化冲突——这就是中国专家们理解中国与西方对抗的出发点。这样，'我们就看到了塑造东亚近世史的两种主要因素：一是大部分从西方引进的近代化势力，二是当地的传统'。既然外来的刺激如此相似，而各国的回应却如此不同，'那么在这种挑战－回应的情势中，比较重要的因素就应该是当地人如何对外来刺激做出反应'。[3] 既然，'对中国和日本来说，外来力量几乎完全相同'，[4] 我们就应该把注意力集中在本土传统的内部特点上；要了解为什么有的国家做出了有效的反应，有些国家则不然，其关键就在于此。"

"这种把注意力集中在内部因素的做法，显然带来了下一问题：到底是哪些传统的价值观念推动或阻碍了这种适应过程呢？回答这个问题的最明显办法，是把一个成功的社会（日本）和一个不成功的社会（中国）加以对比。于是，这套理论接着说，中国自认为是'世界的中心'，她的社会自给自足，她的文化孤立而自成体系。可是，面对19世纪欧洲的巨大财富与威力，中国的传统文化'辜负了她的期望。过去的一套做法根本应付不了近代世界'。[5] ……正因为中国文化完美无瑕，'混然一体，结构稳定，这就从根本上妨碍它向西方的威胁做出迅速回应'。[6] 以此种不可避免的文化冲突为依据来认定一个社会蹂躏了另一个社会，就等于忽视这场对抗的更加深刻的本质。"

佩克接着说，在中国问题专家们看来，帝国主义这个概念是一种幻想，一种神话，一副消除心理创伤的止痛药膏，给中国人带来感情上的安慰。因而可以理解为，中国人感到在19～20世纪蒙受了强烈的羞辱，需要找一个比"近代史"更加具体的对象来发泄这股怨气。所以，帝国主义是中国人脑子里想象出来的。它不是真实的。

针对这种看法，佩克提出帝国主义不仅是真实的，而且是解释过去一个半世纪中国历史的关键因素。他对于"美国的

100

中国观测者相信中国长期遭受西方列强主宰的主要原因是内部因素", 提出质疑。反之, 他像杰克·贝尔登 (Jack Belden) 一样, 认为 1949 年前 "中国革命始终未能实现, 原因很简单: 外国帝国主义实在太强大了, 它不允许中国人民掌握自己的命运"。[7] 他批驳了中国专家们的论点, 根据这种论点, "中国和日本不同, 由于它缺乏必要的文化背景, 因此在西方帝国主义的进攻前, 首当其冲"; 他认为相反的看法更加接近实际, 即 "中国由于对西方的冲击首当其冲, 因此无力做出回应", 而 "日本之所以能逃避帝国主义的控制, 部分是由于她的外在环境具有某种独特的格局", 并不是由于日本的传统文化对来自西方的革新具有特别的接受能力。

最后佩克指出: 虽然近代化理论和帝国主义取向两者都 "强调西方经济势力对中国的入侵", 但是前者坚持这种入侵是有益的, 而后者则认为是有害的。例如, 赖肖尔就主张一度沦为殖民地、半殖民地的亚洲国家所经历的 "经济悲剧", "与其说是由于它们吃了'经济帝国主义'的苦头, 不如说它们那里以大量西方投资形式出现的'经济帝国主义'实在太少了"。[8] 佩克则反驳说, "帝国主义理论认为资本输出和控制国外市场是外国统治的传统手法", "甚至贸易本身也'容易产生反作用, 它助长维持现状、压制进步的势力'。"[9] 总之, 国际的经济体制, 对非西方国家的近代化毫无好处; 相反, 它提供了一种使近代化几乎无法进行的对立的环境。[10]

101 费正清是佩克攻击的主要目标, 他在 1970 年 4 ~ 7 月一期《通讯》上发表了答复。他赞扬佩克的文章 "带来了值得欢迎的批评气息", 并承认 "我们的整个舆论气氛正发生新的变化。最大的祸害似乎来自过度的扩张, 来自'美帝国主义',

或者最少也是来自美国国内，即来自我们自己"。不过，他批评了佩克的论点中那种泾渭分明、非此即彼的提法，怀疑这种提法是否就能使我们"更加接近现实情况"。

费正清揭出了几个具体论点。他批评佩克，说他在区分"近代化"与"革命马克思主义"时不够确切，认为把两者作为思想上非此即彼的两种事物是不对的，因为事实上并非如此。费正清指出近代化理论实质上是属于学术范围，"是点滴集成，并以分析为主旨的"，是远离中国的人们用以了解中国发生的事情的。至于革命的马克思主义则是"更加统一的整体，以行动为主旨的"，是亚洲国家的人民为了推进自己的革命而采用的一种主义。而且费正清认为，近代化与革命的马克思主义即使作为理论探讨的依据，是否真正就是非此即彼的两种事物，也值得怀疑。反之，他宁可把两者的不同，看成部分与全体的不同。"马克思－列宁主义作为一种理论"，"只是解释近代历史现象的多种广义的近代化理论之一而已"。

佩克认为美国的中国问题专家是美国官方对亚洲现实世界形成看法的帮凶与唆使者，在费正清看来这种观点是不可理解的，他说：

> "中国动态观测者们"并不是美国政府，甚至于也不属于"统治阶层"；其中许多人（如果不是大部分人）在过去二十年一直是美国政策的批评者，并不是它的支持者。我感到佩克先生为了使自己的观点泾渭分明，把约翰·杜勒斯（John Foster Dulles）的幽灵和所有中国问题专家混为一谈；可是尽人皆知，这些专家的看法曾受到这位老先生的谴责。把两者结成夫妻是不伦不类的，如果佩

102

克先生坚持这样做，可以肯定，他们将会继续同床异梦的。

费正清接着就帝国主义问题发表了看法，他指出美国史家研究 19 世纪中国有一种向"内、外"两方面反复摆动的现象。在 20 世纪初期，马士（H. B. Morse）发表《中华帝国对外关系史》（*International Relations of the Chinese Empire*），表明那时我们把注意力过多地集中在外在因素上。马士的著作在当时虽然是"对近代中国最周全的一部历史"，但基本上是一部"以外国文献为依据的蓝皮书式的历史"。它强调的是"对外的战争与条约，外国人在中国做了哪些事"。到三十年代，出现了反动，一代新的中国问题专家诞生了（费正清谦虚地未提到他自己正是这一代专家的带路人）。他们想了解中国方面到底都发生了哪些事，"引导人们去研究中国对西方的'冲击'做出什么'回应'，开始向'内'的方面摆动"。后来，对内部因素的兴趣"更进一步发展，不仅研究'近代化'问题，而且研究主要的传统制度、本土的叛乱、省一级的发展、思想史，等等"。

但是，如今费正清感到又开始向"外"的方向摆动了。爱国心很强的中国人，包括各种不同的政治信仰，"都有一种遭受蹂躏、满腔悲愤的感觉，这显然部分是因为'中央之国'的光荣已一去不复返"。于是，马士引经据典描述的"帝国主义"就在他们对过去的看法中显得重要起来。随着我们进入七十年代，"帝国主义"对美国人说来也变成了"议论纷纷的话题"。如果我们还想驾驭住我们在 19～20 世纪的向外扩张，并在 21 世纪继续生存下去的话，我们就得正确理解这种扩张。

"今日，我们像恶性肿瘤一样在生长扩散，帝国主义作为这种扩散的一部分，它本身就足以构成生死攸关的重大课题。至于我们理解它时打的是'近代化'、'革命的马克思主义'，或者仅仅是'国际关系'的旗号，或者三个旗号同时使用，都是次要的问题。"[11]

佩克在同期的《通讯》中发表了对费正清的反驳，坚持原来的立场。他指责费正清，说后者的答辩不仅没有驳倒反而证实了他的立论，因为费正清在自己答辩过程中恰好揭示了为什么各种中国专家的意识形态都变成了"花言巧语，掩盖现实的工具，变成了正确理解现实和采取有意义行动的障碍"。

佩克坚持认为五十年代美国自由主义的中国专家和当时的右翼理论家是一丘之貉。因为他们尽管争吵不休，但对美国与整个世界看法的基本前提是一致的：

　　不论（他们）之间争吵得如何激烈，结局都是越来越积极地介入反共十字军，都是就策略而不是就基本前提进行争论，这种争论只是在意识形态上为美利坚帝国进行不同的辩解而已。他们都接受反共的观点，都对世界采取说教式的两极分法，都美化美国的权力，从而为美国担任世界宪兵以及建设其他国家的首领寻找借口。这一切把他们之间的冲突化为一场为了实现基本上乃右派之世界观时究竟应采用何种手段的争论……这就是为什么我们甚至于可以把这批自由主义的美国的中国专家和杜勒斯结成夫妇（而他们也能同床同梦）的原因。

为了证明他的论点，佩克在自己的答复中用大部分篇幅分析了自由主义者和保守分子同持的三个"观点"，或三个进行

103

"描绘、评价的出发点",即"遏制"、"建设其他国家",以及"集权主义"的中国。

这三个被广泛接受的观点恰好吻合积极介入反共十字军的做法。三者都滥用语言,混淆视听,使人们对亚洲的现实认识不清,无法对美国的权力与作用进行本质上是批判性的分析。这些专家高谈阔论的是美国的国际责任和全球作用,而不是美利坚帝国;是近代化与建设其他国家,而不是帝国主义和新殖民主义;是非暴力演变与社会稳定性,而不是反革命与暴力的制度化;是外国援助与经济投资,而不是国际资本主义的体制。[12]

104　　激进派对中国研究领域的批判:一种评价

佩克的攻击象征着美国的中国研究领域发展过程中一个重要的转折点。在五十年代和六十年代的大部分时期,在基本前提和所关切的问题上,大家的意见的确大体一致。当然也有过小规模的战斗——人们会想起魏特夫和史华慈关于"毛主义"（Maoism）的争论,或者列文森和恒慕义（Arthur Hummel）关于史家应如何看待个人在历史中所负之责任的争论[13]——但是这些争论涉及的理论问题范围较狭窄,而且从来没有升级为大规模的论战。1964 年《亚洲研究学报》（*Journal of Asian Studies*）编者为论文集"中国研究及诸学科"撰序时不得不向读者表示歉意,因为"作者之间意见的一致超过原先估计,不甚理想"。[14]在这个时期,似乎无人想到需就整个领域提出疑问:我们都在做些什么?我们将走向何方?这种现象根据海登·怀特（Hayden White）的看法，实际上反映了渗透整个美国史学界的一种抗拒自我分析与批判的阻力。[15]

随着六十年代逐渐消逝，人们对这种舆论一致的状况日益感到不妥。在美国国内，特别是年轻人中，自我批评普遍流行。美国以自由与荣誉的名义在东南亚做出的可怖行径开始使许多人深感不安。越南不只是美国亚洲专家的悲剧，而且成了整个美国的悲剧。不过这些专家中许多人由于自己的专业知识，感到特别有责任发表自己的见解。有些人为这场战争辩解。许多人虽然仍持比较温和的看法，而且未能触及根本的前提假设，却逐渐变成战争的批评者。（正是这部分人认为越战"是在错误的时间，错误的地点，打的一场错误的战争"。）还有一些人，主要是研究生和年青的学者，认为有必要就那些使我们陷入印支泥坑不能自拔的前提假设，展开更加激进的批判。他们组成了"关心亚洲学者委员会"，并在 1968 年开始出版《关心亚洲学者通讯》。詹姆斯·佩克代表的正是这一批人的呼声。

佩克笔锋犀利，矛头所向震撼了整个中国研究领域。由于作者是一位年轻的社会学研究生，却敢于向大批史学界老前辈提出挑战，使该文具有某种令人振奋的特色。同时，佩克组织这场攻击的方式也不可避免地在读者中引起某种程度的神经质的反躬自问。佩克没有把他所审查的那群"中国动态观测者"的范围划得很清楚，这就使没有被点名的人（包括我们这些人的大多数）不安地自忖到底自己是属于上帝的选民，该进入天堂，还是该被打入地狱——或者是被宽大处理，允许留在两者之间的类似炼狱的地方。

费正清是为被打入地狱的人说话的，他当时有所指地提到

"美国人常有一种内疚感"，而佩克这一代人就"不幸"染上了这种内疚病。他认为不管佩克的义愤如何合情合理，也不管这种义愤作为"实行新政策的依据"如何有用，历史不是单纯依照道德感情向前发展的。"'美帝国主义'（有）某些可憎的特点并不意味着'共产主义'或者'革命的马克思主义'就必然没有某些可憎的特点"。对一方进行分析批判不应就必然将他方理想化。费正清最后指出，佩克"最关心的并不是理解中国的现实，而是反对美国帝国主义"。不过，佩克自己肯定会申言两者是不可分割的，正是掩护美国帝国主义的近代化理论阻止了美国人更正确地理解中国革命。但是，无论如何不甘心，佩克也不得不同意费正清的看法，即佩克现在"不仅是一位中国观测者的观测者"，他本身也是一位中国观测者。[16]他对中国历史的看法也必须受到严格的审查。

106 　　佩克的立场具有的比较奇怪的特点之一是：他和自己所攻击的"冲击－回应"取向与"近代化"取向同持若干根本前提。当然，它们之间也有不同之处，但是这种不同更多的是涉及评价问题，即整个画面的这一部分或那一部分是"好的"还是"坏的"，是应予肯定还是应予否定，而较少涉及整个画面本身的问题。

　　首先，在佩克看来，中国社会在 19 世纪早期受到西方帝国主义全面冲击之前，不仅停滞不变，而且显然无力独自产生任何根本变化。在佩克和倪志伟（Victor Nee）1975 年合编的一本书中，初看起来他似乎持相反的看法：

　　　　有人把中国说成是平静无波、温文尔雅，只由于西方的冲击才点燃了 20 世纪社会革命与民族主义革命的熊熊

烈火；是个安详的巨人，厕身光芒耀眼的文化，才被外来
思想从几千年的昏睡中催醒；是个稳定平衡的社会，其历
史节奏宛若四季运行，循环不已，但最后却被西方侵略全
部打乱——这套看法实在是荒谬绝伦。隐藏在绅士阶层的
温文尔雅和朝代兴衰更替底层的是"一长串绵延不断的
农民暴动"。……在中国漫长的历史中，激烈的斗争和残
酷的剥削是历史的常规而不是它的例外。

显然，佩克这段话真正想说明的是 19 世纪前中国绝不
像某些西方人所想象的那样是一片太平乐土。它并不是想说
明中国社会曾经历重大变化。实际上，他的看法恰恰相反。
在几页之后他明确指出："中国农民从来未能把中国推上对
自己更加有利的新轨道……贯穿中国历史的极为重要的农民
起义最后只能把已有的财富进行大幅度的但只是短期的再分
配，而不能使社会产生根本改变。"[17] "尽管农民起义打击
了当时封建统治政权，中国社会的政治与经济结构基本上原
封不动。"[18]

总之，佩克想用雄辩的语言表示自己和中国历史循环论无
缘，但是他给我们描绘的那幅历史画面，尽管狂飙屡起，骚乱
丛生，实质上还是一部循环不已的历史，一部淹没在血泊中的
毫无新意的历史。只有随着 19 世纪西方的入侵，带来了史无
前例的财富与威力，中国才有真正的可能产生"根本变化"。
他说：

在 19 世纪早期，西方资本主义扩张的浪潮冲击了中
国的海岸，给中国历史带来了划时代的危机。中国与外界
相对隔绝的状态终于告终，政府的贪污腐化更加盛行，行

政管理效率越来越低，农民起义不断爆发，由国家兴办的公共工程体制开始瓦解。另外，人口的空前增长是一个新的不祥之兆，说明在中国传统社会的深处正在酝酿一场危机。甚至在第一次鸦片战争（1839～1842）英国取得胜利之前，不断加深的内部危机已和西方的经济入侵交织在一起，并因之而严重恶化。如今的问题再也不是来自北部与西北部塞外边疆的、可能被同化的夷狄的威胁。新的入侵者不仅拥有更精良的武器，而且掌握了西方工业革命释放的巨大威力，这种威力注定要破坏中国自给自足的农业经济基础，及其传统的文化与价值观念。[19]

因此，是西方给中国社会的巨变创造了前提，而且在佩克看来也只有西方才能够创造这种前提。但是，一旦创造了这些前提，西方就开始有效地阻止任何不利于自己的变化。为此，它一方面支持"保守"与"落后"分子诸如自强派人物，"这些人想保存中国的封建主义"；另一方面它也促进了新兴的社会集团与势力的诞生，而这批人尽管"痛感帝国主义向中国索取了沉重代价"，而且"保存传统的儒教国家对他们并无多大好处"，却无意中帮助西方打下基础，使帝国主义得以进行甚至更加深入的渗透：

108

　　　　不论改良派还是革命派都只抨击西方帝国主义和日本军事入侵的直接的表现，而忽略帝国主义势力比较隐蔽的渗透渠道。其实，他们所主张的那些改革只会使中国越来越全面地陷入国际资本主义经济的泥沼中去。"近代化部门"的不断扩张，交通通信的改进，中国海关的近代化，中国银行体制的发展，所有这些对于正在形成的越来越精密化的帝国主义体制都是必需的。[20]

就像以前的自强派，"凡是想学西方的人都遭受西方的统治。中国仍然面临进退两难的困境：如何才能既利用西方资本主义的改革方法与意识形态，又能摆脱外国统治，赢得独立呢？"根据佩克的回答，这是不可能的。所以当解放终于到来时，它是由一个革命运动领导的，这个运动针锋相对，奋起反对帝国主义，扎根于帝国主义力量最薄弱的中国农村，[21]而且是在二战及其余波未平的时期发展起来的，在这个时期里，在中国的帝国主义势力不是在互相残杀就是处于战败或一片混乱之中。

虽然佩克和列文森、费正清等人一样认为西方对中国的冲击是一场"灾难"，但他认识到中国"在 19 世纪面临尖锐的内部危机"。他不像列文森那样认为中国社会的一切问题都来自西方，也不像费正清、赖肖尔和克雷格那样当中国的"转变"终于到来时，将之直接归功于西方；相反，他争论说是中国共产党"几乎独自地……发展了一套革命的理论与实际，用以打破不是暴乱横行就是消极容忍的传统格局"。[22]但是另一方面，佩克又认为革命本身首先就是西方入侵的产物。在此点上，佩克是十分明确的，他把这场革命描绘为"一个持久不断的历史过程，其根源在于中国对 19 世纪中叶西方扩张主义的冲击所做出的反应"。[23]这种说法突出了中国近世史中外来因素的决定作用，显然是符合了芮玛丽所谓"来自外部之革命"的理论。同时，此种看法还反映在佩克深信中国痛感有"全面转变"之必要（如果不是这种转变的本身）是由西方直接造成的，因为正是西方在 1840 年后使"中国的文化与

109

生存……岌岌可危",并且"用暴力"向中国指出,"她的种种做法……都是故步自封,作茧自缚"。[24]

虽然在某一层次上,佩克把西方描绘成两面人,既是19~20世纪中国产生根本变化的根源,又是它的障碍,但是在更深的层次上,他似乎深信,没有西方入侵,革命根本不可能发生,中国社会也就永远停滞不前。这种看法给佩克的分析提出了一个难题。既然他似乎相信在西方到来之前,中国社会尽管渗透着痛苦与剥削,仍然不能自动产生变化,他就不可能像有些人那样,理直气壮地宣称没有西方,中国的日子会更好过些。但由于把西方帝国主义完全视为一种剥削与消极的现象,他也不能认为有了西方,中国的日子就更好过些。

上述的窘境更集中地反映在佩克对中国"未发达"状况和世界经济体制之关系的理解上。在与费正清辩论时,他曾反复解释中国社会的"未发达"状况并不是自发产生的,而是中国被西方帝国主义吸收到世界资本主义体制之中所造成的。可是几年之后,我们发现佩克又争论说即使在19世纪以前,当中国社会(据他说)和世界经济体制还比较隔绝时——因此按理说即还未进入"未发达"状态时——中国已经处于似乎无穷无尽的悲惨境遇之中,无力产生"根本的转变","它的政治、经济结构千百年来……基本未变"。

110 有人可能会认为我把佩克限制得太死了,其实是佩克把自己限制得太死了。他曾承认19世纪中国存在着内部危机,并且特别指出当时人口增长是"史无前例"的。如果他能更深入地研究这个危机,就会发现在鸦片战争时期,中国已经在发生根本变化,其中较为重要的如东中部沿海地区的城市化、经济的货币化、识字率的不断提高、绅士阶层的不断扩大,以及地方管理职能的商业化，等等。而且由于这些变化已不断积累数百年，所以如果佩克想更充分地了解它们，就得更加重视内部的因素，而较少地把注意力放在西方扩张主义的冲击上（按他自己估计，这种冲击只有在 1840 年后才变得非常重要）。而这一点则恰恰是佩克所不肯干的。

问题是：为什么他不肯干？佩克不愿意（或者无能力）认真探讨内部因素的原因之一，是他对中国历史采取了极端的目的论的看法。在这点上他和列文森、费正清等人有相似之处：后者认为在中国帝制晚期唯一真正重要的变化是导向"近代化"的变化；和他们一样，佩克也认为唯一重要的变化是最后导致"革命"的变化。但既然佩克认为这场革命如果没有西方对中国的冲击就不可能出现，他感兴趣的唯一变化就只可能是由于西方冲击而直接或间接产生的变化。

佩克贬低内部因素之重要性的第二个原因，是他的道义与心理的总框架。对美国战后在亚洲的行为他不仅深感悲痛，而且义愤填膺，因为在他看来是极端愚蠢之处，美国学者竟认为是明智可取；在他看来是极端残暴野蛮之处，美国学者竟认为是仁慈宽大。这一切都驱使他把西方的扩张主义，作为左右 19～20 世纪中国历史的关键因素。在这种情况下，如果再强调内部因素，就等于放走了西方国家，特别是美国，让它们逍遥法外。而这一点正是佩克在道义上所不能容许，在感情上所不能忍受的。但是在历史家看来，这种立场的弱点在于它在方法论上是站不住脚的。作为一种有待经验事实证明的假设，认为西方帝国主义在中国近世史上是首要因素的看法，是完全无可非议的。但是作为一种"已知"，由于既是"已知"，就无须证明，则是一种非历史的无稽之谈。

111

佩克贬低内部决定因素的第三个原因，是除了资本主义萌芽这一重要的（但仍有待澄清的）问题之外，[25]内部因素在当时流行的中国史学中几乎没有受到注意，而佩克的整个取向则几乎完全建立在这种史学的基础之上。费正清很可能会认为，佩克几乎盲从于当时的中国史学，正说明美国人有一种恒定的倾向，即把自己和美国威力的牺牲者（不论是真实的还是想象的牺牲者）过分地视为一体，以抵消自己的内疚或有罪感。不管佩克动机是什么，他始终未能在任何重要方面，摆脱中国史家当时研究中国历史的通用的取向（顺便一提，他也未能摆脱这种史学的分期，后者把鸦片战争作为"近代史"的开端，认为在此之后西方冲击就具有压倒一切的重要意义）。[26]这样，他就易于遭受"文革"时期中国史学所遭受的一切批评：极端的目的论的性质，史实根据不足，滥用一些概念不清的标签（诸如"封建主义"），以及终于默认了从 19 世纪西方流传下来的"停滞－西方冲击－转变"的变化模式。[27]

帝国主义取向的新版：世界经济论

虽然佩克提出的思想挑战在七十年代前半期曾偶然得到重申，[28]但是直到 1977 年社会学家弗朗西丝·莫尔德（Frances Moulder）发表《日本、中国和现代世界经济》一书（*Japan, China, and the Modern World Economy*）时，才有人用整本书来系统阐述帝国主义取向。莫尔德的研究在学术界引人注目，部分是因为它敢于破坏偶像；部分是因为它首次认真应用伊曼纽尔·沃勒斯坦（Immanuel Wallerstein，莫尔德的导师）的观点来研究东亚史。[29]这本书一开始就提出一个问题，即为什么日本是唯一的非西方国家最后变成了重要的工业资本主义国家。她集中精力进行中日对比。和佩克一样，莫尔德注意到研究这个经典问题的大部分学者都假设日本、中国和其他东亚国家在19世纪承受的西方冲击基本上是相似的，因此它们反应相异"势必主要是因为这几个传统社会各不相同"（赖肖尔与费正清语）。[30]

莫尔德把这种强调内部社会文化因素，认为它们是解释国家能否"发达"之主要变数的看法称为"传统社会"理论。传统社会理论认为世界经济所发挥的作用基本上是有利的，和这种经济合并可以对传统社会的发达"起推动作用"，并认为正是非西方社会对这种合并开放不足——这种开放不足是这些社会的内部构造引起的——才造成它们的不发达状况。另外一种对不发达的解释，莫尔德称之为"世界经济"取向，它认为"工业资本主义国家对非工业国家的发达基本上起阻碍作用，而不是促进作用"，并把未发达状态"看成是未发达国家在世界经济中从属的或卫星的地位造成的，而工业国家则从这种世界经济中得到了过多的额外利益"。[31]

莫尔德这本书的目的是说明虽然过去赞成世界经济取向的学者（如保罗·巴兰［Paul Baran］）在解释为什么19世纪日本发达起来而当时的中国却未能发达时所阐述的理由不够充分，但是这个理论本身基本上是正确的。日本的发达并不是像传统社会理论家们所说的那样，由于它具有独特的社会文化特点，而是因为它在世界经济中占据相对独立的地位。另一方面，中国未能发达，则主要是因为它已被合并到世界经济体系之中，成为从属于这个体系的卫星。

莫尔德的研究共分三部分。在第一部分中她争论说："传

113

统社会理论家一方面夸大了清朝中国和德川日本之间的区别，另一方面又夸大了德川日本和早期近代欧洲社会之间的相似之处。"固然，她并不否认日本与早期的近代欧洲"在政治结构上有某些相似之处"（如"封建主义"），但她仍然坚持，从总体上看"日本的政治、经济与社会的发展过程更接近于中国而不接近于欧洲"。[32]

我对莫尔德这部分论点的看法是比较复杂的。正如本书第一章所主张的那样，我同意在西方冲击到来前夕，中日之间确有许多重要的相似之处，而研究东亚的专家们未能从更加广阔的历史比较研究角度出发，扩大自己的视野，往往容易忽视这些相似之处而夸大两者之间的对比。莫尔德提醒她的读者，中国和日本都是"基本上农业的"社会，这两个社会中的农民，"大体上采取同样的方法生产同样的东西"。她还认为，在19世纪以前，两个社会都经历了类似的社会与经济演变过程，尤其是农业生产率不断增长，人口增加，交通改善，"粗放式"的商业化过程四处扩散（莫尔德把商业化区分为"粗放式"和"集约式"两种，后者的标志是地区经济的自给自足消失较快，交换关系对生产起较大的支配作用），对外贸易的扩张（随后又相对地削减），以及商业化所带来的种种社会变化。

莫尔德同时还主张中日之间政治发展的进程也有不少基本相似点，它们彼此之间的共同点和它们各自与欧洲"发展模式"之间的共同点相比要多得多。虽然日本是封建的国家，而中国是个帝国，

但是这两个国家都没有向中央集权的民族国家发展的趋势。不论在中国或日本，政治都没有和国民经济发生像

欧洲那样主动的重商主义关系，而这种关系本可积极促进全国工业化和"集约式"的商业化。两国都没有一种其规模堪与欧洲相比的，通过增加军事开支以及迅速扩大国家机构，来促进资本积累的现象。

就国家发达过程的政治框架而言，莫尔德的结论是（这里她引用了巴兰的话）：在西方入侵前夕"日本和亚洲其他国家相比，发展经济的条件是同样有利的，或者更确切地说是同样不利的"。她推测，如果没有西方，日本封建主义的种种矛盾"极有可能按照中国的榜样，通过建立帝国结构加以解决"。在她看来，在没有西方冲击的情况下，日本依靠自己向工业资本主义发展是"几乎不可能的"。[33]

到此为止，莫尔德论点的逻辑性应该说是相当清楚的。根据传统社会理论家们的看法，19世纪中日两国发达情况形成对比，只可能用两个社会内部情况明显不同来解释。因此，如果能证明这种内部的不同根本不存在，而且恰恰相反，中国和日本是沿着平行的，甚至越来越集聚的方向向前发展，传统社会取向中的一块关键性的基石就被打碎，这一整套解释的可靠性就大成问题。在审核莫尔德这套论点时必须探讨的关键性问题，并不是她关于平行或集聚发展的笼统的提法是否有足够根据——它很可能是有根据的——而在于同意这种看法是否就等于否定中国和日本之间还可能存在着一些重要的乃至起决定作用的内部不同点。

我认为两者并不相等。我的根据有以下几点：第一，在主张19世纪中叶中日两国是基本上相似的社会时，莫尔德在她的分析中很轻易地略去了一个领域——价值、信仰与世界观的

115

领域；[34]对这个领域传统社会的理论家往往十分重视，而且认为 19 世纪中日两国间某些最重要的不同点就存在于这个领域中（如两国对引进外国事物采取的不同态度就是一个常被引用的例子）。

第二，即使在莫乐德所考察的领域中，她的立论也显然有偏袒之处。此点可在她处理某些缺乏确切资料，争论甚多的问题时，看得比较清楚——关于帝制晚期中国的社会变化就是其中一例。在处理这类问题时，她往往从一些经过大量诠释的第二手资料中抽出有利于自己论点的分析，然后不加说明地将这种分析作为"证据"介绍给一般读者。[35]在另一些情况下，特别是在她讨论德川时代的日本和清代中国的政治结构时，莫尔德由于一心想证明，中国或日本都缺乏必要的条件从内部产生工业资本主义——这些条件当然正是近代初期欧洲产生工业资本主义的条件——而不得不在给这两个社会的政治、经济发展之模式下定义时，从它们所缺乏的一面着手，她说："尽管日本采取的形式是封建的，而中国采取的形式是帝国的，但是如果把它们和西欧社会的发展比较，则中日之间的发展模式就显得大同小异了。"[36]仔细的读者不难看出这种分析手法和本书前章所指出的动物学上的错误定义类似，根据这种定义，鸟（中国）和鱼（日本）被认为是一样的，因为它们都不是猴子（西方欧洲）。

莫尔德的分析缺乏说服力的第三个理由是，她的立论过分笼统一般，不适应她所探讨的问题的要求。我们完全可以认为在东亚文化领域中，各社会之间存在着某些笼统的相似点——但它们未必就是莫尔德指出的那些相似点——并认为这些相似点从长期看来，对所有这些社会的经济发展都发生过促进作用。但是从短期看来，这些社会各自的"发达进程"之所以不同，则可能更多地取决于特定的历史势力以及各种历史事件的巧合。诚然，如果我们说不管中日之间共有的社会、经济、政治和文化的一般特点是什么，19 世纪中叶这两国内部的具体历史进程总是很不相同的，这当然是不困难的。问题在于这些不同到底有多大的决定性作用。

在讨论这个问题之前，让我们先回到莫尔德的论点。莫尔德在她著作的第一部分中驳斥了那种认为在西方冲击的前夕中日社会根本不同的观点后，在第二部分，她接着争论说西方冲击的性质——或者按她的术语说，即"合并于世界经济的方式"——在这两个国家是完全不同的。

莫尔德的论点中最关键的一个构件是所谓"合并"（in-corporation）。但是她对"合并"的含义及其过程的解释却有些令人不知所云。根据她的定义，"合并"是一种政治 - 经济现象，是由四种因素控制的：卫星国与宗主国之间的贸易额与性质；宗主国在卫星国的投资额与性质；政治入侵的程度；以及传教士渗透的程度。不幸的是，莫尔德从来没有讨论这四个因素在决定被合并的过程中相对的重要性究竟如何。例如，香农·布朗（Shannon Brown）就问道："传教士的人数翻一翻是否就和投资总额翻一翻同等重要？"或者"一美元的投资是否就和一美元的贸易同样重要？"[37] 更加令人不解的是，她坚持认为"一个社会作为卫星国（和其他卫星国相比）被合并（入宗主国）的程度，可以用这个社会（和其他社会相比）对宗主国在经济与政治利益上具有多少重要性来衡量，而不能反过来用宗主国对这个社会的政治与经济的重要性来衡量"。莫尔德承认，假如反过来是正确的，"就有可能说中国被合并的

117

程度比日本（或其他地区）都小，因为中国每人平均的对外贸易额或外国投资额比日本的都小"。不过，尽管她觉得这种假设"饶有趣味"，她仍然坚持自己的看法，因为"从关于发达问题的政治经济学观点出发……卫星国对宗主国的重要性决定宗主国为了控制卫星国愿意战斗到什么程度，而这一点又决定了卫星国人民为解放自己，发展民族经济将面临多少困难"。[38]

在军事上，这种手法叫作"迂回包抄"，不过，在历史的学术研究中靠"迂回包抄"不是那么容易过关的。按照莫尔德的办法给"合并"下定义，她就可以干脆利索地甩开美国经济学家与经济史家迄今发表的大量文献（本章下文将谈到这些文献），根据这批文献，西方帝国主义在 19~20 世纪对中国产生的经济作用是很小的，有人甚至断言是有益的。其实，莫尔德是熟悉这批文献的，并曾大量引用了其中的资料。不过，她始终没有正视这些文献的作者从他们的资料中得出的结论。有了她自己对"合并"所下的定义，把重点放在卫星国对宗主国的经济重要性上，而不是反过来放在宗主国对卫星国的经济重要性上，她就根本无须讨论这些结论了。

莫尔德定义的主要错误，在于这个定义的基础是对人类政治行为及其与经济利益之关系做了过分简单化的理解。有两个例子可以说明这个问题，一个是关于外国在中国的投资，另一个是关于传教士的活动。

在 20 世纪的早期，中国政府急于开发东北边疆，并想抵消俄国与日本的入侵。为此，它对美国在东北的贸易与投资做出了更大让步。像中国一样，美国方面也想防止东北落入列强之手，并对该地区提供的商业机会产生兴趣。但是，正如韩德

（Michael Hunt）指出的那样，美国对中国的一系列建议不是置之不理，就是根本驳回。这种行为一部分是由于无知和种族中心造成的盲目性，它使美国无法理解中国真正的意图是什么；一部分是由于美国在东北的利益太少，不屑一顾，另外还有许多其他理由。[39]韩德的分析如果未能说明其他问题，至少可以说明东北的情况是十分复杂的，根本不能只靠对围绕政治行为的种种利害进行简单的数学计算来全面解释。原因之一是在这个问题上，美国政府对于自己的最大利益何在，在一段时间中内部意见分歧甚大。另外，如果美国当时按照司戴德（Willard Straight）、田夏礼（Charles Denby Jr.）、菲兰德·诺克斯（Philander Knox）①等人主张的更加有效、不懈地奉行以发展经济为中心的政策——这种政策曾得到中国政府的鼓励——则外国（美国）在中国投资活动的增加就很可能造成外国（俄国与日本）在中国政治控制的削弱。对这种微妙的情况莫尔德的理论是无法帮助我们解释的。

　　在莫尔德讨论"传教士入侵"问题中，也可以发现同样令人费解的现象。她告诉我们"19 世纪欧洲政府只有在感到通过传教士影响可能实现某种重要的国家政治经济目的时，才会为传教士提供他们活动所必不可少的军事保护"。她还进一步就日本断言，"由于经济利益未能逐步积累，传教士就未能像他们在中国那样得到西方政府的保护"。[40]我想让读者自己解答下面的问题：如果军事保护对传教士活动是"必不可少

119

①　司戴德（1880～1918），20 世纪初曾任美国驻沈阳总领事及美国国务院远东司代理司长。田夏礼（1861～1938），曾任美国国务院中国问题专家及美国驻上海总领事。菲兰德·诺克斯（1853～1921），曾任美国国务卿（1909～1913），以倡导"金元外交"著称。——译者注

的"，在没有这种保护时，传教士如何能在日本展开活动（而实际上他们确已在活动）；或者，中国最大的新教传教组织，中国内地会（The China Inland Mission）的领导人戴德生（Hudson Taylor）又怎么可能在 1895 年做出结论，认为在任何情况下，新教的传教士都不宜向本国政府申诉，要求索赔。

此外，莫尔德对政府动机问题也做了过分简单化的解释。法国在清末给天主教传教士提供保护，并不是因为法国在中国的经济利益，而是因为在欧洲的权力角逐。其实正是因为法国在中国缺乏真实的利益，才促使它去制造虚幻的利益，以便抵消英国的威望和影响。至于英国，它在 19 世纪的中国，确有相当重要的商业利益，可是凡是稍读这一时期官方来往文件的人都会知道，大多数的英国官员根本没有期望"通过传教士影响来促进"女皇陛下政府的政治与经济利益，相反，他们认为传教士是顺利发展中英贸易的障碍——用克拉伦顿勋爵（Lord Clarendon）的话（1869）来说，这些传教士是一些"需要提防自己的人"。① 在这种情况下，当英国的保护终于到来时，多数情况并非由于政府察觉到英国利益所在主动采取行动，而是迫于形势不得不采取行动。[41]

莫尔德著作的第二部分，主要是重复关于帝国主义在中国与日本所作所为的较为陈旧的论述。它先谈中国，接着谈日本。虽然这部分叙述由于一些错误和过分简单化，显得比较薄弱，[42]但有个优点，即突出了西方冲击在这两个国家的不同之处。它特别强调与中国不同，西方以不平等条约的形式对日本

---

① 指这些传教士由于传教狂热，在中国各地惹是生非，给英国政府带来麻烦。——译者注

进行政治入侵是发生在西方在日本的经济利益发展到相当程度 120
以前。实际上，在政治入侵开始之后二三十年，西方的经济利
益才建立起来。对于这段间隔，莫尔德采取诺曼（E. H.
Norman）的说法，称之为日本的"喘息时间"。由于这些原因
加上两国之间其他的不同，莫尔德的结论（如上所述）是，
到了19世纪末，当中国已经深深地被合并到世界经济体系时，
日本仍然保留相当多的独立自主。莫尔德这种分析有一个恼人
的问题，即她未能清楚地规定如何去鉴别、衡量这种合并——
或未曾合并——对于卫星国或宗主国所起的作用。这个问题在
全书的最后一部分发展到了非解决不可的程度。

在最后一部分中莫尔德讨论的中心问题是"日本的'喘
息时间'是否促进了它的工业化，而中国较深入地被合并入
世界经济是否就阻碍了它的工业化？"在阐述这个问题时，和
有些世界经济派的理论家相比，莫尔德较少地强调合并带来的
纯经济后果而较多地强调所谓工业化的政治支架（political in-
frastructure of industrialization）。她认为"尽管日本集中发展出
口商品的生产，尽管舶来品代替了土产，尽管对外贸易的条件
越来越苛刻，尽管出口价格不断浮动，尽管出现了进出口贸易
的既得利益阶层，而且这些阶层反对政府的税收政策，但是日
本还是工业化了"。日本之所以工业化，主要是由于出现了两
种政治情况，这些情况在西方资本主义入侵之前在中国和日本
都未曾发生过，"却是西欧近代化的一个重要方面"。这两种
情况是：（1）建立了中央集权的民族国家；（2）国家鼓励全
国工业化。这两种情况在明治时期的日本之所以有可能出现，
是因为日本对世界经济体系保持了相对的独立自主；反之，它
们之所以未能在晚清的中国出现，是因为中国已深深地被合并

入这个体系。[43]

莫尔德理论的阐述到此进入高潮，但是从许多方面看来，
这个高潮正是它最薄弱的环节。没有人会否认 19 世纪后半叶
日本出现了强有力的中央集权国家，而中国的国家机构在这阶
段却日趋孱弱。同时，尽管史家对日本工业化过程中明治政府
所起之作用的确切性质看法还不一致，但是并没有人怀疑它的
作用是极为重要的。而且大部分学者肯定也会同意就中国而
论，总的说来，国家鼓励工业化是很不够的。

莫尔德的论证到此为止一切顺利。但是当她企图找出导致
上述结局的各种因素时，问题就出来了。此时，她的理论框架
使她强烈地相信外来力量的重要性，致使她不是对史料进行公
正的筛选，并据之做出结论，而像是根据自己心中事先形成的
一套结论来衡量轻重。例如，莫尔德认为，太平天国起义是
19 世纪中叶削弱中国政府的一个重要因素。但是由于她在理
论上已承担了一种看法，即清朝政权的衰微是中国进一步合并
于世界经济的结果，因此就必须主要从合并的角度来解释太平
天国。而莫尔德恰恰就是这样做的，她写道：

> 如果没有和西方发生关系，清政府很可能会长治久
> 安，不会遇到严重挑战。但是和西方发生的关系通过两种
> 方式大大增加了大规模叛乱的可能性，从而改变了整个形
> 势。首先，贸易的扩张使全国特别是华南农民所受的苦难
> 大幅度加深；其次，它还使持不同政见的集团——包括商
> 人、下层绅士、农民和手工业者——互相接触更加频繁，
> 关系更加密切，从而促进了叛乱的蔓延。[44]

莫尔德的这一套论点有两个问题：第一，从来没有人证明

过（就我所知甚至于认真地主张过），在 19 世纪中叶以前全中国农民的苦难由于中西贸易的扩张而大幅度加深；第二，即使在造成太平天国起义的根源中，外在因素毫无疑问地发生了一定的（可能是很重要的）作用，但大多数研究太平天国的学者都会主张内部的力量也是重要的，有些人还认为它比外部力量重要得多。可是莫尔德的分析则完全略去了这股力量。

　　在莫尔德讨论日本工业化的"喘息时间"时，我们遇到了同样恶劣的玩弄历史事实的现象。让我们姑且同意莫尔德的看法，即认为明治维新主要是由于和西方接触才发生的（这个论点至少是值得商榷的）。问题在于为什么在 1870～1890 年明治年间的统治者会着手建立强大的中央集权的民族国家，并应用其不断增长的权力来促进日本工业化？莫尔德对这个问题的答案是，西方列强在 19 世纪结束以前，由于种种原因，对和日本贸易并向日本投资的兴趣一直不大，因此并没有把导致中国不发达状态的各种政治制约强加在日本身上。由于有这段"喘息时间"，日本领导层抓住了这个中国所没有的"时机"，来加速国家的中央集权并使全国沿着工业化道路前进。

　　这种论点的问题出在哪里呢？问题之一是，莫尔德没有指出明治维新胜利而太平天国失败这个事实对于"外部因素"取向造成的严重威胁。既然根据她的判断这两个运动都有"中央集权化和合理化"的倾向，而且"其目的……都在于加强国家对社会的控制"，就可据此推断如果太平天国胜利了，它就会推动中国向政治集权方向前进，使中国不至于如此易遭世界经济体系的合并，并且像明治时期日本那样去创造一个有利于工业化的环境。既然这种结果按照莫尔德的论点有损于西方列强的利益，西方按理就会采取强有力的行动帮助清廷镇压

122

123

这场运动。但是，根据作者的说法，西方并没有这样做；反之，她认为不论在太平天国运动或明治维新中"西方的支持似乎对两者的成败都没有起到决定性的作用"。[45]如果事实确实如此（在这点上我想莫尔德是完全正确的），我们岂不是只能认为在决定两者的结局中，内在因素起了关键性作用吗？

莫尔德论点的第二个问题是，她未经证实就认定日本能够建立强有力的中央集权国家，是因为它在1870年至1890年（"喘息时间"）——较少地和西方发生经济联系。但是，我们可以同样轻易地主张相反的情况（中央集权过程促进了"喘息时间"的出现）更加接近事实；或者主张实际情况是两者的某种结合；甚至主张根本不存在什么"喘息时间"，日本成功地建立了强有力的国家机构，是克服了西方经济交往带来的消极作用（不妨一提，对这种观点作者自己倒提供了某些证据）。但是为了辩论方便，我们姑且承认确实有过一段"喘息时间"，而且正是这一条件给明治时期的领导层提供了建立中央集权国家的机会。不过，即使如此，我们还得解决第三组问题，即为什么日本的统治者就会抓住这一机会，为什么一旦抓住后，他们就能如此有效地实现自己的目标。奇怪的是，这些问题，莫尔德从来没有提出过。她似乎认定，面对外国的政治入侵，任何政府都愿意尽快地把自己变为一个强有力的中央集权国家，而且在无强大外力的制约下，都会确切地知道如何完成这一任务。

莫尔德未能正视这些问题，其实是不足为怪的。因为如果她这样做，她就不得不承认，不仅外界的力量而且内部的力量也会对明治时期日本的政治与经济历史产生真正的影响（对清代的中国说来更是如此，有人认为中国在1895年前也存在着一段"喘息时间"）。而且她还不得不放弃渗透于她的整个论点的欧洲中心（Europocentric）偏见，这种偏见使她认定，在非西方社会中发生的工业化必然基本上按照西欧所采取的模式向前发展。在莫尔德的欧洲中心主义与轻易地无视中日两国内部的历史动力之间，存在着一种极为重要的联系，尽管这种联系也许不是一目了然的。因为正是由于莫尔德深信，中国人和日本人只要一有机会就会像欧洲人那样行动起来，那么苦心探索他们行动的真正缘由就成了多余之举。

不过，莫尔德片面提供历史证据并不能完全归咎于她的欧洲中心偏见，可能还由于她一直未能在自己的政治倾向与力图在学术上阐明她所谓的"经济变化之社会学理论"[46]之间建立一种圆满的关系。莫尔德从新马克思主义意识形态的角度出发，强调所有政府都根据自己的政治与经济利益行事，并认为帝国主义——西方资本主义国家在全球范围内追求这些利益的现象——是过去一个半世纪中非西方社会遇到的种种问题的主要根源。当然，这两个论点本身并不一定是错误的。但在学术研究中，对一位作者的政治信念必须提出的关键性问题是，这种信念是促进还是妨碍了认真的学术探讨。我以为，正是在这点上，莫尔德辜负了她的读者。尽管她声称自己在追求真理，但在研究过程中，她却把自己的主要主张更多地看成"已知"的事物，而不是有待考验的假设。凡不符合她的结论的证据就被抛弃不顾，而不是予以仔细推敲。史家们已经就帝国主义对中日两国的经济影响在"实据的真空"（empirical vacuurn）中进行过够多的争论，[47]莫尔德的做法只不过是给这块"真空"增添了新的地盘。

125

大象和跳蚤：壮志未酬的帝国主义

有一点必须肯定，今天，所有人——至少几乎是所有的人——都认为帝国主义是不好的，[48]而且大部分人都会同意詹姆斯·佩克的看法，即帝国主义并不是中国人虚构出来的，它带来的后果是真实的、可以衡量的。这些都不成问题。问题在于这些后果都是些什么？一方面，有些人像佩克和莫尔德把帝国主义看成从鸦片战争到二战结束中国百年历史的主要动力；具体地说，他们认为帝国主义改建、歪曲了中国的经济，迫使中国处于不发达的状态，直到共产党领导的革命赶走了帝国主义，"砸碎了把中国绑在帝国主义体系的枷锁"，才得以使它摆脱这种状态。[49]另一方面，已有一批人数相当可观的学者，多半是经济学家和经济史家，则从自己的研究得出几乎相反的结论。这批人并不是主张帝国主义丝毫不起作用。实际上，其中许多人认为帝国主义在19～20世纪中国政治和思想史中曾起过极为重要的作用，特别是促进了民族主义的崛起。但是他们认为在经济领域，帝国主义所起的作用——不论是好是坏——总的说是比较有限的。正像谚语所说的大象耳中的跳蚤一样，外国经济入侵可能起某种刺激作用，是局部性破坏的根源，而且（在一定程度上）甚至还发生了积极的推动作用。但中国的整个经济规模庞大，自给自足的程度太高，过分贫穷，外国的经济入侵不可能产生很大影响。

这批学者所批评的那种认为帝国主义带来摧毁性经济影响的看法，首先是由一批受过西方教育的中国社会科学家在20世纪三十年代提出的，但在中国一直得到广泛支持。不只是学者，而且各种不同政治信仰的代言人，如毛泽东和蒋介石都表示支持。这种看法的批评者之一侯继明，曾将其要点归纳如下：

> 第一，它强调外国经济侵略——外国在中国的贸易与投资——毁灭了手工业，破坏了农业，从而打乱了经济。第二，据说由于长期的外贸逆差加上西方企业将所得大量收入汇回本国，因此外国的贸易与投资使中国财富不断外流。第三，它强调外国在中国的企业由于竞争力太强，或者由于各自的政府为它取得的优越条件太多，致使中国人拥有的现代企业惨遭打击排挤，很难得到发展。

在抨击上述这套总看法时，不同的作者各有侧重。侯继明自己在 1965 年发表的一本书中，注意力集中在外国投资的作用上。他论证说主要由于中国人口众多，每人平均的外国投资额极低（直到 1936 年还不及 8 美元），而且这批外资主要集中在通商口岸地区，大部分直接投资于与对外贸易有关的领域（外资对农业、矿业这类初级生产部门的投资一直较少，是因为中国有关采矿的规定限制较严；外资进入农村经济也是障碍重重）。侯继明还进一步指出，来自外资的竞争对中国人占有的企业或传统经济部门并没有产生破坏作用，也没有导致出口方面的不平衡发展。相反，他的结论是：通过沟通、联系以及其他作用，"外资在 1937 年前中国经济取得的各种近代化进展中发挥了主要作用"。[50]

尽管侯继明因把帝国主义的经济作用问题再次提出，并对这些作用形成一套迥然不同的假设，受到了赞扬，但是其著作却遭到了多方从方法论出发提出的责难。谢里尔·佩耶

127

（Cheryl Payer）认为侯继明的主要论点属于同义反复，因此是无意义的，因为"分析起来，给'近代化'下的任何定义从来都不可能和外国资本的作用区别开来，这就使侯继明的论点成为无法证实的假设"。[51]佩耶承认她是从"反对派"的立场批评侯继明的，但是侯继明也遭受到另外一些学者的严厉批评，而他们对他的某些比较重要的结论却是同意的。例如罗伯特·F. 德恩伯格（Robert F. Dernberger）就批评他引用反面的例子来驳斥帝国主义起"消极作用"的假设——而这种做法，德恩伯格正确地指出，在数学和自然科学中是可行的，但在社会科学中是不允许的。[52]

"消极作用"假设的中心前提是中国经济的传统部门在清末及民国曾急剧下降，并认为这种下降在很大程度上是外国入侵造成的。因此，批驳这个假设的一个办法是指出这种下降根本就没有发生过，另一办法是指出它虽然发生却不是帝国主义而是其他因素造成的。侯继明采取的是前一种办法，但是他的书主要不是讨论农业地区。另一本书，马若孟的《中国农民经济》（*The Chinese Peasant Economy*, 1907），则同时采用了两种办法。

马若孟集中研究了华北地区，他争论说使用土地方式的改变、精耕细作的加强、农产品价格的提高、农业技术的少量改进（主要是采用新品种），以及城镇中非农业就业机会的增加，这一切都促使 1890～1949 年这个阶段农业总收入的增加大体上相当于人口增加（年增约百分之一）。因此除了天灾人祸期间（如二战与内战）外，农民生活水平在这个时期并没有下降，实际上由于通商口岸城镇集市经济中工商业的发展，他们的生活水平甚至还可能稍有所提高。马若孟并非认为华北的农民生活蒸蒸日上，不过他坚持认为"没有事实说明农村的大片地区变得如此贫困，以至于农民生活水平在 20 世纪三十年代中期反而不如在 19 世纪几十年代"。他还进一步强调这一阶段农村经济所面临的问题并不是社会经济问题；土地分配尽管在 19 世纪后期已经很不均匀，但并没有进一步恶化，同时他发现"几乎没有任何证据说明一个集团对另一集团的剥削……十分残酷"。应该说，当时的问题在于缺乏任何促进农业技术迅速发展的体制。马若孟认为这一点应由中国政府和受教育阶级负责，他们都没有认真对待农业经济的发展问题。

马若孟意识到中国的农业生产地域广阔、情况复杂，建议大家不要把他研究华北的结论随意应用于中国其他地域。他特别指出西北地区的大批农民由于饥荒，经常挣扎于饥饿线上，而华中则商业比较发达，农村情况一般来说也比较繁荣稳定。不过马若孟希望他的研究会启发他人研究其他地区，这样终有一日"可以就中国农民经济提出一个总的理论"。[53]

但是，马若孟自己的结论也未曾为大家普遍接受。首先，他也犯了引用反面例子进行辩论的错误，而且比侯继明更加严重。他着意审查的有关农业衰退的假设——他称这种假设为"分配主义"（distributionist）①——是为了研究全中国的经济而提出的。可是他却用华北地区的情况来测试这种假设，而依据卜凯（John Lossing Buck）的研究，就全国而论，华北地区是自耕农比例最高的地区，其税率是倒数第二，雇用农工农场的百分比也是最高的。托马斯·威恩斯（Thomas Wiens）曾指

129

---

① 中国史家有人认为 20 世纪三十年代初中国农村凋敝的根源在于农民受地主、商人、高利贷者与官府剥削太重，无力改进生产，而且被迫出卖土地，造成土地日益集中、贫富日益悬殊的现象，马若孟将此种看法称为"分配主义"。——译者注

出："如果中国有任何地区得以免遭'农业危机'的话，首先就是这个地区。1911～1933 年它的佃农比例一直稳定在百分之十三，可是整个中国则从百分之二十八上升到百分之三十二。"

威恩斯对马若孟著作的严厉评价引起了不少关于作者引用、解释史料的可能颇为有力的其他质疑。虽然马若孟搜集了相当惊人的大量材料，但是他的大部分结论建立在两种资料来源上：日本满铁会社在抗战时期对河北、山东四个村庄的调查，以及卜凯有关山东、河北的调查材料。日本人的材料是由一些可能有敌对情绪的被调查人，在显然是紧张、尴尬的情况下提供的。即使承认这些材料是完全准确的，威恩斯仍然对它的代表性提出质疑。他指出，不论是卜凯还是满铁会社调查时取样的程序都带有片面性（卡凯的资料过多地选择了比较富裕的自耕农集团，而过少地选择佃农。两种资料来源在地区上都带有片面性，因为它们选择的县和村庄都是沿着或靠近主要交通线的）。

威恩斯在分析马若孟的材料后总结道："作者根本没有史料根据足以对讨论的问题做出概括……，他最多只能就他的抽样资料本身探讨其趋势。"他还认为即使在这一点上，马若孟也屡次错误地解释自己的资料，从中得出符合自己成见的但事实上根据不足的结论。[54]

如果说侯继明集中在外国投资问题，马若孟集中在农业问题，那么墨菲（Rhoads Murphey）在他抨击"消极作用"论时，则集中在对外贸易及作为贸易中心的港口城市。墨菲的书《局外人》（The Outsiders）和莫尔德的书同年（1977）出版，而且和后者一样，也是从比较的观点研究中国。不过他是用印度而不是日本作为和中国比较的国家，而且他的结论和莫尔德截然相反。

墨菲在书中探讨的中心问题是，为什么西方帝国主义在中国和印度产生的结果如此不同。墨菲争论说尽管我们可以承认"西方的冲击在不同地区有若干根本不同之处"，

> 但是"在西方人的心目中其殖民化总模式基本上是一致的，……传教士、商人以及领事或殖民地行政官员，不论在印度、中国和亚洲其他地区，扮演的角色都是类似的。各地的通商口岸本身……极为相似，不仅其城市布局……乃至其思想意识都如出一辙。帝国的建立者、富商、冒险家甚至在一定程度上许多传教士都是一个模子里刻出来的……他们之间尽管你争我夺，但在每个国家想干的事情则是一样的，他们力图把自己心目中殖民化的总模式统一地刻印在亚洲的大地上"。但是他们努力的结果却是极不统一的。像印度和中国这类国家，其历史与社会背景根本不同，这种内部的差别，潜力巨大，足以产生极不相同的结果。

西方的殖民主义由于种种原因，在印度未曾遇到抵抗，相反却被广泛接受，最少到19世纪后期都是如此。政治上四分五裂，商业上衰微不振，而且被一个不得人心的外来的莫卧儿王朝所征服统治，"印度不仅易于接受殖民统治而且也易于按照英国人提出的方向进行根本改变。印度人个人……也愿意以对等的企业家与行政官员的身份和英国人合作……对大部分有一定政治意识的印度人说……西方或英国的模式（如果说不是英国的殖民统治）具有真正的吸引力"。在这种比较适宜的

气候中，在殖民港口城市中萌芽的事物，终于四处传播，"创造、塑造了国内发生的几乎一切变化，实际上重新创造了在印度独立时统治印度的一批人物、集团、制度与思想。通商港口的印度人，无须为自己进行任何辩解，就变成了统治社会的近代印度人"。[55]

与印度相比，中国的情况差异极大，同样的西方殖民化总模式遭到接二连三的挫折。当然中国也有许多通商港口，和印度一样这些港口也出现了一批当地的合作者（collaborators）。但是"上海模式只能向其他港口传播，未能向全国扩展"，"通商港口的中国人，……似乎正在步印度人的后尘，却未能像印度那样征服全国"。墨菲屡次提到中国的通商港口并视之为经济飞地、思想和制度上的国中之国。尽管墨菲已经知道对马若孟著作的批评，他还是接受甚至发展了马若孟的结论，认为对整个中国来说"甚至把 20 世纪 20、30 与 40 年代描绘成众生在劫、苦海无边的时期也是夸张的"。但是所有这些，归根结底对墨菲的结论来说都是无足轻重的，因为在他看来不管农业经济恶化到什么程度，"外国人及其雄心勃勃、咄咄逼人的活动只是一个很次要因素"。他争论说，从心理和思想上说通商口岸的冲击是相当深刻的，但是"从物质方面说，它们的影响是很小的"。按人口平均和按绝对值计算，中国的对外贸易都是微不足道的。中国人口占世界人口五分之一，可是它的对外贸易"从来没有超过全世界国际贸易总值的百分之一点五，而且只有很短时间是超过百分之一的"。[56]

墨菲用很大篇幅来解释为什么中国能够如此有效地抗拒西方的经济冲击。一部分原因仅在于中国躯体庞大。作为大象与跳蚤理论的积极支持者，墨菲曾屡次提醒读者，中国"太大，

为印度的二三倍……和一小撮外国人在沿海边缘的接触，不管
后者精力多么充沛，效率多么高，都无法使它挪动一步，更谈
不上使它转变了"。躯体庞大不仅容易产生惰性而且还令人难
以深入它的内部，后一点墨菲尤其强调，他把中国和日本相
比，指出后者百分之九十以上的人口那时（乃至现在）都住
在离海岸五十英里以内，而且和日本六个主要城市等距的地
带，而这六个城市全部都是海港。[57]

　　至少和中国地域辽阔同样重要的是中国的特性——政治上
的特性、心理上的特性以及不断运转的经济体系上的特性。这
里墨菲强调了一系列论点。其中之一是中国力图保存自己的领
土主权，他指出（我认为他是正确的）这一点是中国得以阻
止通商口岸的模式向整个社会扩展的极为重要的因素。作为自
己的论据之一，他指出，正是在（而且只有在）中国主权丧
尽的地区（东北），或最多只是名义上存在的地区（如通商口
岸地带），中国经济才因外国冲击而产生真正的转变。

　　墨菲认为中国能如此有效地挡住西方影响的另一个原因，
是中国人对自己的形象具有巨大优越感。他说："正是中国人的
这种自我形象意识挫败了西方努力，使它未能取得它在印度的
成就（按西方说法的成就），在这点上，自我形象意识比任何其
他因素所起的作用都大。"墨菲（赞同白鲁恂［Lucian Pye］的
观点）认为在其他文化中，和西方的对抗，都使民族文化的自
我形象遭受侵蚀，但是在中国，它的认同感（sense of identity）
反而因之加强，"那时存在的认同危机（identity crisis）①……

---

① identity 一般指被视为持续实体的个人人格，有人译为"认同"。"认同危机"
　系指自己对自己的性格、目标或存在的根源产生捉摸不定的心理状态，尤指
　青少年时期由于环境变化迅速而引起的类似心理危机。——译者注

132

只限于很少数人，而且他们几乎全部生活在通商口岸的非中国天地中"。[58]

墨菲强调的第三个因素是 19 世纪直到 20 世纪传统中国经济的优点和效率，特别是它的商业结构。中国的经济生产能力很强，在组织管理上拥有千百年的经验。他说：

> 使外国人经商发财的美梦趋于破灭的，并不像他们所不断抱怨的那样，是由于中国官员的抵抗，绅士阶层的反应迟缓，中国消费者的"落后状态"和仇外心理，铁路太少，关卡林立，厘金未除，或者缺乏本国政府的支持，而是由于他们想侵入的经济实体，及其成套的生产者与企业家有能力在和他们竞争中，以其人之道还治其人之身，特别由于这些人立足本国，因此至少还足以继续掌握局面。[59]

《局外人》的开始部分几乎堪称莫尔德所谓"传统社会"取向的典型例子。它强调帝国主义的共同性，着重采用内部环境的因素来解释帝国主义时期印度和中国不同的后果。但是随后，墨菲立论的基础就发生了明显的转移。他越来越强调印度和亚洲其余多数地区所经历的是全面的殖民主义，和中国所经历的半殖民主义不同。帝国主义的共同性逐步退居次要地位，一幅更加复杂的帝国主义画面呈现在我们眼前。就其本身而论，这本来是值得赞扬的。不幸的是，这幅复杂画面由于分析得不够清楚，最后使人们对内部原因与外部原因之间的相对重要性，产生了一种犹豫不定乃至混乱不清的感觉。

这种混乱在墨菲处理领土主权问题上表现得最为明显。墨菲直到该书的后半部才真正接触这一问题。但是，当他接触此问题时，却说这是个"极端重要"的问题，而且强调"要想对任何根基较深的亚洲体系产生有效的冲击，必须拥有全面的殖民控制和领土主权"。[60]在这点上我十分同意墨菲的看法，而且我深信（我想他也深信），只有清楚地认识到中国不是殖民地，而是半殖民地，我们才有可能开始正确理解帝国主义问题。墨菲的分析显得无力的地方并不在于中国保留较多的领土主权所产生的后果方面，而在于它的前因方面。

　　关于前因至少可有两种不同的解释（或者是兼有两者的某种解释）：（1）西方列强想把全部或部分中国置于全面殖民控制之下，但由于中国内部的因素而无力做到这点；（2）不论中国内部情况如何，列强自身根本就无意或无能建立全面控制。墨菲似乎同时承认这两种解释，因为他似乎有意采用了循环论证的办法，他说："中国能够抗拒殖民统治，一部分是因为它的本土体制能按照自己的方式继续有效地运行，而它之所以能做到这点则是因为它从来没有在政治上或军事上为西方所控制。"[61]在书中另一处，他还敷衍了事地提到了某些使中国得以保留主权的外部情况，诸如西方列强之间的角逐，以及对中华帝国实行全面殖民控制可能引起的棘手问题。[62]但是，墨菲把分析的主攻方向绝大部分放在上述两种解释中的第一种解释。他预先假定外国人一心想对中国实行全面的统治——实际上如果他的统一的殖民化总模式还能成立的话，他就势必得出这种假定。同时他还明确断言，中国之所以能阻止这种现象出现，而亚洲其他国家不能，首先是由于内在的因素，包括"竭尽全力实现此目的的坚定决心……，熟练的外交手腕，根深蒂固的主权信念，加上运转不停的生产与组织体系的支持，这种体系完全未受外国人的影响，而且无需外国人参与也可以相当成功地继续运转"。[63]（墨菲指出，与此相反，日本人在不到四十年内却在东北实现了颇为可观的转变，这在不少程度上是因为直到 1900 年左右，东北一直人口稀少，同时不存在中国通常特有的"反对改变的固有阻力"。[64]）

这种分析的错误主要在于片面性：它过分强调中国背景的特殊性，反过来就未能认真深入地研究有关外国的这一端。如果我们接受了如下假设，认为外国人就是一心想把中国变成全面的殖民地，则中国方面阻止这个结局的因素就自然会显得极端重要，墨菲的理论也就无懈可击。但是如果我们不接受这个假设——如果这个假设最后证明是没有根据，甚至很可能是错误的——则墨菲精心建造的这所大厦就会自动坍塌。我们总不能用内部实力雄厚来解释一个棒球队取胜之道，如果对方在比赛中故意输了的话。

倘若更加仔细地研究外国的一面，事实上我们会发现些什么现象呢？是不是有可靠证据说明列强在任何时候都打算在中国承担起全面的殖民统治的责任呢？当然有一些外国人作为个人会赞成这种做法的，而且有一个国家，即日本，最后也确实对部分中国实行了全面的殖民统治。但是其他的列强（俄国可能除外）似乎都没有这种动机。显然有足够证据说明英国尽管在中西贸易中居于首位，却并无此意。仔细考察西方列强的动机，就会毫无疑问地看到不同的列强在不同的时期采取的方针是不同的。当然我们可以说由于中国幅员辽阔，有自己的优势，要把它全面殖民化是一个艰巨的任务，这一点也的确在一定程度上阻止了西方认真考虑这样干。但是这种艰巨性不仅和中国的幅员以及当时的情况有关，而且也和列强自己当时的情况有关（例如，当时在中国有几个相互竞争的列强并存；具

体说来，英国已经在印度建立一个重要的殖民地等）。墨菲对 136
这些复杂情况没有仔细探讨，是他分析中的主要弱点之一。

这种分析的另一个问题是过分依赖冲击－回应的变化模式。当墨菲紧紧抓住自己的主题——中国的经济未因通商口岸的刺激而实现"近代化"时，他还比较稳妥可靠。这是因为通商口岸和中外贸易显然属于我在第一章提到的中国历史的最外层带，对于这个层带冲击－回应取向是最适用的。在这里，墨菲的问题和他的理论框架关系较少，他的问题主要在于未能清楚准确地确定西方冲击的性质，特别是西方的目标是什么。冲击－回应模式给墨菲真正造成困难是在他描述中国革命的时候。虽然他把这场革命称为"本土的"革命，强调革命的根源在于他所谓的"真正的中国"，但是归根结底，他仍然认为这场革命是对西方挑战、对"通商口岸的刺激"做出的回应，不管这种回应是多么消极，反抗多么激烈。[65]诚然，中国革命确是如此，但它不仅如此。只要我们继续把它描绘成对西方的回应，对它的理解就必然受到局限，遭到严重歪曲。

尽管侯继明、马若孟和墨菲的著作各有自己的缺点，他们的总结论——认为帝国主义在经济上的作用并不是为害甚烈而是作用很小，或许还有某些好处——则得到了其他学者的广泛支持。费维恺在他的许多著作中都提出这一观点，其中最引人注目的也许是他关于农村手工业的著作。他承认在清朝最后数十年中手纺棉纱，由于机纺棉纱（其中一半以上是进口的）的竞争，产量急剧下降。同时一般说来，他并不否认"这几十年中手工业部门的结构曾发生重要变化，也不否认这些变化带来的压力与混乱对相当一部分居民产生了不良影响"。但是，他仍然坚持手工业作为整体在清末并没有受到严重摧毁， 137

而且即使在民国时期对手工业产品的总需求，也没有下降。他坚持说："任何人如果声称湖南或四川农民在 20 世纪三十年代穿的是内外绵株式会社的棉织品，抽的是英美烟草公司的香烟，吃的是日本明治的白糖，要想证明自己的论断绝非易举。"[66]

在比较理论化的层次上，经济学家托马斯·罗斯基（Thomas Rawski）指出对手工业与进口制品之间的关系，在任何情况下都不应该和整个经济的其他部门，特别是农业部门的情况，孤立起来加以考察，他说："手工业产量及其就业人数的迅速下降，可能像在美国历史所发生的那样，反映农业部门正蒸蒸日上，而手工业活动的上升则可能标志着农业处于困境。"[67]另外一些经济学家曾指出 19 世纪在中国发生的正是后一种情况。[68]更加笼统地说，罗斯基认为由于中国"地域辽阔"，交通不便，加上其他因素，

> 如果没有比较翔实详细的相反证据，最保险的办法是先假设中国战前经济演变中起关键作用的因素来自内部；不论国际交往带来的冲击是有害还是有利，拥有特权的外国社区的存在、低关税、不受控制的外国投资、赔款的支付，以及其他帝国主义带来的现象都只能对中国战前经济发生有限的作用。[69]

香农·布朗（Shannon Brown）则针对 19 世纪的情况采取基本上相似的立场。他一方面承认 1860 年后中西交往不断增多，另一方面却强调这些交往的经济作用受到两种因素的抑制，即经济的和政治的因素。经济的因素（这些因素即使中国政府采取支持放任主义与自由贸易的政策，也会继续存在）

包括中国人商品需求的数量和结构（绝大部分中国人太穷买 138
不起西方货，而少数有钱的中国人则大部分趣味保守，不想购
买西方货），国内运输价格昂贵，人口众多，地域辽阔，许多
西方技术无法应用，以及中国商人的有效竞争等。布朗强调的
政治因素包括中国财政体制的消极作用（这种体制不但阻碍
对外贸易，而且阻碍国内贸易的发展），在本土既得利益集团
有力的反对下禁止外人插手某些商业部门（如盐的买卖），官
方把西方的贸易活动限制在通商口岸，尤其重要的是中央政府
的态度，它在 1900 年前几乎没做任何事情促进经济发展，反
而干了不少阻碍经济发展的事。布朗的结论是：不论西方在
19 世纪产生的思想、心理和政治冲击究竟如何，它在经济上
的冲击在该世纪的六十年代（这是他集中探讨的一个时期），
肯定是"微不足道的"，而且很可能至少到 1895 年以前都是
如此。[70]

布朗的一部分分析实际上响应了德恩伯格早些时候提出的
论点。后者曾就此问题，探讨了从 1840 年到 1949 年整个时期
的情况。他立论严谨、推理缜密，目的是断定在这一世纪中外
国人的经济活动曾间接地和（或）直接地对中国经济发展产
生积极作用。他的结论是肯定的，尤其按照引进的生产资本和
技术的总数量来计算，如果没有外国的经济部门，这种引进就
不可能发生。同时，德恩伯格还强调，由于外国人被迫只能在
狭隘的地区中进行活动，又由于国外投资的结构限制了外国经
济部门与本国经济部门之间有利的相互沟通，外国人的直接贡
献受到严格限制。德恩伯格认为这种限制主要是中国历届政府
的政策造成的，这种政策一方面有意限制外国与中国经济部门
的接触，另一方面又不能提供有利于中国经济部门近代化的法 139

律、金融和经济的环境。虽然中国有些企业家作为个人"能够绕过传统所建立的各种禁令,对近代化发展做出积极反应,但是政府却未曾这样做"。[71]经济转变比较明显的唯一地区正是殖民地化的东北,那里当政的是一个非汉人政府,由外国人统治一切。

虽然德恩伯格并非对中国众生受难、民族蒙羞方面所付出的代价麻木不仁,但是看来他在一定程度上属于詹姆斯·佩克所说的那类中国问题专家,这些人认为,从狭义的经济发展观点看来,中国在19~20世纪的问题并不是帝国主义太多了,而是帝国主义太少了。另外,他还深信,即使就已有的帝国主义冲击水平而言,中国政府本来是可以做出更多成绩的,它的软弱无力较少是由帝国主义造成,更多是由自己根深蒂固的传统偏见与习惯造成的。

我认为上述论点的毛病在于它的论证路线过分单一。正如墨菲和布朗两人都强调的那样(前者是明确的,后者则隐含地强调),中国政府至少在19世纪采取的许多行动,尽管不利于西方资本主义经济变化模式的传播,但在其他方面则可以被理解为对中国有极其重要的好处。换句话说,同样是政治上的倔强执拗,在德恩伯格看来是一个弱点,而特别是在墨菲看来却是力量的源泉。

德恩伯格研究中还有另一个相关联的缺点(特别是考虑到他的研究涉及的时间太长),即其非历史的、静态的性质。正如上文所提示的,我们不能假设清末帝国政府的动机、行动与利益与20世纪30年代国民党政府的完全一样,即使这两个政府的行动(或缺乏行动)所产生的经济后果,可能在最广泛的意义上有某些相似之处。

140

德恩伯格分析中的第三个问题在于他和伊懋可一样断言中国的农业（推而广之，中国的整个经济）在 19 世纪末叶陷入了一种"高水平平衡圈套"（意指如果农业技术或可耕面积不发生重大变化，就不可能再为不断增长的人口提供足够的粮食增产量），而且只有外来的震击才能打破这个圈套。如果我们接受圈套的概念，并且同意按照资本主义模式发展经济从总体上说是好的（德恩伯格显然持此看法），我们就很难否认外国对中国经济发展曾做出积极的（哪怕是有限的）贡献。我在第二章已经说明了我对"圈套"概念的一般保留看法。别的史家则专门出于经济方面的理由怀疑可否把这个概念应用于中国。[72] 德恩伯格看法存在的一个比较概括的问题，在于当他设定什么才构成对中国经济发展做出"积极"贡献时，采取了过分狭隘的观点。他的分析很像本书第二章提到的列文森的分析，是建立在一个很狭隘的问题上，这个问题按其性质说势必把答案限制在狭隘的范围内。德恩伯格最值得称赞之处，是他直率地承认，经济学家对于从 1840 年到 1949 年百年里有关中国经济形势的事实，至今还远远没有取得一致看法，"高水平平衡圈套"只代表他个人对这些事实的理解而已。[73]

最后这句话在一定意义上触及了问题的核心。凡是学者都知道，想就事实取得一致意见是个棘手的问题，一方面我们得找出这些事实都是什么（这是全过程中寻找实据的一部分），另一方面还得决定哪些事实才算重要，以及它们之间如何相联（这是理论的一部分）。到目前为止，在美国学者就帝国主义经济冲击所展开的争论中，把这种冲击看成不严重的一方，似乎暂居上风，但是仍未能盖棺定论，究其原因，则与这场争论本身的性质及其究竟可能产生多少成果有关。本章的最后一节

141

将探讨这些问题。

帝国主义问题的问题所在

在探论这些问题之前最好重申一下这场争论的焦点是外国帝国主义的经济冲击，不是在其他领域的冲击。尤其就政治领域而论，目前史家大体上一致认为帝国主义的入侵具有这样或那样的重要性。许多学者都同意由墨菲阐述得最深刻的观点，即帝国主义（特别是以通商口岸形式出现的帝国主义），是激励中国民族主义蓬勃发展的主要因素。[74]周锡瑞认为帝国主义是促成 1910 年长沙抢米风潮的重要原因之一，强调在群众心目中由西方激发的各种改革和西方帝国主义是紧密相连的，在当时湖南的群众看来两者都同样危及他们的切身利益。芮玛丽和路康乐都指出惧怕外国干涉会影响辛亥革命党人的决策，使他们不愿把内部冲突拖延下去，从而和袁世凯（1859～1916）达成了妥协。爱德华·弗理德曼和杨格（Ernest Young）都认为当日本于 1915 年提出"二十一条"时，袁世凯自己则出于同样原因，决定采取妥协的而非对抗的政策。[75]

在以上诸例中，外国入侵产生的政治冲击多半是间接的。直接的是在心理和思想上产生的冲击。1911 年列强未必就准备采取军事干预，使几乎陷入混乱的中国体制恢复秩序。通商口岸也未必就是进一步破坏中国经济的桥头堡。但是这里的关键在于当时许多中国人都相信事情会如此发展，并且根据这种信念做出相应的回应。

但是另一方面，外国对中国政府的地位与权力的冲击，则往往要直接得多。而且就帝国主义问题展开争论的各方都一致

142

同意，既然这种冲击或多或少地破坏了中国的国家主权，就必然削弱中国政府发挥领导作用的能力，而这种作用大家公认是经济健康发展必不可少的条件。这一点当然正是弗朗西丝·莫尔德的核心论点。至于墨菲，虽然在许多方面和莫尔德存在分歧，但也认为从更广泛的意义上说，外国对中国经济入侵的主要结果，是"削弱了国家，使国家无力提供 1870 年后在日本经济成就中起过极为重要作用的国家领导"。甚至德恩伯格尽管强调传统习俗阻碍中国政府制定有力的政策，也乐于承认在限制中国政府采取积极经济行动的各种因素中，有些因素"是西方强加的"。[76]

那么这场争论到底说明什么问题呢？我认为它告诉我们，有一件重要工作辩论双方都没有完成。看来大家都同意，如果要产生成功的经济变化，必须有一个得力的政治支架。同时大家似乎也同意外国帝国主义在阻碍这种支架的诞生中，产生了一定的作用。但是大家所同意的到此为止，除此之外不大可能取得一致的，甚至大体一致的意见，除非我们完成一件工作，即把外国入侵对中国政府在不同时刻有效领导经济领域的能力所产生的种种消极作用，与其他削弱这种能力的因素——诸如国内政治动乱、中国统治者的阶级利益、传统的价值观念和行为，等等——放在一起，进行仔细系统的对比、衡量。

这场有关帝国主义经济后果之辩论的第二个问题，在于双方似乎都不得不把整个中国经济作为唯一的——或者至少是唯一真正重要的——分析单位。这种现象一部分是因为在 20 世纪初二三十年中首先提出这个问题的一批马克思－列宁主义者，碰巧是按民族国家的范围进行分析的；另一部分是因为中国的民族主义者也自然而然地把民族国家作为自己关切的对象

143

加以研究；还有一部分则因为经济学家似乎都有一种明显的倾向，认为国家才是最适宜的分析单位。

至于在估量帝国主义的经济作用时，国家事实上是否就是最适宜的单位，则是另外一件事。为了研究较大的单位，把各种数字加以平均，很可能会掩盖这个单位内部极为主要的差异。不妨举个纯属想象的例子：两个社会中人口的平均年龄可能是一样的，但是就性别与地区分布而言，其内部的年龄结构很可能迥然不同。从分析的目的来说，在多数情况下，人口学家感兴趣的是内部的差异而不是整个社会的平均数。同样，在研究帝国主义产生的经济作用时，由于中国经济规模庞大，几乎可以肯定某些外国经济活动的基本方面，如贸易与投资，对整个经济来说，势必无足轻重。但是如果按照区域系统理论的主张把中国划分为若干区域，然后针对每个区域，和每个区域内的边缘及中心地带，就外来因素之作用，分别提出一些具体的问题，我们就会得出一幅比这场论争的双方目前所提供的远为复杂也远为密集的画面。例如，国际市场的起伏波动，对19 世纪福建的茶农，或者第一次世界大战后湖南的锑矿矿主产生的影响就会比较突出。纺纱地区的农户——"他们朝不保夕的生计由于手工纺纱衰落而根本无法维持"——也不至于因为我们研究时搞大杂烩而被忽略掉。[77] 跳蚤如果不按体积和大象相比，就会显得大一些了。

有关帝国主义争论的第三个问题——实际上是一连串问题——集中在帝国主义概念本身。这个概念的基本困难是，直到二战结束，最标准的定义是指一个社会对另一个社会建立全面的殖民控制。因此把这个概念应用于中国则引起混乱。一方面一些不大相关的问题被提出来了，因为按照"正常的"帝国主义含义这些问题应该得到解答；另一方面一些真正有关的问题反而根本无人提出。在这点上，墨菲的书是一个很重要的例外，因为他把中国和受到全面殖民统治的另一个例子加以对比，突出了中国仍然保留主权的重要意义。[78]但在我看来，墨菲在这点上做得还不够。他探讨了半殖民主义现象——但是只探讨到一定程度。中国所经历的殖民主义还有另外两个特点，即它是"多国的"与"有层次的"（或"嫁接的"）。这两个特点墨菲几乎从来没有涉及。

所谓"多国的殖民主义"，我当然是指中国在 19～20 世纪不是受一个国家而是受到好几个国家的侵略与部分统治。这种现象可能对中国有利，因为列强之间的竞争可以削弱任何外国建立全面殖民控制的能力与意志，并使中国政府在某种情况下可以利用一国反对另一国（像清廷最后几年想在东北做的那样）。但是另一方面，正像中国革命之父孙中山所强调的那样，这种格局也有明显的不利。由于殖民统治权为列强所分享，就没有一个国家真正关心和负责自己托管地区的权益，比如受一国统治的殖民地（如印度）有时所遇到的那样。因此，中国人民和其他殖民地居民相比，吃的苦头是更多了，而不是更少了。它得到殖民主义的一切坏处，却没有得到它的任何好处。[79]

中国殖民地化格局的第三个特点是西方列强（后来包括日本）的局部殖民主义在 1912 年前一直嫁接在满族的全面殖民主义上，从而造成了殖民统治的一种奇特的有层次的格局。我们通常不把清朝中国视为满族的殖民地，而且在某些方面——特别是满族在文化上依附于汉族，而且没有宗主国对卫星国的经济剥削——它和大部分西方殖民地有重大区别。但是

145

在另一些方面，它又和西方的殖民模式明显相似。清王朝是通过武力征服建立起来的。尤其重要的是，它之所以能成功地统治中国社会，是因为它在很大程度上依靠汉人的合作，同时像在印度和其他更加"典型的"殖民地情况那样，合作者从中分享了相当大的一部分权力。

中国殖民地化经验的这三个特点——局部的、多国的、有层次的——加起来形成一个富有特色的模式，但是争论的双方都没有对这个模式进行仔细描绘与分析。这种情况并不奇怪。因为如上所述，这场争论是按照经典的帝国主义理论提出的问题展开的，而这些理论当初是为了解释与中国显然不同的情况而提出来的。无论如何，未能仔细研究中国特有的殖民地化环境是使整个帝国主义论争成果有限的一个主要原因——就像"消极作用"论的支持者，由于未能认真研究中国内部社会文化背景，而使成果几乎受到同样大的限制一样。

帝国主义概念的另一个困难是这个概念本身比较模糊，不够准确。这一点倒丝毫无损于它引起人们情感冲动的能力，但是作为认真分析问题的工具，其价值如何则颇成问题，除非我们能把这个概念加以分解，并且给各个组成部分做出详细界说。要做到这点虽然比较困难，但并非不可能。高家龙在一部关于烟草工业中中外竞争的卓越著作里，就采用了五种不同的帝国主义剥削的定义来评价英美烟草公司在中国的所作所为。他针对每种定义仔细估量了该公司的活动以决定是否能称之为帝国主义，如果能，又在多大程度上可以称之为帝国主义。[80]采用这种办法，高家龙最后得出的不是一个简单的标签，而是一张复杂的收支账单。这部著作的更广泛意义在于它说明史家如何不必执其一端地对这场帝国主义争论做出重要贡献。

帝国主义概念最后一个困难是除了含义不清外，其政治意味太浓，甚至于比"近代化"概念还要浓。这点在佩克和莫尔德的论述中表现得最清楚，他们之所以做出这种论述，有时似乎与其说是为了理解中国，不如说是为了指控美国与西方。不过这种现象在比较着重事实根据的争论的另一方，也并非绝无仅有。凡是认为帝国主义对中国经济影响无足轻重的人都知道，他们这样做会招致整个中国史学界至少是在公开场合的咒骂。对这种现象有些人也许会暗中自喜；另一些人则可能黯然神伤，乃至感到内疚。但是无人可以在政治上超然物外，不受连累。

其实这种连累不仅是政治上的，也是文化上的。而且这类文化连累也是双方都有的。指导佩克、莫尔德和其他帝国主义取向支持者的前提与指导他们对手的前提（这些对手中多数曾受近代化理论的影响），在若干重要方面几乎是一样的。双方最关切的问题都是经济发展问题。双方都认为经济发展是一件好事。而且，双方都认定没有工业化西方的冲击——这个绝顶重要的外来震动——中国是不可能独立进行工业化的。列文森、伊懋可和德恩伯格明确表达了这个前提，而莫尔德、佩克、费正清、墨菲及其他人的著作则隐含地透露了这个前提。争论双方的尖锐分歧在于，为什么中国未能发达起来或实现近代化——这个问题本身完全是一种以西方为中心的问题——而不在于这种发达或近代化到底是否可取。

如果我们把上述帝国主义概念及其后果所带来的种种问题集中起来，则帝国主义这一词语在学术上是否应该弃用是值得考虑的。即使应该弃用，不过考虑到至今尚无迹象表明此词即将消逝，因此亟须解决的实际问题，是把有待澄清的关于帝国主义的课题重新安排一下研究的顺序。当然本章标题提出的问题只有启发思考的价值。在我们大体弄清楚帝国主义到底是何含义前，我们无法断言帝国主义是现实还是神话。正如上文所言，我个人认为如果从超历史的角度把帝国主义作为一把足以打开中国百年来全部历史的总钥匙，它确实是一种神话。但是另一方面，如果把它看成各种各样具体的历史环境中发生作用的几种力量之一，我认为帝国主义不仅是现实的，而且具有非常重要的解释能力。历史学家面临的挑战是精确地——要比过去精确得多地——界说与帝国主义有关的具体情境，然后指出它是如何和这些情境相关的。在完成这个任务后，我们对帝国主义给予 19～20 世纪中国的冲击，就会得到一个迄今为止更加复杂，从历史上看也远为有趣的理解。

注

[1] *On New Democracy*，在 *Selected Works of Mao Tse-tung*，vol. 2（Peking：Foreign Languages Press，1965），p. 354.

[2] Peck，"The Roots of Rhetoric：The Professional Ideology of America's China Watchers"，*Bulletin of Concerned Asian Scholars*（October 1969），2（1）：59－69. Peck 的文章略经增订，曾重新刊载于 Edward Friedman and Mark Selden，eds.，*America's Asia：Dissenting Essays on Asian-American Relations*（New York：Vintage Books，1971），pp. 40－66。

[3] John K. Fairbank，Edwin O. Reischauer and Albert M. Graig，*East Asia：The Modern Transformation*（Boston：Houghton Mifflin，1965），pp. 5，9－10.

[4] Marion Levy，"Contrasting Factorsin the Modernization fo China and Japan"，*Economic Development and Cultural Change*（1953），2：163－164.

[5] John K. Fairbank "The Great Wall"，*New York Review of Books*，March 28，1968，p. 28.

[6] Fairbank, Reischauer and Craig, *East Asia: The Modern Transformation*, p. 404.

[7] Jack Belden, *China Shakes the World* (New York: Harper, 1949), p. 3.

[8] Reischauer, *Wanted: An Asian Policy* (New York: Knopf, 1955), pp. 101 – 102.

[9] 引文中之引文摘自 Gunnar Myrdal, "International Inequalities", in Richard S. Weekstein, ed., *Expansion of World Trade and the Growth of National Economies* (New York: Harper, 1968), p. 63。

[10] 上面一段对 Peck 所持观点之长篇摘述依据 "The Roots of Rhetoric", pp. 60 – 65。

[11] Fairbank and Peck, "An Exchange", *Bulletin of Concerned Asian Scholars* (April-July 1970), 2 (3): 51 – 54.

[12] 同上, pp. 54, 57, 66。

[13] 关于 Wittfogel 与 Schwartz 的争论, 参看 Karl A. Wittfogel, "The Legend of 'Maoism'", *China Quarterly* (January-March 1960), 1: 72 – 86, 与 (April-June 1960), 2: 16 – 31; Benjamin Schwartz, "The Legend of the 'Legend of "Maoism"'", 同上, 2: 35 – 42; Karl A. Wittfogel, Benjamin Schwartz, and Henryk Sjaardema, "'Maoism' – 'Legend' or 'Legend of a "Legend"'?" 同上 (October-December 1960), 4: 88 – 101. Levenson 与 Hummel 争论的焦点是 Levenson 在 *Liang Ch'i-Ch'ao and the Mind of Modern China* (Cambridge: Harvard University Press, 1953) 一书中对梁启超的看法。Hurnmel 对该书的批评载 *Far Eastern Quarterly* (November 1954), 14 (1): 110 – 112. Levenson 之答辩与 Donald L. Keene 为 Levenson 所作之辩护均见同上书 (May 1955), 14 (3): 435 – 439。

[14] "Symposium on Chinese Studies and the Disciplines", *Journal of Asian Studies* (August 1964), 23 (4): 505.

[15] White 的不满发表于 1966 年, 被摘引于 Michael Kammen, "Introduction: The Historian's Vocation and the State of the Discipline in the United States", 在 Michael Kammen, ed., *The Past Before Us: Contemporary Historical Writing in the United States* (Ithaca, N. Y.: Cornell University Press, 1980), p. 33.

[16] Fairbank and Peck, "An Exchange", p. 54; John K. Fairbank, letter to editor, August 4, 1970, *Bulletin of Concerned Asian Scholars* (Fall 1970), 2 (4): 117 – 118.

[17] James Peck, "Revolution Versus Modernization and Revisionism: A Two-Front Struggle", 在 Victor Nee and James Peck, eds., *China's Uninterrupted Revolution: From 1840 to the Present* (New York: Pantheon, 1975), pp. 88, 90.

[18] Neeand Pcek, "Introduction: Why Uninterrupted Revolution?" 同上, p. 6。

[19] 同上, pp. 3 – 4; 又见 Peck, "Revolution Versus Modernization and Revisionism", p. 91。

[20] Nee and Peck, "Introduction", pp. 10 – 11, 14, 34; 又见 Peck, "Revolution Versus Modernization and Revisionism", p. 91。

[21] Nee and Peck, "Introduction', pp. 14, 33.

[22] Peck, "Revolution Versus Modernization and Revisionism", pp. 90 – 93.

[23] Nee and Peck, "Introduction", p. 3.

[24] Peck, "Revolution Versus Modernization and Revisionism", p. 93.

[25] 资本主义萌芽的出现并不能确切说明发生了内部的变化, 原因有二: 首先, 未能断定这种变化完全是内部的 (参看第二章注释 [34]); 其次, 至少有些中国的经济史家认为实际上产生的变化不大。参看如 Fu Zhufu (傅筑夫), "The Economic History of China: Some Special Problems", *Modern China* (January 1981), 7 (1): 29 – 30。

[26] Nee 与 Peck 写道, 鸦片战争 "标志着中国近代史的开始, 标志着反对帝国主义进攻的第一次重大斗争" ("Introduction", p. 5)。又见 Peck, "Revolution Versus Modernization and Revisionism", p. 91。

[27] 虽然在毛泽东去世后, 中国大陆的史学发生了不少变化, 但是仍然普遍认为漫长的 "封建" 时期的特点是停滞不前。参看如傅筑夫 "The Economic History of China", p. 17 ("贯穿封建主义时期……社会经济停滞不前, 因为两千多年未经历任何质变"); 李时岳 《从洋务、维新到资产阶级革命》, 《历史研究》 1980 年第 1 期, p. 31 ("当欧洲出现资本主义曙光的时候, 中国仍然沉睡在封建主义的茫茫长夜里")。

[28] 请特别参看 Joseph Esherick，"Harvard on China：The Apologetics of Imperialism"，*Bulletin of Concerned Asian Scholars*（December 1972），4（4）：9 – 16.

[29] Moulder 所著 *Japan, China, and the Modern World Economy：Toward a Reinter pretation of East Asian Development, ca. 1600 to ca. 1918*（Cambridge：Cambridge University Press，1979），是 1980 年 3 月举行的亚洲研究学会会议上小组讨论的中心问题。"沃勒斯坦主义"（Wallersteinism）被描绘成"学术上的主要的热门"，Angus McDonald，Jr.，"Wallerstein's World-Economy：How Seriously Should We Take It?" *Journal of Asian Studies*（May 1979），38（3）：535 – 540. Mc-Donald 在这一文中曾专门就此理论是否适用于中国历史进行了讨论。

[30] 转引自 Moulder，Japan，*China*，and the Modern World Economy，p. 1，引自 Edwin O. Reischauer and John K. Fairbank，*East Asia：The Great Tradition*（Boston：Houghton Mifflin，1960），p. 670。

[31] Moulder，Japan，*China*，and the Modern World Economy，pp. 3 – 4.

[32] 同上．p. 25。

[33] 同上，pp. 25 – 44，87 – 90，尤其 pp. 25 – 28，87，90。

[34] Moulder 在序言中承认"有人也许会感到〔她〕不恰当地忽视了中日两国在传统价值、道德等方面的重要差别"。她坚持说自己省略这部分并不是因为深信非西方社会之间存在的这类差别，"对理解这些社会在西方冲击下产生的蜕变无关紧要"。只不过她研究的主题是："这些差别也许并不像人们所宣称的那样具有决定性的作用。"（同上，p. viii）

[35] 如当她讨论宋朝以后"上层地主阶级中的下层从商者"与农民之间的关系不断货币化时（同上，p. 41），就以 Mark Elvin 的有争议的研究 *The Pattern of the Chinese Past：A Social and Economic Interpretation*（Stanford，Calif.：Stanford University Press. 1973）为依据。

[36] Moulder，*Japan*，*China*，and the Modern World Economy，p. 85.

[37] 见 Brown 对 Moulder 一书的评论，在 *Modern Asian Studies*（April 1979），13（2）：334 – 335。

[38] Moulder，*Japan*，*China*，and the Modern World Economy，pp. 95 – 96.

[39] Hunt，*Frontier Defense and the Open Door：Manchuria in ChineseAmeri-*

can Relations, 1895 – 1911 （New Haven, Conn.：Yale University Press, 1973）.

[40] Moulder, Japan, *China, and the Modern World Economy*, pp. 95, 97.

[41] Paul A. Cohen, *China and Christianity*：*The Missionary Movement and the Growth of Chinese Antiforeignism*, 1860 – 1870 （Cambridge：Harvard University Press, 1963）, pp. 186 – 228 （引文见 p. 195）. 关于 Hudson Taylor 之政策见 p. 321, n. 63。中国内地会似乎一直忠实遵循这个政策, 见 Cohen, "Missionary Approaches：Hudson Taylor and Timothy Richard", *Papers on China* （1957）, 11：43 – 44.

[42] 读者想必有兴趣知道例如在十九世纪泰国 （暹罗）"已在法国控制之下", 1896 年巴黎为了保护法国及其他外籍人士在该国设立了三万个领事馆 （Moulder, *Japan, China, and the Modern World Economy*, p. 122）。

[43] 同上书, pp. 47 – 150。

[44] 同上书, p. 152。

[45] 同上书, pp. 151 – 152, 158 – 159, 167 – 169。

[46] 同上书, p. ix。

[47] "实据的真空" 一语——及其反映的类似情绪——起源于 Arif Dirlik 的 "Republican China：Chaos, Process, and Revolution", *Chinese Republican Studies Newsletter* （October 1977）, 3 （1）：8。在这篇简短但富有启发性的文章中, Dirlik 有力地论证：（1）民国时期中国的主导特点并不是混乱与无秩序, 而是深刻的结构变化；（2）造成这种变化的首要原因是西方的入侵。和 Moulder 一样, Dirlik 反映了世界体系取向的影响。但是, 他的论证比 Moulder 要精密得多, 本文未予评论仅仅是因为他的论证是由一组有待检验的初步命题所组成, 并不是依据已完成的研究做出的结论。

最近对于 Dirlik 所谓 "实据的真空" 做出的另一贡献是 Victor Lippit 的 "The Development of Underdevelopment in China", *Modern China* （July 1978）, 4 （3）：251 – 328；他的另文 "The Development of Underdevelopment in China：An Afterword", 同上 （January 1980）, 6 （1）：86 – 93. Lippit 尽管显然同情世界体系取向, 但 （和 Moulder 不同） 认为在解释中国经济 "不发达" 时内部因素 （如阶级结构） 比外部因素 （帝国主义） 更加重要。Lippit 的研究

和 Moulder 一样几乎完全以第二手材料为依据。另一部史料翔实的专著，在结论中明确向 Moulder 论点提出了质疑，见 Lillian Li, *China's Silk Trade：Traditional Industry in the Modern World*, 1842 - 1937（Cambridge：Council on East Asian Studies, Harvard University, 1981）。请同时参看 Elizabeth Lasek 的近文 "Imperialism in China：A Methodological Critique", *Bulletin of Concerned Asian Scholars*（January-February 1983）, 15（1）：50 - 64. Lasek 尽管也是从世界体系出发，却真正力求超越比较简单化的二元论做法（这些做法一直左右着许多有关帝国主义在中国之作用的讨论），并采用比较复杂的方法论上的提法来勾画帝国主义与中国发展之间的关系。

[48] 但有一例外，见 Ramon H. Myers and Thomas A. Metzger, "Sinological Shadows：The State of Modern China Studies in the United States", *Washington Quarterly*（spring 1980）, 3（2）：98 - 100。此文明言是为政治目的而作，它是一种有益的学术卓见、歪曲的逻辑与偏袒之辞的奇特的大杂烩。除 Washinton Quarterly 之外，已另有两处发表：*Australian Journal of Chinese Affairs*（Spring 1980）, 4：1 - 34；《食货月刊》（1981 年 1 月）, 10（10）：444 - 457, （1981 年 2 月）, 10（11）：505 - 519（台北）。此文是 1983 年 3 月在旧金山召开的亚洲研究学会会议上小组讨论的课题；小组会上的论文见 *Republican China*（原名 *Chinese Republican Studies Newsletter*）（October 1983）, 9（1）：1 - 45。

[49] Moulder, *Japan, China, and the Modern World Economy*, p. ix.

[50] Hou, *Foreign Investment and Economic Development in China*, 1840 - 1937（Cambridge：Harvard University Press, 1965）, pp. 1, 130.

[51] Payer 之书评见 *Bulletin of Concerned Asian Scholars*（April-August 1974）, 6（2）：67。

[52] Dernberger, "The Role of the Foreigner in China's Economic Development, 1840 - 1949", 在 Dwight H. Perkins, ed. , *China's Modern Economy in Historical Perspective*（Stanford, Calif. : Stanford University Press, 1975）, pp. 23 - 24, 306 n. 6. Dernberger 对 Jack M. Potter 所写的 *Capitalism and the Chinese Peasant*（Berkeley：University of California Press, 1968）提出了同样批评。

[53] Ramon H. Myers, *The Chinese Peasant Economy Agricultural Develop-*

ment in Hopei and Shantung, 1890 – 1949 (Cambridge: Harvard University Press, 1970), pp. 213, 288, 294 – 295.

[54] Thomas B. Wiens 对 Myers 著作的书评见 Modern Asian Studies (April 1975), 9 (2): 279 – 288 (引文见 P. 283)。另有日本两位学者 Ando Shizumasa 与 Hatada Takashi 曾特别指出满铁会社所提供之资料中的偏见，而他们二人都参加了当初的调查，参看他们和 Fukushima Masao 合写的对 The Chinese Peasant Economy 一书的评论，见 Ajia Keizai (亚洲经济) (October 1971), 12 (10): 81 – 93。Prasenjit Duara 提醒我注意上述文献，谨此致谢。

[55] Murphey, The Outsiders: The Western Experience in India and China (Ann Arbor: University of Michigan Press, 1977), pp. 34 – 35, 65 – 66, 73.

[56] 同上书，pp. 104 – 105, 108, 128 – 129, 159, 204。

[57] 同上书，p. 132。Murphey 还说，"这个经济的巨大躯体本身……当然就是一个重要的原因，说明为什么外国的冲击要想产生重要作用是如此困难。移动这块庞然大物的刺激必须巨大无比。在西方人看来相当可观的外贸总额的增长如果和整个中国经济躯体相比就会显得十分渺小"（同上，p. 167）。

[58] 同上，pp. 133 – 134, 145 – 146。见 Lucian Pye, The Spirit of Chinese Politics: A Psychocultural Study Of the Authority Crisis in Political Development (Cambridge, Mass.: MIT Press, 1968).

[59] Murphey, The Outsiders, p. 125.

[60] 同上书，pp. 135, 206。

[61] 同上书，p. 135。

[62] 同上书，p. 133。

[63] 同上书，pp. 136 – 137。

[64] 同上书，p. 206。

[65] 同上书，pp. 9 – 10, 129, 155, 232 – 233。

[66] Feuerwerker, The Chinese Economy, ca. 1870 – 1911 (Ann Arbor: Center for Chinese Studies, University of Michigan, 1969), p. 17; 又见他所著 "Hand icraft and Manufactured Cotton Textiles in China, 1871 – 1910", Journal of Economic History (June 1970), 30 (2): 338 – 378, 尤其 377 ~ 378。

［67］ Rawski, "Notes on China's Republican Economy", *Chinese Republican Studies Newsletter*（April 1976），1（3）：25.（该杂志随后一期对此期漏印了作者 Rawski 之名表示道歉。）

［68］ 参看如 Dernberger, "The Role of the Foreigner in China's Economic Development", p. 36。

［69］ Rawski, "Notes on China's Republican Economy", pp. 23 – 24. Rawski 曾重申这一观点，见他所著 *China's Republican Economy：An Introduction*（Toronto：Joint Centre on Modern East Asia, University of Toronto – York University, 1978），pp. 2 – 13。

［70］ Brown, "The Partially Opened Door：Limitations on Economic Change in China in the 1860s", *Modern Asian Studies*（April 1978），12（2）：177 – 192.

［71］ Dernberger, "The Role of the Foreigner in China's Economic Development", p. 47.

［72］ 根据 Rawski 的看法，Carl Riskin，乃至 Dernberger 自己，都发现 20 世纪三十年代有相当大量的经济剩余；此外中华人民共和国在五十年代可以把投资率从战前占总产值的百分之五左右提高到百分之二十以上，这些事实"使人对平衡圈套的取向产生不少怀疑"（见 "Notes on China's Republican Economy", p. 26）。Riskin 的观点见他所著 "Surplus and Stagnation in Modern China"，在 *Perkins*, *China's Modern Economy in Historical Perspective*，pp. 49 – 84，尤其见 pp. 62 – 64。对 "圈套" 之说适用于中国，持保留意见的学者还有 Ramon Myers 和 Nathan Sivin。见 Myers, "Transformation and Continuity in Chinese Economic and Social History", *Journal of Asian Studies*（February 1974），33（2）：275 – 266，与 Nathan Sivin, "Imperial China：Has Its Present Past a Future?" *Harvard Journal of Asiatic Studies*（December 1978），38（2）：458 – 463.

［73］ 对于史实记录学者们的理解分歧甚大，下列事实似可说明此点：Elvin 认为中国经济效益明显递减（高水平平衡圈套开始发生作用）是在 18 世纪后期，Dernberger 认为在 19 世纪末，而 Dwight Perkins 则认为在 20 世纪中期。见 Dernberger, "The Role of the Foreigner in China's Economic Development", pp. 24 – 26；Riskin, "Surplus and Stagnation in Modem China", p. 62）。

[74] 参看如 Andrew J. Nathan, "Imperialism's Effects on China", *Bulletin of Concerned Asian Scholars* (December 1972), 4 (4). 6, Albert Feuerwerker, *The Foreign Establishment in China in the Early Twentieth Century* (Ann Arbor: Centerfor Chinese Studies, University of Michigan, 1976), p. 111。

[75] Esherick, *Reform and Revolution in China: The 1911 Revolution in Hunan and Hubei* (Berkeley: University of California Press, 1976), 尤其在 ch. 4; Wright, "Introduction: The Rising Tide of Change", 在 Mary C. Wright, ed. , *China in Revolution: The First Phase*, 1900 – 1913 (New Havern, Conn. : Yale University Press, 1968), pp. 54 – 55; Rhoads, *China's Republican Revolution: The Case of Kwangtung*, 1895 – 1913 (Cambridge: Harvard University Press, 1975), pp. 268 – 269; Friedman, *Backward Toward Revolution: The Chinese Revolutionary Party* (Berkeley: University of California Press, 1974), 尤其在 ch. 10; Young, *The Presidency of Yuan Shih-k'ai: Liberalism and Dictatorship in Early Republican China* (Ann Arbor University of Michigan Press, 1977), pp. 188 – 192。

[76] Murphey, *The Outsiders*, p. 126; Dernberger, "The Role of the Foreigner in Chinas Economic Development", p. 47. 又见 John K. Fairbank, Alexander Eckstein and Lien-sheng Yang, "Economic Change in Early Modern China: An Analytic Framework", *Economic Development and Cultural Change* (October 1960), 9 (1): 22。此文作者们尽管已经注意到"帝国主义雷声大雨点小"的可能性，却认为"从1896年到第二次世界大战，中国由于借债与赔款，向国外的支付造成了相当可观的资金不断外流，这种情况势必损害政府与私人在国内形成资本的能力"。

[77] Feuerwerker, "Handicraft and Manufactured Cotton Textiles in China", p. 378; Brown, "The Partially Opened Door", p. 184. 关于变化莫测的国际市场对于福建茶叶种植者与湖南锑矿主产生之后果请参看 Robert P. Gardella, "Reform and the Tea Industry and Trade in Late Ch'ing China: The Fukien Cas", 在 Paul A. Cohen and John E. Schrecker, eds. , *Reform in NineteenthCentury China* (Cambridge: East Asian Research Center, Harvard University, 1976), pp. 71 – 79;

Angus W. McDonald, Jr. , *The Urban Origins of Rural Revolution：Elites and the Masses in Hunan Province*, *China*, 1911 – 1927（Berkeley：University of California Press, 1978）, pp. 77 – 78。Linda Grove 进行了较小范围的区域研究，发现从 1900 年到 20 世纪四十年代早期帝国主义对河北中部平原经济的冲击相当可观。见 Grove 著 "Treaty Port and Hinterland：Revolution in a Semicolonial Society"，该论文曾在 1979 年 7～8 月在哈佛大学举行的"华北之叛乱与革命"讲习班中宣读。

[78] 又见 Young, *The Presidency of Yuan Shih-k'ai*, p. 253。

[79] 孙中山把中国称为"次殖民地"（hypocolony），此词前缀 hypo 是借用化学术语，指一种低位的化合物。见孙著 *San Min ChuI：The Three Principles of the People*, trans Frank W. Price（Shanghai：China Committee, Institute of Pacific Relations, 1927）, p. 39。

[80] Cochran, *Big Business in China：Sino-Foreign Rivalry in the Cigarette Industry*, 1890 – 1930（Cambridge：Harvard University Press, 1980）, pp. 202 – 207.

第四章　走向以中国为
中心的中国史

我们自幼就知道有一条公平合理的原则，即如果两人分一块蛋糕，切蛋糕的人就不该自己先选。这个原则是建立在一个前提下，即人各为己。如果切蛋糕的人先选，他（或她）就不会注意要切得均匀些——而且很可能有意切得不均匀。

V. S. 奈保尔（V. S. Naipaul）在他的小说《河湾》（*A Bend in the River*）中，用下面一段话描写殖民经验，他说：

> 欧洲人，像所有人一样，想要黄金和奴隶；可是同时他们又想给自己竖立雕像，就像是对奴隶做了好事。由于他们聪明伶俐、精力饱满又处在权力的鼎盛时代，就可以把自己文明的这两方面同时都表达出来；他们既得到奴隶又得到雕像。[1]

上述两例的共同点是，一致承认只要权力分配不均，只要切蛋糕的人同时又是挑选的人，某种程度的不均衡或不公平状况就很可能出现，有些人就会多得。爱德华·W. 萨义德在他的近著中，曾从认识论的高度发表了同一论点。这本书批判了西方在研究中东历史与文化时的各种基本前提假设。萨义德指出，在知识与真理、现实与现实被表述成的各种模样之间，不存在简单的吻合对等状态。因为"所有的表述，正因为是表述，首先就得嵌陷在表述者的语言之中，然后又嵌陷在表述者所处的文化、制度与政治环境之中"。[2]总之，凡是对现实的表述势必也是错误的表述，是一种"知者"对"被知者"实行的思想支配。

萨义德所专门探讨的这种思想支配现象是东方学领域：它是一批自称为东方学家的西方人创造出的一整套知识，集中研究的是西方人发明的被称为东方的现象。我们尽可不必同意萨义德对东方学的所有批评，不过仍然可以接受他的比较概括的见解，即认为一切智力上的探讨、一切求知的过程，都带有某种"帝国主义"性质，而且如果探讨者——或者更确切地说探讨者厕身其中的文化社会或政治世界——在历史上曾经影响或左右过探讨的对象，则表述错误的危险性最大，其"帝国主义"性质也最为致命。因为在这种情况下，探讨者不仅是切蛋糕的人，而且是先挑选的人。他既得了奴隶又得了雕像——甚至还对雕像的设计行使某种监制权。

美国史家思想上的帝国主义

本书想论证的是，美国与 19～20 世纪中国历史所发生的关系大体上就带有上述的双重性。作为中国历史舞台上的演员，美国人曾和其他西方人一起，直接参加了中国历史的创造进程。但是作为历史学家，我们又在创造各种理解这段历史的理论模式中扮演了重要角色。因此，美国对中国的权力表现在两个层次上：第一，是有形的或物质的层次；第二，是思想支配或理解的层次。第二种权力在任何情况下都是存在的，因为凡是历史学家都难免把自身的某一部分注入他所力求表述的历史现实中去。不过，由于加上了第一种权力它就变得更加显著。

151

如果从上述观点出发，则本书考察的三种模式不足为怪都带有浓厚的西方中心性质，这种性质剥夺了中国历史的自主性，使它最后沦为西方的思想附属物。不过，每种模式采取的做法各不相同。冲击－回应模式主要通过中国对西方冲击的（肯定的或否定的）回应来描绘中国现实。诚然，这种做法和老一辈美国史家的"蓝皮书"史学相比，已能较多地从内部观察中国历史，但它观察时的目光却分明偏向西方冲击这一方。因此，有时它把中国人的思想与行动错误地解释为对西方做出的反应，尽管事实并非如此；有时它完全忽视了某些重要的事变，仅仅因为它们和西方入侵没有联系，或只有很少联系。结果中国历史的某些方面被歪曲了，另一些方面则根本被略去，或者被缩小到微不足道的程度。

近代化或传统－近代模式，基本上是冲击－回应模式的放大。它给后者提供了远为复杂的理论框架，却渗透着同样的关于中国与西方的某些基本假设。冲击－回应模式把中国描绘成消极的，把西方描绘成积极的，近代化取向（特别是五十年代和六十年代所采取的形式）则把中国描绘成停滞不前的"传统"社会，有待精力充沛的"近代"西方赋予生命，把它从永恒的沉睡中唤醒。于是对中国这头"野兽"说，西方就成了"美人"，经她一吻，千百年的沉睡终被打破，她那魔术般的力量把本来将永被锁闭的"发展"潜力释放出来。这种模式对于比较全面公平地理解中国近世史，当然会造成灾难性的后果。除了西方被不加分析地封为救世主之外，凡属重要的历史变化都被狭隘地界说为西方自身所经历过的近代社会进程（或各种进程的组合）。这样，中国面临的就必然是一场败局。没有西方，不可想象中国会发生任何近代化的变化；同样不可想象的是，除了近代化的变化外，还有任何什么变化称得上重要的历史变化。

凡赞成帝国主义模式是解释 19～20 世纪中国历史最好办法的人——我这里指的是弗朗西丝·莫尔德和詹姆斯·佩克这类把帝国主义看成唯一的关键性因素的人，不是那些或多或少重视帝国主义的人——都认为自己是站在冲击－回应和近代化模式的对立面上。在某些方面确实可以这样说，但是在另一些方面他们和自己心目中的论敌却有不少共同之处。帝国主义取向像其他两个取向一样，也把作为工业化的近代化描绘成一件真正的好事，而且和它们一样也认为中国社会缺乏必要的历史先决条件，无法独立产生工业革命，因此得直接或间接地依靠西方入侵提供这些条件。诚然，除此之外，拥护帝国主义模式的人还认为伴随着这种经济近代化，必然会发生一场真正的社会革命，而赞成其他两种取向的人则并不同意这种极端重要的假设（或者最多只半心半意或很晚才表示同意）。但是，这三种取向都明确地（如帝国主义模式）或都隐含地（如冲击－回应与近代化模式）坚持认为 19～20 世纪中国发生的任何重要变化只可能是由西方冲击造成的变化，或者是对它的回应所导致的变化。这样，就排除了真正以中国为中心，从中国内部观察中国近世史的一切可能。

如果美国人研究 1800 年后中国历史的几个主要取向，都错误地描绘了西方的角色，又错误地理解了中国的现实（这两种错误在逻辑上未必有关，但在历史上却是彼此关联的），这对我们又意味着什么呢？作为美国人，我们是否就有可能在研究这段历史时去除任何成见，避免任何种族中心的歪曲，取得完全符合中国现实的理解呢？或者说这只是一种痴心妄想

153

呢？如果按照上面的要求，则确实是痴心妄想。历史学家在写历史时，毫无成见与歪曲是不可能的，认为研究中国的美国史家会有所不同，纯属欺人之谈。但是其中有个程度的差别。我相信粗制滥造、为害甚烈的各种种族中心主义的表现是可以避免的，这并不是幼稚的想法。我们可以做到较多地从中国内部出发，较少地采用西方中心观点来研究中国近世史。换言之，我们至少可以把这段中国历史的起点放在中国而不是放在西方。

把中国历史的中心放在中国

实际上，正如第二章所言，1970 年以来（如果不是更早的话），在美国采用更加内部的取向来研究帝制晚期和帝制以后中国的潮流已日益壮大。但是至今还无人肯下点功夫对这种取向做出描绘——表述它的特点，指出它和以前各种取向的不同，并阐明这种取向对我们理解中国历史有何作用。[3]我准备用最后这一章来描述这种取向，但我希望读者记住我这里所探讨的现象实际上只是一组趋向，而不是某种单一的、界限分明的取向（尽管为了方便起见我仍称之为取向），而且我自己对这些趋向及其意义的理解在某些方面很可能与其他学者不同。

鉴别这种新取向的主要特征，是从置于中国历史环境中的中国问题着手研究。这些问题有的可能受西方的影响，甚至是由西方造成的；有的则和西方毫无联系。但是不管怎样，它们都是中国的问题。说它们是中国的问题有两重含义：第一，这些问题是中国人在中国经历的；第二，衡量这些问题之历史重要性的准绳也是中国的，而不是西方的。[4]这样，就或明或隐地否定了种种过去习用的模式，这些模式都把中国历史的起点放在西方，并采用了西方衡量历史重要性的准绳。这样，描述中国最近几百年的历史就不是从欧洲，从航海家亨利王子（Prince Henry the Navigator）和西方扩张主义的萌动开始，而是从中国开始。随着越来越多的学者寻求中国史自身的"剧情主线"（story line），他们奇妙地发现确实存在着这条主线，而且在 1800 年或 1840 年，这条主线完全没有中断，也没有被西方所抢占或代替，它仍然是贯穿 19 世纪乃至 20 世纪的一条最重要的中心线索。

对中国近世史的这种重新认识表现在许多领域。例如现在许多学者就把中国 19 世纪的改革运动看成国内改革传统的产物。当然很少人会主张西方是无关紧要的，或者否认它后来曾对中国的改革思想与活动产生过重要的塑造作用。但是对于把改革视为由西方激发，按西方方向进行的传统说法，已经产生一股强烈的反动，和一种同样强烈的要求，主张应从中国的角度出发重新解释整个改革现象。[5]

如果我们不是"越过四五十年代的事变，如鸦片战争、太平天国，向后反观"19 世纪初期的历史，而是如曼素恩和孔飞力所主张的那样，"从 18 世纪后期历史发展的全局出发，向前展望"，就会得出一幅历史画面：中国那时有改革思想的人是对当时广泛存在的种种政治与社会问题做出回应，这些问题有一部分与朝代的衰微有关（许多人认为这种衰微大体始于 1775～1780 年），另一部分则由于某些前所未有的长期性变化（如中国社会不断商业化的过程）所造成。[6] 最初，所考察的问题，如洪亮吉（1746～1809）在 1793 年讨论的人口增长的后果问题，完全属于中国本土的问题。但是，即使后来建立

155

海防、抗御西方的问题慢慢引起中国人思想上的注意，所涉及的范围仍然十分有限。龚自珍（1792～1841）在 19 世纪初期曾意识到外国的威胁，并抒发己见，但是对他来说，萦回脑际的主要问题仍然是中国的政治与社会生活中世风日下的问题。对龚自珍的友人魏源（1794～1856）来说，西方问题的确占据比较中心的地位，但魏源作为改革家的声誉是在他和西方接触以前很久，在国内环境中首先建立起来的。尽管后来他认识到外国人对中国沿海地区的商业与军事入侵在中国历史上是前所未有的，但是这种反应只是当时人对亚洲的海岸国家危及中国海疆安全再度做出的总估量的一部分而已。魏源关于海岸国家的有影响力论著《海国图志》一书的主要目的，正如林珍珠（Jane Kate Leonard）最近所重新解释的那样，并不是介绍西方的地理与其他情况，而是描述西方向亚洲海岸国家的扩张——这种扩张本是中国历来关心的老问题——并探讨造成扩张的各种因素。[7]

还可以举出一些 19 世纪后半叶的例子。如王韬是七八十年代标准的西方问题专家，力主按西方方向进行改革。可是在六十年代初期他以社会、政治批评家与改革家身份初露头角时，并不是对西方而是对太平天国做出回应。至于倭仁（死于 1871 年），凡强调"中国对西方之反应"的学者都熟知他是头号的保守派人物，在六十年代曾反对建立同文馆讲授西学；但是由于他要求复兴书院，以实现政治革新，在他的同辈人中却以教育改革家知名。[8] 在 19、20 世纪之交，第一次出现了提高妇女地位的有组织的努力，通常都认为这是纯粹仿效西方之举，但是罗浦洛（Paul S. Ropp）却告诉我们，在此之前，"正统的儒家学者和非正统的诗人小说家……都曾对压迫妇女一事进行了两百多年的愈来愈系统的批评".[9]甚至于梁启超，虽然是清末传播西方思想的重要人物，但是他沿袭的整个思想传统仍受经世与今文派思想之统治，而且早在鸦片战争以前很久就开始不断积蓄力量。

因此张灏在研究梁启超时不以外国的挑战而以中国本土的思想背景为出发点，此种做法绝非偶然。在他的笔下梁启超不只是对西方做出回应，同时也是对博大精深、诸子争鸣的中国思想天地做出回应。[10]美国学者只是到最近才开始深入探索这个思想天地，但是正如上述诸例所显示的，通过这种探索，我们对19世纪中国改革运动的理解已经发生了转变。

石约翰与詹姆斯·波拉切克则从另一侧面改变了我们对改革现象的看法。他们都把19世纪九十年代的改革运动，至少部分地解释为中国上层知识界面临的种种政治与社会问题所引起。石约翰争论说，在七十年代开始的清议运动和戊戌变法之间存在着重要的内在联系，它们实际上是19世纪最后二十年"在政府及上层社会内部形成的一脉相传的反对派运动"。这种看法和传统的认识迥然不同。后者正如本书第一章所说，把清议描绘为保守的、仇外的努力，而把戊戌维新派描绘为曾受西方强烈影响的"进步的"派别。石约翰修订了这种传统看法，他发现如果不是从思想而是从政治的角度来分析这两个集团，就会看到两者之间有惊人的相似之处。统治这两个集团的都是些受过高级教育的、年轻的官场局外人，他们都强调政府必须廉洁奉公，并激烈批评清廷的绥靖政策。由于仕途坎坷，无机会参政，两个集团都谴责卖官鬻爵之风，主张广开言路，并要求选用贤才，废除论资排辈现象。最后，石约翰指出，从成员上说，这两个集团之间也有相当多的交错现象，其中最突

157

出的典型当推康有为，他的所作所为带有典型的清议作风，而且和清议运动的成员过从甚密，但他却是戊戌维新派中最煊赫的人物。

石约翰认为1870年后政治反对派持续发展的根源应在这一时期的社会史中寻求。在太平天国运动和同治中兴时期曾有大批年轻人得到迅速提升，他们在七十年代与八十年代仍然在掌权，从而使低层的官员无法擢升。而且由于太平天国后科举名额增多，扩大了求职者的队伍，而另一方面卖官之风盛行，却减少了可得官职的数目，因此，通过正常（或科举的）途径取得哪怕是低微职务的机会也急剧减少。[11]

如果说石约翰认为上述情况所造成的沮丧情绪给政治反对派火上浇油，波拉切克则认为这种情绪可能是康有为、谭嗣同（1865~1898）一类维新人物思想上激进主义的根源。他对这种激进主义的内容并无特别兴趣，引起他兴趣的是激进主义所表达的社会紧张状态。伪科学的形而上学的探讨①、对家庭制度及其道德观念的猛烈攻击，对经书的全面的再解释——这一切都暗示着对正统的科举科目与作为上层教育的社会支架有一种相当强烈的不满情绪。波拉切克经过初步研究，提出一个假设：他认为这种思想新动向所反映的上层社会的离心倾向，与19世纪后期家庭及社区拥有财产的不断下降，这两种现象之间存在着直接的联系（这些财产是在五六十年代与太平天国和其他叛乱进行斗争中逐步积累起来的）。这种财产下降给广东与湖南某些地区（波拉切克集中研究的是康有为的故乡广

158

---

① 指康有为、谭嗣同等利用"电气""星云""以太"等西方自然科学成果附会于"仁""不忍之心"以探讨宇宙之本体与动力的企图。——译者注

东南海县）的中下层绅士带来了职业危机，并促使他们力图获取新的发迹机会。对新发迹机会的追求，又促使他们中许多人变成所在省份的改革运动的领导人。[12]

总之，不论从中国本土的思想背景着眼，或从引起部分改革的日益恶化的政治、社会问题看眼，只要从中国内部来观察19世纪改革运动，都会产生一幅与传统看法很不相同的图景，而这种现象在20世纪60年代后期出现的对辛亥革命的新看法中也同样存在。美国学者对辛亥革命的研究起初几乎完全集中在孙中山及其领导的革命组织同盟会上。[13]孙中山曾在夏威夷受过教育，受到美国影响，是我们熟悉的人物。由于以他作为整个辛亥革命的中心，并主要通过他的经历来描述革命的发展，我们便将这场革命着实"归化"了，把它变成一种美国人能够理解自如的现象。

后来薛君度在1961年发表了一本研究孙中山革命同人黄兴（1874～1916）的书，提出孙中山并非辛亥革命的唯一领导人，还有一些领导人其重要性不亚于孙中山，[14]但未曾享有应得的尊重。这种现象部分是由于美国史家对孙中山有一种自然的偏爱，部分是由于国民党史学曾对美国的历史研究产生过影响，而国民党史学（尽管出于很不相同的理由）也同样强调要以孙中山为中心。

美国对辛亥革命理解的第三阶段——也是更具有决定性的阶段——是以1968年芮玛丽编辑的一本书问世开始的。[15]芮玛丽在作为引言的十分重要的一章中争论说，辛亥革命的特点之一是缺乏强有力的、有效的领导。书中的多数文章都这样或那样地反映了同样的观点，都较少地强调革命的领导人物而较多地强调促成革命的社会、政治、经济与思想的形势。随着美

159

国史家将研究重点从革命家转移到革命,[16]对辛亥革命开始形成一种较以前远为强调内部因素、远为以中国为中心的看法。

这种新看法中尤其令人感兴趣的副产品是关于绅士阶级与革命之关系的争论。芮玛丽富有说服力地指出,绅士在1911年是一股进步的势力,是新世界中的新人,他们决定通过立宪改革创建一个强大的中国。书中一位日本作者——市古宙三——则提出相反的意见,认为绅士阶层是一个保守的因素,他们对西方化和改革的兴趣（如果说确有趣味的话）仅仅限于它们对保存自己阶层生存有利的情况下。周锡瑞在一部分析两湖革命的饶有趣味的著作中,提出了一种超越市古宙三与芮玛丽的看法（虽然他比较倾向于前者）。他将绅士阶层进一步加以区分,把它分解为反对改革、比较保守的农村部分和赞成改革、比较进步的城市部分。后者是支持这场革命的,但这种支持是"以自身获取政治权力为条件的"。而且一旦革命爆发,作为城市改革派的上层分子最关心的则是社会稳定问题,所以这场革命,正如促成革命的各种改革一样,"在政治上是进步的,但在社会上却是退步的"。[17]

绅士阶层与革命的关系还可以从1911年以前早就开始的更加广阔的历史进程中进行观察。在明清之交,绅士的阶级特性主要仍然是按照土地占有情况加以界说。但是随着这一阶层队伍的扩大（主要是人口扩张造成的）以及中国某些地区的高度商业化,新的收入来源开始代替土地财产成为绅士身份的主要经济基础。这些新收入来源包括17世纪以后绅士在地方一级担任的一系列半官方管理职务,如调解法律纠纷、监督地方学校与书院、代表农民向衙门书吏交税、管理城市的服务事业、征训民兵等。[18]绅士身份经济基础的这种转变,在19世纪中期叛乱四起之时及其后，达到了高潮，这时绅士中的管理人员被召任种类繁杂的新文武职务，使他们在地方行政中的角色比过去任何时候都更加稳固。到清朝晚期，情况变得更加复杂。在地方一级，越来越多的绅士——当时人称之为"绅商"[19]——进入了商业领域或向新式企业投资。绅士依赖行政管理职务，或经商（或二者兼而有之），来维持生计，其依赖程度之深致使中央政府启动义和团运动后的改革计划，在 20世纪最初十年，想急剧扩大自己的行政与经济活动范围时，绅士（外加许多商人）就感到他们的生命线受到了威胁。

从上述角度观察，辛亥革命就大为改观。孙中山及其革命同人的作用，前一时曾被史家一再强调，如今却退居次要地位。看来这场革命似乎较少的是一场受西方影响的激进分子对保守的清朝政治体制发动的反抗，更多的是进行改革的清廷和某些方面相当保守的地方上层社会之间矛盾冲突的产物。这批上层人物认为清廷的改革纲领具有强烈的中央集权倾向，是对自己经济与政治利益的威胁。

当然，西方的影响曾起过重要作用。事实上触发革命的表面争端之一，正是中央政府和某些省对于应该由谁负责建造中国铁路发生了冲突。但是，真正的争端并不在于铁路而在于清廷触犯了一整套的特权——地方上层社会愈来愈视为禁脔的金融、商业、政治和管理的特权。从这个观点出发，这场革命并不是"近代"势力（不论在多么有限的范围内）战胜了"传统"势力，而是中国社会内部长期以来持续未断的权力斗争发展的结局。

显然，以上只是对待辛亥革命可能采取的许多看法之一。但是即使从以上图解式的挂一漏万的描绘看来，这种看法已经

161

暗示了一幅与美国史家前辈描绘的截然不同的帝制末年画面。在这幅画面中，西方仍然占据重要地位，但对这种地位的理解，要比以前复杂得多，因为我们开始看到和西方打交道的并不是一个惰性十足的、被动的中国，而是一个长期以来自身经历着重要变化的中国，一个充满最基本的矛盾与冲突的中国；这个中国，从自身的情况出发加以观察，绝非离奇古怪、充满异国情调的国度，而是由真实的人所组成，他们和任何社会中的人一样，日夜思考的棘手问题是如何在一个严厉、苛刻，往往是不可理解的世界中生存下去。

鉴别中国中心取向的第二个特征，是在面临这个不可理解的难题时把中国从空间上分解为较小的、较易于掌握的单位。在这个意义上，这种取向并不是以中国为中心，而是以区域、省份或地方为中心。采取这种做法的主要依据是中国的区域性与地方性的变异幅度很大，要想对整体有一个轮廓更加分明、特点更加突出的了解——而不满足于平淡无味地反映各组成部分间的最小公分母——就必须标出这些变异的内容和程度。

这种从空间划分的办法，可根据所研究问题的不同性质，确定不同水平的具体化程度，并采取不同的变数组合。在研究清末改革派时，我感到为了分类方便，把中国划成两大文化地带是有益的，我粗略称这两大地带为海岸（或沿海地带）与腹地（或内地）。[20]对前者我特别感兴趣，因为我当时所研究的改革家都在沿海地带生活与工作，而且都受这段经历的深刻影响。

沿海与腹地文化之根本区别当然可上溯许多世纪。但是随着中国东南沿海居民日益卷入遍及全球的新兴的海洋文明，这种区别在 16 世纪初进入了新阶段。鸦片战争后，香港成了英国殖民地，上海、广州、宁波、福州、厦门成了通商口岸，沿海和腹地的区别进一步扩大，同时迅速发展的沿海商业中心的文化也日益具有自己的特色，这种特色，至少持续到 20 世纪中叶。

沿海文化的特色，不仅在于与腹地文化形成对比，而且在于自身的各组成部分之间出现大量的相似点。这种现象在物质方面表现为沿海港口之间人口与货物的大量交流。但是比这种交流本身更重要的，是这些城市已在很大程度上演变为在均匀自足的天地中可以互换的组成部分。因为归根结底，正是这种沿海地区在文化、制度与经济上的共同性，使该地区内部的交流得以顺畅进行。

赋予沿海文化内部的统一性，并使之与中国其他地区有别的一些特点，可简要归纳如下：第一，沿海地带在物质和文化上都处于西方直接影响之下（尽管这种影响带有高度选择性）（但对此点亟须补充说明：①仅就数量上说，在所有沿海城市的居民里，中国人都占压倒性的多数；②到 19 世纪末，非沿海城市，尤其是长江及其主要支流的通商口岸，也在相当程度上受到西方影响，尽管这种影响从未达到沿海较大城市的程度）；第二，沿海地带的经济以商业为主轴，包括通商港口之间（沿海地区内部），沿海与内地之间以及沿海地带与国外之间的贸易；第三，虽然有少数中外官员和大量工业、非工业的中国劳动者聚居在口岸城市，沿海社会的价值概念则带有该社会中中国与西方上层商人的浓厚资产阶级色彩；第四，沿海地带在行政和司法上是一种混合体，既含有中国的又含有西方的主权与惯例因素；第五，沿海地带和腹地形成鲜明对比，它面

163

向外界，面向全球；眼光既集中在中国，但也同样集中在全世界。

沿海－腹地的区分，在讨论外界（特别是西方）影响起首要作用的历史问题时，是有益的。但是由于它特别强调中国受外国影响的地区和未受外国影响地区之间的鸿沟，如果我们因此就认为它意味着有某种均匀的、无差别的内地文化存在，就可能造成严重误解。从这点看来，施坚雅的区域系统（regional systems）取向有一个巨大优点，即让人们注意在辽阔的中国"腹地"内部存在着重要的差异。

施坚雅是在力图确定 19 世纪中国城市化程度的同时引进区域研究方法的。[21]他在研究中国城市的早期就发现这些城市在帝制晚期并没有形成一个单一完整的全国性系统，而是形成了若干区域性系统，每个系统和其周围系统只有微弱的联系。他进一步发现这些区域性的城市系统和按照流域盆地划分的地貌学上的各个单位几乎如出一辙。在 19 世纪，中国这些单位——施坚雅称为大区域（macroregion）——共有九个：东北（该区由于在 20 世纪前城市化水平过低未包括在作者的分析中）、华北、西北、长江上游、长江中游、长江下游、东南沿海、岭南与云贵。

在施坚雅的分析中有两个主要变数：一是地理（指其最广含义，包括地貌、自然资源与距离）；二是技术，特别是运输技术。在运输技术尚未机械化的情况下，例如在中国 19 世纪引进轮船前，人口与物资的长途运输成本甚高——用驮畜贩运粮食二百英里所需的成本相当于生产这批粮食本身的成本。这一切都有效地限制了各区域系统的总面积并减少了几乎各种形式的区域间的交往。在这种情况下，阻碍流动的自然地理因素（如高山）由于提高了运输成本，就形成了区域间的天然界限；而另一方面，促进流动的自然地理因素（如可航行的水道）由于降低了运输成本，就形成了区域内部的天然核心地带。人口与资源往往集中在这些核心地带，并随着从中心向边缘地带外移而越来越稀落。大城市当然总是坐落于各区域的中心地带，或处于通向这些地带的主要交通线上。

　　施坚雅的研究方法有很大优点。其中较重要的一点，是它提供了一套新的概念词语，使我们可以从新角度看待老问题，在过去看不出联系的地方找到了联系。更具体地说，区域系统的分析方法在空间上是动态的，因为它不是把城市作为离散的、孤立的单位加以讨论，而是把它们看作与其腹地之间，以及其所在区域的其他大大小小城市之间相互作用的单位。在时间上，这种分析方法也是动态的，因为它认为所有的区域系统都经历了发展与停滞的循环过程，这种过程在某种程度上与王朝的兴衰更迭相一致，但是在某种程度上又按照自己特有的节奏发生变化。在我看来，施坚雅取向的最大优点在于它同时突出了各个区域之间以及每一区域内部的中心地带与边缘地带之间，在空间与时间上存在的差异。不同区域就其内部的地理特征与自然资源而言，自古以来就不相同，加上所遭遇的自然与历史事变又不相同，就势必进一步分化。施坚雅提醒我们，中国历史上屡见不鲜的严重的天灾人祸——旱灾、水灾、叛乱——发生的范围几乎总是区域性的，而不是全国性的（灾难性的干旱对西北与华北的影响较其他区域更为严重。另外，太平军的主要影响则波及长江下游区域与长江中游区域的赣江盆地）。再则，朝廷的决策一般说来只影响某一区域而不是整个帝国的盛衰（1757 年钦赐广州的对外贸易垄断权，在几乎

165

整整一个世纪内加速了岭南区域的发展，而抑制了东南沿海区域的经济）。

166 　　施坚雅的分析对研究中国历史的美国学者，已经产生了应有的深远影响。但这种方法并非无懈可击。施坚雅自己曾指出，缺点之一是这种系统分析最有利于描述规律性现象——某一系统各组成部分之间在功能上的相互作用——但最不利于探索因果关系。[22]这一点——至少对史学家来说——在时间领域中尤为明显，这时往往易于强调周期性的变化而忽视长期性的变化，从而给人们造成一种我认为是很不幸的印象，即以为周期性变化乃是帝制晚期中国变化形式的特征，而长期性变化只有到了 20 世纪，随着机械化技术的引进才变得重要起来。[23]施坚雅方法的第二个潜在的缺点是，他过分偏重基础结构的分析，即把重点几乎全部放在地理与经济的决定因素上。当讨论的问题集中在经济的发展与停滞、城市兴衰与人口增减时，这种地理、经济的决定论可能还相当适用。但施坚雅有时似乎宣称系统分析方法具有更加广泛的解释能力，把这种方法不止应用于社会和经济活动，而且扩大到政治，也许甚至思想、文化的活动。这时我就颇有战战兢兢、如履薄冰之感——至于这种做法所冒的风险到底有多大，只有经过时间和史实的进一步考验才能得出结论。

　　施坚雅反复强调的一点是在学者研究某个问题时，应该首先弄清楚适用于该问题的人际作用的系统是什么。例如，如果研究的问题是经济问题，我们就不该把诸如省或县这类政治、行政单位作为有关的空间系统。尽管理论上很少人会怀疑这种忠告是明智的，但多数史学家出于习惯与方便，感到不把中国划分为省或县是相当困难的。我们所研究的中国人自己就习惯于这样想问题，而且研究涉及的资料（如地方志）也往往是按照行政区域的划分加以组织。不管是否恰当，近年来，尤其是对省这一级的研究，犹如雨后春笋，大量涌现。

这类研究涉及的专题多种多样，如 19 世纪中叶广东的社会骚动、清朝最后几年山东的德国帝国主义，以及 1911 年到 1927 年湖南农村革命。[24]在有关省份的研究中最多的一组是关于辛亥革命及随后的军阀时期。其中有些研究如苏堂栋（Donald Sutton）关于云南黩武现象的著作既涉及辛亥以前又涉及辛亥以后，[25]但大部分研究都集中于其中的一个时期。关于辛亥及辛亥以前几年的历史，已发表的论述集中研究广东、两湖与浙江诸省，此外还有几篇未发表的博士论文。[26]对各省军阀的研究则为数更多，不过正如李友华（Diana Lary）所指出，被研究的省份——山西、云南、四川、广西、广东与东北（实际上包括三省）——恰好都在中国的外缘地区，这些省的（对东北说则是地区的）地理界限都比较分明。李友华提醒大家，切忌根据这些研究就认为军阀主义必然（甚或典型地）是一种以省为单位的现象。军阀的势力范围有时（如在东北）是跨省的，而且往往只限于省辖的下属地区。[27]

以省为中心的研究已开始给我们提供一幅更加多样化的中国画面，而随着多样性的增加，人们对某些定论提出的质疑也越来越多。例如长期以来人们都认为清末改良派与革命派之间的分歧是无法克服的——K. S. 刘（K. S. Liew）就曾提到两派之间"永远无法弥合的鸿沟"。[28]但是冉枚烁（她研究浙江、上海）、路康乐（他研究广东）和周锡瑞（他研究两湖）等人，在他们更加地区化的深入研究中都主张"改良运动与革命运动往往互相交错，致使两者之间有时似乎已无法区别"

（路康乐语）。[29] 这种修正性倾向的另外一例是由萧邦奇
（Keith Schoppa）提供的。他对 20 世纪初二三十年浙江的研究
使他对传统的分期提出质疑，这种分期把 1916 年（或稍前）
到 1928 年称为中国的军阀时期。但是萧邦奇写道："这一时期
的浙江历史（至少直到 1924 年下半年前），并不具备军阀主
义的'传统'弊端。"[30]

这种从空间限定范围的研究势必带来的修正性倾向，在目
前还为数较少的对府、县一级的研究中同样可以看到。此点我
在谈到波拉切克分析广东南海县社区公产下降与康有为等人的
激进改良主义之间的关系时，已经指出。柯慎思（James
Cole）在他所谓"绍兴帮"的研究中提供了另外一例。所谓
"绍兴帮"，是指浙江绍兴府在清朝自始至终提供了与其大小
极不相称的大批下级政府官吏，从而在经济上也取得了同样不
相称的报酬。柯慎思的研究说明政府官员从绍兴府招雇幕友的
好处，并不像人们一向认为的那样在于绍兴幕友才能出众，而
在于他们带来的人事关系。因为上自总督下至县级衙门都有绍
兴幕友，而且由于他们说的是一种方言，交往起来十分方便，
因此低级衙门的官员为疏通与上级衙门的关系就不得不倚重
他们。[31]

另外一个针对县的研究是希拉里·贝蒂关于明、清两代安
徽桐城县地方上层社会的研究。它向有关帝制晚期中国上层社
会的若干标准结论提出了挑战，其中两个结论曾得到张仲礼与
何炳棣的开拓性研究的支持：[32] 一是认为通过科举考试是取得
绅士身份必不可少的一步；二是认为在明、清两代上层社会内
部，上下流动的现象相当频繁。但根据贝蒂的研究，这两种现
象在桐城皆不属实。该县上层社会人物绝大多数出自六大宗

族，这几个宗族在明朝后期已扎下根基，并在整个清朝继续统 169
治当地社会。而且上层社会的组成情况和何炳棣与张仲礼提示
我们的也颇不相同。在任何时期只有少数成员拥有科举头衔。
从明到清确定上层社会地位的主要依据始终是土地占有情况和
宗族组织关系。[33]

　　有些限定区域的研究会引起代表性或典型性问题，有些则
不然。如果像波拉切克那样，感兴趣的问题是康有为激进主义
的乡土渊源，那么只有康氏的故乡南海县是必须研究的县
（虽然我们可以假设，如果有人能证明其他社区财产下降的县
并产生思想激进的改良家，那么波拉切克的一部分立论也会遭
到削弱）。同样，尽管绍兴并不是清朝唯一产生超比例的下级
官吏的府，我们也不一定非得研究苏州与杭州（它们是另外
两个产生超比例下级官吏的府）才能发现绍兴的"垂直行政
集团"（vertical administrative clique）是如何产生和运转的。
只是贝蒂的情况稍异，她探讨问题的框架由一套有关全中国上
层社会的概括性论断组成。因此即使（在大约1500个县中）
找出一个县不符合这些论断，其本身并不足以推翻这些论断。
它最多只能证明这些结论并不是普遍正确的。像贝蒂所做的这
类研究的巨大优点是指引我们如何最后就中国上层社会做出更
加复杂的、更有区别的——因此不是那么笼统的——陈述。不
过，在做出这些陈述之前，我们还必须对其他具有一系列不同
空间特点的县进行类似研究。[34]

　　上述代表性问题，在研究另外一个很不相同的课题上则极
为重要，即中国共产党在20世纪三十年代与四十年代发展壮
大的课题。这一次，探讨问题的框架是由查默斯·约翰逊 170
（Chalmers Johnson）1962年出版的开拓性著作《农民民族主义

与共产党权力》（*Peasant Nationalism and Communist Power*）确定下来的。[35] 为了说明中日战争中，共产党力量为何能急剧发展，约翰逊争论说，共产党采取的减轻农民痛苦的社会经济改革措施，远没有他们认同（并利用）民族主义政治势力那样重要，这股势力是日本入侵——特别是日本人在农村展开野蛮的"扫荡"战役——在中国农民中所激起的。

这个"约翰逊论点"是针对整个共产主义运动构想的。它首先遭到唐纳德·吉林（Donald Gillin, 1964），接着又遭到马克·谢尔登（Mark Selden, 1971）的严厉批评，两者都是以限定区域的研究为基础的（吉林研究的是山西，谢尔登研究的是陕甘宁根据地）。他们的结论都认为社会经济改革在为共产党赢得农民的支持中起了极为重要的作用。只要谢尔登把自己局限在陕甘宁地区，他的立论基础是十分稳固的，因为在共产党的根据地中，陕甘宁具有独特性，它是毛泽东与共产党中央委员会的大本营所在地，而且从未受过日本的直接入侵；但是当他把自己关于社会经济改革居首要地位的结论扩大应用到其他根据地时，他就超出了自己的史料许可的范围，并像约翰逊那样（但吉林并非如此），就共产党的全部经验做出了概括性的论断。

在约翰逊强调农民的民族主义与谢尔登强调社会经济改革之外，片冈铁哉（Tetsuya Kataoka, 1974）部分根据罗伊·霍夫海因茨（Roy Hofheinz）早先的精辟见解，就共产党如何取得政权问题，提出了第三种概括性解释。霍夫海因茨曾在1969 年发表一篇重要论文，他强调"也许在说明共产党成功的所有可能的解释中……最重要的解释（是）中国共产党自己的行为"，并认为"任何关于中国共产主义兴起的一般理论，如果（不提）共产党组织本身及其生命力之重要性，就只能171是一种片面的解释"。按片冈铁哉的说法，正是共产党的组织力量（在国民党围剿的威胁由于抗战与第二次统一战线而被排除时）得以让农民按照党的意志行事。在片冈铁哉看来，中国农民尽管是一股巨大的、潜在的力量源泉，但其基本趋向是不问政治、一盘散沙、目光狭窄。为了把"成千上万分散孤立的……细胞般的单位"融合成一股紧密团结的力量，必须有"一种完全近代化的组织"——中国共产党——"从上而下地强加"在他们身上。一旦这副"钢铁框架"稳固地建立起来，归根结底是柔顺可塑的农村的中国，就可以用来支持各种不同的政策与目标。[36]

　　尽管上述各种论断都含有部分真理，但是由于它们过早地就共产党的全部经验提出概括性的解释，因此当遇到近年出现的空间上更加专一的研究时，就都显得"有懈可击"。后一种研究以陈永发（Yung-fa Ch'en）、贺康玲（Kathleen Hartford）、戴维·保尔森（David Paulson）与裴宜理（Elizabeth Perry）的著作为代表，[37]其优点来源于以下几个因素。第一，正如范力沛（Lyrnan Van Slyke）在研究中国根据地新著所做的精辟综述中强调的那样，这种研究是根据广泛收集的中共党内文件与国民党的保密情报报告进行的，这两种资料，和为了公开发行而编写的资料相比，较能坦率反映基层的实况。[38]第二，新的研究是按不同地区分别进行的，较注重阐明共产党在某一根据地逐步赢得民众拥护的复杂进程，而不是注重形成一些适用于全中国所有根据地的概括性论断。第三，新的研究对于每个根据地内部空间上的差异与时间上的变化表现出了高度的敏感性，并在其分析中采用了一系列的不同变数。例如保尔森在他有关山东

172　的著作中就指出群众拥护共产党是受多种因素影响的：日本人军事处境的变化，党的地方干部的军事与组织经验的逐步积累，统一战线内部关系时紧时松的波动，国民党游击队实力的变化，民众对中共逐步适应的过程，以及一系列其他因素，其中大部分因素在根据地内部各处都不一样，每时也不相同。[39]

这些关于根据地新近的研究，不仅削弱了有关共产主义运动之兴起的全国性论断的基础，而且使人们的注意力离开了当初引出这些论断的问题。这个问题，正如范力沛所指出的，由于集中在共产党取得成功的原因上，就事先假定共产党是成功的，从而把实情究竟如何这类应该首先解决的问题放在次要位置。而新的研究比较注重这类问题，因此对过去的某些假设提出质疑，并开始打下基础，以便就战时中国共产党经验，做出"更全面的、更精密化的、色调差别更加微细的论断"。[40]

中国中心取向的第三个特点——此特点已隐含在上述有关共产党根据地的新研究中——是把中国社会视为按若干不同层次组合的等级结构。因此，在上述空间的或"横向"的划分之外，又加上"纵向"的划分。在七十年代以前，美国对中国的研究，除少数例外，[41]往往集中于从最高层着眼——中央政府和强有力的省级统治人物（帝国时期的总督与巡抚，民国时期的军阀）所采取的政策与行动，震动全国的事件与变化（鸦片战争、五四运动、共产主义运动），其声望超出地方或区域的思想文化界人物（梁启超、鲁迅）等——而新的研究则更多地集中在中国社会的下层。必须反复强调的是两者之间的区别，并不是上层社会与非上层社会的区别，因为在等级结构的每一层次，直到最低层次，都有自己的上层分子——也

173　就是说都有社会阶层的区分。正如施坚雅所说：

向作为政治体制的（基层）集市社区提供实际领导的人，以及代表社区集体与上级政治实体打交道的人，都是些有地产、有闲暇、有文化的乡绅，而他们在任何合理意义上都是农民的对立面。是手工艺人、商人以及其他从事经济活动的专职人员，不是农民，使定期集市得以像心脏一般正常跳动，从而维持社区的生命。是得到寺庙的乡绅管理人员支持的宗教领袖，不是农民，赋予农民的小天地以宗教意义。[42]

总之，即使中国农村社会的最底层，也绝不是不分青红皂白的一大堆农民。

这种对中国最低层社会的分层也明显地反映在新近对民间历史的探索中。在这类描述中，"上层社会"（elite）一词的含义已大大扩展，除了包括比较狭义的只在高层社会出现的上层人物之外，还包括商人、宗教专职人员、下层乡绅、军人，甚至土豪与匪徒——换言之，包括一切在当地社会起领导作用的各色人物。另外，当我们摆脱高层社会上层人物的私隘之见来观察低层社会现实时，对低层社会的理解就大为改观。我们可以看到以前无法看到的现象。

就以罗友枝关于清朝教育与民众识字情况的论述为例，长期以来，人们都认定帝制晚期绝大多数中国人是文盲；认为这种识字率很低的现象是中国书写系统为非拼音系统所造成的直接后果；认为大部分中国人——特别是农村居民——无力承担读书识字所需的时间与费用；并认为在中国取得读书识字能力的重重困难是过去一个世纪中国现代化的主要障碍之一。

费正清在他流传甚广的《美国与中国》（*The United States*

and China) 一书中，对这问题做了典型的表述，他说："中国的书写系统并不是每个小学生在准备应付生活中的种种问题时，可以随手学到并使用的一种很方便的工具。它本身就是生活中遇到的各种问题之一。如果小老三没有时间长期持续地学习它，他就永远无法在社会中上升。因此，中国的书面语并不是一扇敞开的大门，通过它，中国农民可以发现真理与光明，而是一种阻止他们向上发展并要求他们付出辛勤代价加以克服的巨大阻力——不是学习的助力而是学习的障碍。"[43]

罗友枝却把这一整套假设颠倒过来，从根本上改变了我们对这些问题的理解。她采用各种分析手段和多种不同的资料得出了结论。她认为清朝启蒙教育是非常便宜的，因此几乎所有迫切需要这种教育的中国男性居民（甚至贫穷的农业地区的居民）都可以得到它；较快地获得应付日常需要的书写能力是可以做到的；到了 19 世纪后期（如果不是更早一些的话）中国男子中百分之三十到百分之四十五，妇女中百分之二到百分之十"都会读书写字"，形成"几乎每户人家平均有一人识字"的现象；当时中国男性识字率大体上与当时的日本和 17 世纪中叶的英国相当；晚清的识字率水平在中国现代化努力中根本不是一种障碍，而是一种极有价值的优势。

罗友枝使我们对清朝民众识字率的认识完全改观的关键，是她对怎样就算"识字"采取了新的界说。帝制晚期受过高级教育的中国人，和美国今日的文人有些相似，总喜欢把识字理解为读书的能力（而且往往是指阅读很艰深的书的能力）。但是这种定义却是一种狭隘的自我陶醉式的定义，它完全忽视了几千年以前书写系统诞生的缘由——更多的是为了记账而不是为了写书——而且它轻易地忽视了一个事实，即在帝制晚期的中国，即使最起码的识字能力都会带来相当多的经济利益。在 19 世纪的中国，做个商人或店主并不需要能读经书。但是一定的阅读能力不论多么有限，其范围多么狭隘，都是既有用又显然很普遍的。实际上，正是罗友枝所谓的"识字的日常用途"给我们提供了一条线索，她认为通过这条线索我们就可以"理解不仅在 20 世纪初期，而且在 18、19 世纪，推动民众识字的根本动机何在。不仅在城市而且在农村……从经济上说对识字的需求是迫切的"。[44]

　　罗友枝的分析并非无懈可击。她对识字人口数量的估计可能偏高。她强调初级教育很便宜这一点应根据农村贫困居民的收入水平来衡量，而在晚清中国这个水平是极低的。此外，她认为即使起码的能起作用的识字能力（她认为掌握几百个字就算具有这种能力），也可能对一个人的社会与经济地位造成相当大的差别，这种论断带有过多的印象成分，难以使人完全信服。[45]尽管如此，作者的总论点使人们从全新的角度考察清朝识字现象与国民教育。今后有关这方面的任何研究都必须考虑到她已取得的成果。

　　和罗友枝对识字现象与国民教育之研究所起的作用相同的，是欧大年与韩书瑞对帝制晚期民间宗教及叛乱的研究。他们两人都利用一种新的原始资料（欧大年用的是教派经典或"宝卷"，韩书瑞用的是叛乱者的供词），而且都明确地采用"自下而上"而不是"自上而下"的观点，以便对中国社会最底层的思想与行为取得一种来自内部的看法，即把当时的现实视为虔诚的当事人所实际体验的那样，而不是远在异方（而且往往是怀有敌意）的局外人所勾画的那样。[46]

　　欧大年的兴趣主要在于中国佛教的宗派传统，即他在自己

书名中称为"民间佛教"的现象。他争论说这个传统一直遭
176 受严重曲解。最初是受儒教士大夫的曲解,近来又受近代学者
的曲解。前者往往把民间教派视为利用宗教外衣进行政治颠覆
活动,因而在社会上起破坏作用的集团;后者则坚持把宗教仅
仅描绘为底层的基本社会、经济势力在上层建筑的表现。不论
属于哪种情况,教派成员具有真正宗教献身精神的可能性,如
果不是被全盘抹杀,也是被大大缩小了。

　　欧大年深信这两种解释都是错误的,他认为"对有些人
说,宗教信仰……本身就是一股塑造事物的力量",并认为如
果我们想对中国的佛教宗派进行充分探索,就必须认识到其宗
教信念所发挥的关键作用。虽然作者毫不犹豫地承认教派成员
确实有时进行过政治活动,也承认教派组织与叛乱组织之间的
界限以及与秘密结社之间的界限,都可能变得模糊难辨,在诸
如 19 世纪社会崩溃时期,尤其如此,但是他仍然坚持从其根
本意图来说,教派基本上是独立存在的。由于政府的监视,它
们可能被迫以秘密结社的形式进行活动,但是后者复杂的秘密
守则与隐晦难考的习规,和教派组织中具有悠久传统的简单教
义与单纯背诵口诀的仪式是根本对立的。而且不论叛乱运动多
么想借助神灵之力来实现其社会、政治改革,但这毕竟不同于
"为了献身拯救人类的神灵,并在人间(建立)神的天堂而投
入一场为末世来临而进行的战斗"。在这两种运动中宗教都起
了作用。但是前者的基本意图是解决当地的社会经济问题,而
后者的基本意图则在于为全人类创立崭新的精神秩序。[47]

　　在中国教派的传统中最著名的要算白莲教。白莲教尽管直
177 到 16 世纪中叶才明显地形成独立的宗教传统,但 12 世纪以来
已披着各种外衣积极开展活动。白莲教把宗教的虔诚和政治与

叛乱奇特地交融在一起（一般都认为正是这一教派给 1900 年义和团起义提供了宗教启示），在这方面它成了"中国民间佛教教派的典型事例"。[48] 欧大年集中研究白莲教宗教的一面，提供了许多关于它的信仰与神话及其领导、经文与教仪的有趣资料。韩书端的第一部书虽然也提供了关于白莲教的内部宗教情况，却把重点放在这一传统的叛乱方面，并以 1813 年秋自称"八卦教"的白莲教教派起义为例。

这次起义发生在华北平原，响应者达十万余人，是欧大年所谓的"为末世来临而进行的战斗"的最好例子。对参加战斗的人来说，叛乱并不是宗教之外的另一条出路；两者只是"同一救世过程的不同方面"而已。这是韩书瑞反复强调的一点：

> （白莲教）的徒众平常就对个人宗教生活比较重视，同时又预期一个大灾变时刻的到来。那时他们将抛开世俗生活，追随派来领导他们的神灵，团结一致，奋起战斗，迎接一个美满的新世界。在这个世界中所有人都将凭着对神的信念，而且单凭这种信念而得救。

1813 年所发生的叛乱正是如此。尽管在连续五年丰收之后，河南北部的部分地区在 1811 年发生了旱灾，接着又是两年农业情况恶化，但是旱灾显然并不是起义的原因。在华北平原叛军最后比较活跃的诸县中，只有两个县曾于 1811 年因经济困难遭受折磨。旱灾最多只是被叛乱的组织者用来证明劫日已经来临，正如 1811 年同时出现的大彗星被他们解释为神灵保佑的征兆一样。号召八卦教起义的理想，自始至终其性质都是宗教的。由于对经文中的预言深信不疑，"某些原先零散的

178

非暴力的教派成员……预期现存社会即将毁灭并被一个更加美好的世界所代替，终于联合起来为实现这种转变而战斗"。[49]

韩书瑞这本书的巨大优点在于它把我们引进一个以前很少有机会接触的世界。作者叙事紧凑，不惜用大量笔墨描绘细节，引导我们经历这个世界，并且在很大程度上使这个世界的人物栩栩如生。这样我们就不仅知道了白莲教教徒独特的职业（许多教徒以行医与传授武术为生）；知道了构成教派组织基石的通常是师徒之间松散的连锁关系；知道了群集的信徒是如何一步一步地"从一个宗教派别经过自我蜕变，成了为千禧年举起义旗的工具"。[50]与此同时我们还发现了行将举事的人们从哪里取得武器（包括从铁匠定制多少把匕首才不致引起怀疑）；发现了他们需要花多少钱买白布来裁制腰带和旗帜，这笔钱来自何处；发现了受命袭击北京皇宫的叛军在哪里隐藏武器（藏在卖红薯、枣子和柿子的小贩的篮子里），以及当他们坐在宫旁的茶楼酒肆，紧张地等待着为开辟千禧年而出力时，喝了什么东西来壮胆；等等。

虽然欧大年和韩书瑞讨论中国教派传统时侧重的方面不同，但两位学者都以极严肃的态度对待他们研究对象的宗教信仰，并认为这些信仰在教徒生活中起着首要作用。近年来另有一些学者，虽然未必全然不顾这类"主观"形式的动机，却更加专心致志于探索群众行为的社会、经济根源，有时（虽然绝非必然地）则隐含地采用了马克思主义的或受马克思主义影响的框架。本书曾提到周锡瑞对义和团运动之社会、经济根源的分析以及他对辛亥革命前夕两湖群众反改革暴力行动的分析（见第一章）。蒲乐安（Roxann Prazniak，她研究了 1910年山东莱阳县）和路康乐（他研究了 1910 年广东连州）曾探讨了 20 世纪最初十年有关户籍或税额抗议急剧增加的现象。[51]琼·梅分析了 19 世纪下半叶广东南部向外移民的社会与经济背景。[52]此外，许多史家则侧重社会结构方面，就民国时期中国农村的阶级组成，重新审视了传统结论，尤其集中研究地土与租佃制度之性质范围及其历史作用。[53]

尽管这些研究反映的各种兴趣与取向范围甚广，但都称得上对民间历史的探讨，因为其主题都是关乎中国老百姓生息其间的思想、社会、经济与（或）典章制度。但是，并不是所有底层社会的历史研究都具有民间性质。孔飞力对 19 世纪中国社会日益军事化的研究，曾用很长篇幅研究村一级以及联村（Multivillage）一级的防御组织。但是他的主题并不是乡丁团勇，而是上层社会（一般是通过科举考试的绅士，虽然也有例外）在军事化过程中所起的领导作用，以及特别是地方绅士因进行实际领导而获得的更大的权力。

孔飞力的著作于 1970 年问世。它标志着美国的中国史研究的一项重要突破。尽管《中华帝国晚期的叛乱及其敌人》一书在一定程度上仍然受到五十年代与六十年代风行一时的传统 – 近代思想倾向的影响，但是在某些重要方面则超过了这个思想模式。它的分析框架体现了上文列举的所有新趋向。这本书正如书名所示，是以中国为出发点的：它讨论的主题是 18 世纪后期开始的中国社会秩序的崩解过程以及上层社会如何对这种过程做出反应。它的课题内容在空间上是有限度的，集中研究华南与华中。它强调了军事组织的不同层次，对中国社会做了有层次的纵向划分的分析。同时这本书还体现了新取向的第四个特点，这个特点本身虽然很难说得上以中国为中心，却对采取中国中心观的史学家产生了明显的影响。我指的是这批

180

史家都乐于接受其他学科的（特别是社会科学的）研究方法与技巧，并认真应用于历史研究之中。

人们早就认识到应用社会科学的分析方法研究中国历史是有好处的。但是多年以来这种卓见却或隐或现地和近代化理论结了缘，后者背上了沉重的西方中心的包袱，结果正如上文所言，严重歪曲了对中国的理解。接着在六十年代，有两件事在很大程度上改变了社会科学与中国历史素材之间可以相互补充的整个环境。一件事是美国史学界整个说来开始认识到社会史的重要性——这种觉悟一旦产生，就打开了历史学与社会科学之间前所未知的有效合作的广阔天地。[54]另一件事是在西方，尤其是美国的社会科学家中，不管多么迟疑，多么有限，终于出现了一种比较浓厚的批判意识，他们察觉到社会科学理论的基础实在太狭隘，亟须彻底改造。

在中国研究领域，起带头作用的是人类学家。人类学家由于接受的训练不同，习惯于考察非西方社会，因此和大部分社会科学家相比，对种族中心主义偏见的流弊比较敏感。[55]这点在孔飞力的分析中十分明显。其中某些最重要的基本论点，明确地反映了两位专门研究中国的人类学家的影响：施坚雅和已故的英国人莫里斯·弗里德曼。弗里德曼的影响表现在孔飞力对于地方军事化中家族作用的分析，以及他在理解"上层社会地位"这个概念时不仅采用形式上的标准（科举头衔），而且采用功能上的标准。[56]施坚雅的影响则尤为明显。这可以从作者分析市场共同体与团练组织的关联中，从他将组织社会的方式区分为自然的与行政（或官方）的方式中，以及更一般地说，从他关于层层递升的军事组织中每一层都按其完成某种功能的能力加以确定这一关键性思想中，都可以看出施坚雅的影响（例如根据孔飞力的看法，地方最高层军事组织是在19世纪五十年代自发产生，并遍及华南、华中，其规模一般受到"交通与经济的无可改变的现实"的制约。如果规模太大，这些军事组织中的绅士领导就无法与各组成部分保持联系；如果太小，就不可能集聚足够的人力与财力[57]）。

人类学，特别是生态人类学，对裴宜理的一部富有启发性的著作《华北的叛乱者与革命者，1845～1945》（*Rebels and Revolutionaries in North China，1845－1945*）（1980）也产生了极为重要的影响。裴宜理的书甚至比孔飞力的书更加明显地吸收了中国中心取向的各种特点。她对中国革命的起源，尤其对这场革命与过去中国农民起义的方式有何联系，深感兴趣。因此，她一开始就提出为什么某些中国农民参加叛乱，为什么农民叛乱只是在某些地区才经常不断地发生。当然裴宜理提出的问题的性质几乎迫使她采取空间划界的取向——该书集中研究华北的淮北地区——并把注意力集中在中国社会的最底层。在建立她所谓的"从下往上"的叛乱的理论时，她立论的前提是，在诸如淮北这种自然环境异常严酷的地区，资源常年不足，集体暴力行动就构成谋求生存的合理策略。她把这种暴力行动分为两类：掠夺性的与保卫性的。前者（典型的例子是19世纪淮北的捻军）指某社区的一些成员牺牲其他成员的利益，非法扩大自己的财物。后者（以民国期间活跃于淮北的红枪会为代表）指有产者反对掠夺性的威胁保卫自己的财产。作者认为这两种办法都是为适应资源稀少的环境而做出的反应。而且从历史上看，这两种暴力行动的性质都是目光极端狭隘，对于社会结构的重大变化持抗拒态度。

因此，当共产党在二十年代后期进入淮北并想将红枪会改

182

造为真正的革命力量时，就遇到了坚强抵抗。后来，在抗日战争中，中共和红枪会的利益与目标冲突减少，两者的关系才得到了改善。但是共产党的长远目标和红枪会或其前身捻军是根本不同的。共产党超越了后两者所特有的狭隘思想，决定采用一种根本不同的策略，力图把农民的反抗精神"从掠夺与保卫的恶性循环中解救出来，改造成为对新社会秩序的明确的追求"。到最后，裴宜理不得不做出结论（这种结论和她自己开始的假设相反），认为"传统"叛乱与"近代"革命之间根本上没有连续性，而且，至少对淮北来说，必须坚决排除"农村叛乱的历史与近代革命成功之间，有任何简单的正面联系"。[58]

如果说孔飞力和裴宜理，由于他们研究课题的性质，大量汲取了人类学领域的思想，研究20世纪军阀现象的学者则倾向于向政治学寻求理论上的启示。按照课题内容来说，这种联姻似乎是很自然的，为此人们曾希望阐明扑朔迷离的军阀政治，从而把我们的理解放在一个新的基础上。不幸的是这种希望只部分地得到实现。可以肯定，我们对军阀时期的知识，从掌握史实方面说，已大有增加。但从直接应用社会科学理论而取得真知灼见方面说，则一直进展缓慢。在这方面的新近探索被认为是牵强附会，受到多方批评。有人感到在不少情况下理论不是和史料真正结合，而像是"贴在"史料上的标签，有如两人虽已结成夫妻，但始终未能臻于良缘，给读者留下格格不入之感。

黎安友采用派性理论对北京军阀政治进行的分析就是一例。作为一位有浓厚历史兴趣的政治学家，黎安友在分别处理历史与政治问题时都表现得很有素养。他发展出一套复杂的派性行为模式，同时对袁世凯之后护宪运动流产的叙述史料翔实，表述明晰。但是，正如李友华所指出的，"（黎安友书中）史实部分和理论部分之间的关系不如两部分单独存在时那样清楚。事实上，奉系更像（加文·）麦科马克（〔Gavan〕Mc-Cormack）（在研究张作霖时）所描绘的东拼西凑、摇摇欲坠的杂牌军……而不像黎安友提出的（关于派系行为）的完美无瑕的模式"。[59]

齐锡生（Hsi-sheng Ch'i）（另一位政治学家）和历史学家吴应铣（Odoric Yingkwong Wou）受到了类似的批评。两位学者论述中的史实部分，例如齐锡生关于军阀招募、训练与装备部队，以及有关军阀主义经济情况的颇有见地的几章，以及吴应铣关于吴佩孚身世的详细描述，都赢得好评。[60]但是齐锡生在全书最后一部分把国际系统分析和军阀主义联系起来，而吴应铣则假设在军阀派系和中国家族组织之间有类同之处，采用了虚拟血亲结构（fictive kinship construct），和克雷奇－克鲁奇斐尔德－巴拉奇（Krech-Crutchfield-Ballachey）关于领袖与追随者关系的星形模式，这些都使善意的评论家感到不耐。[61]黎安友、齐锡生与吴应铣三人和孔飞力与裴宜理二人形成对比，后者把从人类学得到的启示和历史分析紧密地交织起来，使我们可以从确实是新的角度看待中国社会的军事化与叛乱现象，而前者虽然对20世纪中国的军阀主义做出了对史家颇有价值的叙述，但是由于未能达到孔飞力与裴宜理融会贯通的程度，因此未能从采用社会科学的思想构架中得到好处。

我提到了应用社会科学的方法分析中国史实的一些不甚成功的例子，并不是为了谴责这种做法本身，而是为了说明要做得成功是多么困难。找出正确的理论——所谓正确是指它既适用又能察觉出西方中心的偏见——并把它卓有成效地和史料结合起来，只是必须解决的难题之一。另一个难题可被称为文体上的难题：把社会科学的概念与历史叙述相结合时，不像提出这些概念的人常犯的毛病那样几乎完全不顾写文章的艺术。第三个难题，也许是最令人却步的难题，是要求史家的大脑能掌握全然不同的许多学科的理论、方法论与策略（这些学科往往超出社会科学范围，涉及数学，乃至应用自然科学）——而这副大脑，如果恰恰装在一位研究中国的美国史家的脑袋里，则已经花了大量时间和精力，与世界上最令人生畏的一两种语言苦战多年了。

185　　　著名的法国史家马克·布洛赫告诉我们："很少学者可以自诩能同样顺利地细读中古地契，正确解释地名的词源，确切无误地鉴定史前时期、凯尔特时期，或高卢－罗马时期居屋遗迹的年代，并分析宜于在草原、田野或沼泽地带生长的植物。可是如果不懂这些，我们又如何自命能描述土地使用的历史呢？"布洛赫感到几乎任何比较重要的人类问题都向我们提出类似的挑战。钻研问题越深入，所遇到的证据的种类就越繁杂；证据越繁杂，对每个史家解释证据的各种技能的要求就越高。在布洛赫看来唯一补救的办法是"把不同学者掌握的技能汇集在一起，共同探索一个专题，以代替由一个人单独掌握多方面的技巧"。在1944年布洛赫去世时，这种历史研究的大协作形式还只是渺茫的目标。尽管如此，布洛赫曾预言：成功地实现这一目标"毫无疑问将决定我们这一学科的未来"。[62]

　　美国的中国研究领域最近一些活动表明，布洛赫憧憬的未来对中国史研究者说来，可能终于来临。七十年代发表的三卷关于中国城市历史的著作，就是一种带有划时代意义的创举。

这部著作是许多学科（包括历史学、社会学、地理学、政治学、人类学与宗教学等）的学者为了研究帝制晚期、民国与当代的中国城市进行协作的成果。[63]

从参加学科的范围来说，更加雄心勃勃的是，1980 年夏，在哈佛大学举行的关于中国历史上食物与饥荒的讲习班。讲习班的参加者可以选听为期两天或三天的浓缩的"小课"，授课专家涉及的领域非常广泛，包括区域系统理论、地理学、水利工程、农业经济学、营养学与人口学。当讲习班结束时，参加者在许多方面都学到一些新的知识：在治水决策中如何应用成本－收益①与多目标的分析；如何编制中国的粮食供求平衡表；土地租佃制度、商品化过程、税收，以及其他制度方面的安排如何影响食物生产水平及其分配与消费；卫星摄影（LANDSAT）对研究当代中国农业与水利之价值（布洛赫曾首倡使用航空测量来测绘中古法国的土地安排，他对此项技术定会热情支持）；如何利用数学模型计算总人口在大量死亡之后，需用多少时间才能恢复到原来水平；以及一系列其他有价值的技巧与取向。

意义深长的是，食物与饥荒讲习班的组织者莉莲·李在报告讲习班成果时，曾直接提到年鉴（Annaliste）学派（马克·布洛赫是该学派的主要奠基人），并希望以后中国史的研究会以这学派对欧洲史的研究作为自己的榜样。李特别提到年鉴学派史学的一个特点，即对多科性协作的强调——她认为饥荒史的研究在这方面具有"巨大潜力"。[64]

186

---

① 指经济管理中从不同方案中选取最佳方案的方法，多在无法采用货币或其他具体单位衡量得失时采用。——译者注

中国中心取向：其含义及后果

总之，上述研究中国历史的取向有以下四个特征：（1）从中国而不是从西方着手来研究中国历史，并尽量采取内部的（中国的）而不是外部的（西方的）准绳来决定中国历史哪些现象具有历史重要性；（2）把中国按"横向"分解为区域、省、州、县与城市，以展开区域与地方历史的研究；（3）把中国社会再按"纵向"分解为若干不同阶层，推动较下层社会历史（包括民间与非民间历史）的撰写；（4）热情欢迎历史学以外诸学科（主要是社会科学，但也不限于此）中已形成的各种理论、方法与技巧，并力求把它们和历史分析结合起来。

这种取向并不是全新的，也不代表某种单一的、连贯的"取向"。尽管如此，它却体现了大约从 1970 年以来在美国史家（特别是近年训练出来的年轻史家）中日益明显的一组趋向，这些趋向一部分是对六十年代美国整个史学界内部的变化做出的回应，另一部分是对六十年代后期与七十年代初期反战运动中的反帝与自我批判倾向做出的回应。反战运动产生的冲击是复杂的，表面上像是相互矛盾的。对有些学者——如爱德华·弗里德曼、杨格和周锡瑞——这种冲击是直接的、立竿见影的，它提高了把帝国主义作为解释晚清与民国历史的因素加以研究的兴趣。但是对另一些学者，这种冲击，尽管最终的影响同样深刻，却不是那么直接，也不容易具体指出。他们——波拉切克和孔飞力等人可能是最明显的代表人物——对于帝国主义（在此处也可说对于整个西方）作为中国近世史中一个重要因素并未表现出明显的兴趣。但是由于背离了五十年代与六十年代以西方为中心的模式，采取了更加内部的、更加从中国出发的对历史问题的理解，他们给予先前美国史学中固有的"思想上的帝国主义"重大打击。

这两类学者的区别十分明显，不应忽视，第一类学者除了更加强调外国帝国主义对中国形势的冲击外，往往还更加重视群众的政治活动，并把主要兴趣放在 19 世纪下半叶开始的革命性变革上。但是两类学者的共同点仍然颇多。周锡瑞把"上层社会"视为有区别或分阶层的，说明他受了孔飞力早期著作的影响。[65] 波拉切克和周锡瑞都异常重视政治与经济利益在形成人的行为动机中的作用，而且都极端反对那种认为思想与价值概念对人类行为有重大影响的说法。更一般地说，这两类学者都对社会变化，以及政治、经济与其他领域之变化的社会环境与社会后果具有浓厚的兴趣。而且双方都强烈赞成研究中国历史应该认真地把根基扎在中国。因此，尽管杨格强调外国帝国主义"巍然耸立"对民国初期的中国造成的种种问题，但他研究袁世凯任职总统时期的中心主题，却是这些问题如何和中国数百年来关于郡县制与封建制之优劣的争论紧密相连。[66]

任何研究领域出现重大的新动向时，必然会对其研究课题的形成产生深刻影响。我们目前讨论的问题也不例外。在五十年代与六十年代的历史研究中几乎每本书都开拓一个新的专题领域，但是所采用的现存模式尽管后来有所修补，基本上却没有改变。和这种情况形成对比的是七十年代和八十年代初期的研究。这批研究由于对数十年来的思想框架提出严重质疑，就为更尖锐的修正性意见铺平了道路。在中国史研究这一新兴的领域中，总还有不少就新课题进行开拓性探讨的余地。但是正如本章引用的文献所证明，越来越多的研究却把重点放在探索新的分析与新的研究方法上而不是放在全新的课题上。一些长期公认的结论由于是以全国或以上层社会为基础，一旦研究的重点在空间上限得更小，或者转移到社会的下层时，就遇到了尖锐的挑战。大家熟悉的老问题开始被重新研究，有时反复几次。围绕其中愈来愈多的一些问题——同治中兴的真实性、辛亥革命中绅士的作用、五四运动的性质与前奏、国民党南京政府十年统治的社会基础的性质[67]、四十年代中国共产党成功的根源等——开始形成一种真正的史学，它的特点是研究领域内部既有深刻分歧又有活跃争论。

中国中心取向带来的另一个重要变化是人们在探讨中国近世史问题时逐渐把重点从文化转向历史。在五十年代和六十年代，当冲击－回应与传统－近代模式在美国学术界占统治地位时，人们把巨大的解释能力赋予中国"传统"社会与文化的性质——从而或隐或显地也赋予中国社会与文化如何与西方或日本不同以同样巨大的能力。对中西冲突的研究——如费正清的《中国沿海的贸易与外交》（*Trade and Diplomacy on the China Coast*）和我自己的《中国与基督教》——虽然用很多篇幅讨论政治、经济、社会、制度及其他因素，但往往把文化方面的差异与相互误解（它们首先表现在对事物的态度与价值观念方面）视为中西冲突的根源。[68]同样，研究类似下列主题的有影响论述，也都认为中国社会与文化的特殊性质在解释历史时具有根本的重要意义，这些主题包括：中国在晚清未能实现工业化（费维恺），中国与日本对比未能对西方做出有效回应（费正清、赖肖尔与克雷格），儒教的国家无力推行近代化（芮玛丽），以及中国社会自身无力发展成"具有科学气质的社会"（列文森）等。

这种对社会或文化因素的强调是采用诸如冲击－回应与传统－近代等思想模式的自然副产品，因为这些模式是以社会文化（sociocultural）对比为中心概念而建立起来的，而且力图主要通过中国与西方在文化与社会方面的差异来解释中国。因此，不足为奇，当这些模式从六十年代后期开始受到尖锐的挑战时，社会文化的解释方式也就遭到有力的抨击。这种挑战在诸如佩克和莫尔德一批人的笔下表现得最为明确，而他们两人，大家还记得，都是极端反对采用社会文化的解释方式的。但是，佩克和莫尔德由于片面地——并几乎全然不以史实为据地——强调帝国主义，则认为中国历史内部因素在解释历史时，并无多少价值。结果倒是由一批实际从事历史写作的史学家对社会文化的解释方式提出了远为有效的批评，[69]这批史家不管他们对帝国主义在 19～20 世纪中国的作用抱何看法，都愿意在以中国为中心的框架内，根据真实的史料进行探索。

中国中心取向之所以适宜于从历史而不是从文化的角度来构想中国的过去，是因为它进行比较的重点不在于一个文化和另一个文化（中国与西方）的不同，而在于一个文化（中国）内部前后情况的不同。前一种比较方法由于把注意力集中在某一文化的比较稳定持续的属性和特征，即文化的固有特性上，而容易使人们对历史采取相对静止的看法。后一种比较由于强调某一文化内部在时间上所经历的变异，就扶植了一种对历史更加动态、更加以变化为中心的看法；依此看法，文化作为解释因素，退居次要地位，而历史——或者说一种对历史过程的更加高度的敏感性——就渐居注意的中心。

这种更加以历史为中心的对中国过去的构思，有一个很好

的例子，即由魏斐德和卡罗林·格兰特（Carolyn Grant）合编
的学术讨论会论文集《中华帝国晚期的冲突与控制》（*Conflict
and Control in Late Imperial China*）（1975）。此书撰稿人大部分
集中探讨社会史与下层政治史，给明末到民初的中国社会提供
了一幅充满运动与变化的画面。老态龙钟、步履蹒跚的中国，
等待着充满活力的西方进行干预并注入新生命的这种陈词滥调
不见了。呈现在我们眼前的中国再也不必为他人赐予历史而感
恩戴德，它完全可以独立创造自己的历史。

191 　　《冲突与控制》一书还说明了中国中心取向导致的另一结
果：它使人们对帝制晚期历史的标准分期产生了严重的怀疑。
长期以来，绝大多数的中西史家都把 1840 年——更确切地说
是 1839 年至 1842 年的鸦片战争——视为中国近世史最重要的
分期界限。中国的史家不论是马克思主义的还是非马克思主义
的，基于在外来帝国主义问题上的爱国心都决定采用这一年
代，1840 年对他们来说就成了近代史开端。西方史家当然对
确定中国近代史开始的年代同样感兴趣，而且，由于深信近代
的一切只能由西方带入，因此他们也紧紧抓住 1840 年作为历
史的分水岭。

　　中华人民共和国的史家尽管对于"近代"史在何时结束
转入"现代"史，看法不一（有人认为是 1919 年，有人认为
是 1949 年），但直到 1980 年仍然几乎一致地认为 1840 年是近
代史的真正开端。[70]美国史家则不同：由于他们不是根本否定
传统－近代模式，就是趋向于认为在西方到来之前中国已经
（按照罗友枝的说法）是"一个先进的社会，具有许多近代特
点"，[71]因此越来越多地对鸦片战争包罗一切的含义提出质疑。
这一点在体现本章描述之新趋势的一批史家中尤为明显。

对于趋向摒弃将中国历史划分为传统与近代两阶段的人来说，根本就不存在近代中国应从何时开始的问题，但即使对那些认为这一问题依然存在的人来说，回答问题的角度也发生了变化。人们再也不需要像徐中约那样苦思冥想到底是哪次西方冲击对"近代中国"的诞生作用最大——是鸦片战争还是应该推前到晚明欧洲商人与传教士来到中国之时。[72]因为认为"中国社会以外的力量"（孔飞力语）入侵中国与中国近代史开端之间有必然的因果联系，这种假设本身已被宣告无效。

另外，引起人们贬低一种老分期线意义的那些问题也引起人们对其他老分期线提出挑战。随着1840年的重要性日益削弱，传统的中国朝代分期法也发生了同样变化。魏斐德在《中华帝国晚期的冲突与控制》一书的序言中写道：

> 社会史家开始逐渐认识到，从16世纪中叶到20世纪三十年代整个时期构成连贯的整体。学者们不再把清代看成过去历史的再版，也不认为1644年与1911年是异常重要的界标，他们发现有若干历史过程，绵延不断地横跨最近四个世纪一直伸延入民国时期。长江下游地区的城市化、力役折银、某种区域性贸易的发展、民众识字率的提高以及绅士队伍的扩大、地方管理工作的商业化——这一切在晚明出现的现象又推动了若干行政与政治方面的变化，这种变化通过清朝继续发展，在某些方面直到20世纪初期的社会史中才臻于成熟。[73]

马若孟同样从经济与社会史的角度发表了类似意见，他强调："明清两代中国经历了和宋代一样影响深远的变化"，并

192

建议史家把这两个朝代看作"中国历史上的一个单独的时代"。[74]魏斐德和马若孟两人都认为根本性的转变开始于16世纪后期或17世纪初期。傅礼初则从略微不同的角度提出帝制后期的历史分水岭是在18世纪。他说：

> 迄今为止，最受学者们注意的变化是欧洲在中国安营扎寨。但从长远看来，（在18世纪）发生的另外两种变化可能意义更加重大。一是中华帝国的疆域扩大了一倍；二是汉族人口翻了一番。……一个在人口和疆域上都扩大了的中国所带来的内部社会经济变化过程，是中国社会至今仍在进行的近代化转变之根本原因，这些过程的作用绝不亚于外界施加的压力。[75]

193   史景迁和卫恩韩（John Wills）合编的一部由好几位作者共同撰写的书《从明朝到清朝》（*From Ming to Ch'ing*，1979），令人信服地论证了下列两种看法——一种强调跨越明清两代的长期趋势，另一种特别强调清朝对于帝国后期历史的作用——都是正确的。史景迁和卫恩韩深感晚明（16世纪九十年代）到盛清（1730年前后）这个时期有一种"内在的连贯性"。它表现在"从东林豪杰直到清初一些伟大学者，如王夫之……都有一种强烈的、个性色彩浓厚的对儒教道德理想的追求；或者表现在从16世纪九十年代办矿的太监到1700年后与广州'皇商'一脉相承的半官办商业"。[76]不过他们也同样深感明清两代之不同，这些不同与满族征服中国及其上层统治阶层的某些特点有关。

在这些特点中，他们特别指出满洲人（在风俗、语言、服装、饮食等方面）的外族特点，以及这种特点所引起的种族上的反满主义；满洲人在改造帝国军事组织（旗兵制）以及组成"非官方上层社会"（此种上层社会作为控制手段，曾发挥重要作用）所带来的影响深远的变化；特别是满洲人把注意力转向亚洲内陆（Inner Asia）的做法。最后一点其实并不是新创造，它只是恢复了前朝把外交政策重点放在内陆的做法而已。不过，由于满洲人处理亚洲内陆的政治与军事手腕比较熟练，加上中国的行政经验与经济力量，就把中国"控制内陆边陲的能力提高到新的水平"，从而引起了"东亚地缘政治中的根本变化"。[77]

　　史景迁和卫恩韩强调清朝外交坚持背向沿海、面朝内地的政策对 19 世纪中国历史所起的"巨大影响"。其他作者则重视满人统治下出现的强烈的中央集权趋势。袁清（Tsing Yuan）强调这种集权的镇压性的一面，认为"清廷的淫威"表现在满人要求汉族臣民卑躬屈节，俯首帖耳，皇上对城市暴动残酷镇压，以及 18 世纪的文字狱上。[78]其他学者则从制度方面探讨满人的中央集权。雍正建立军机处，以加强皇帝对国家事务的直接控制，被认为是"清朝专制制度发展的一个里程碑"。[79]在这方面同样重要的是康熙年间为了加紧皇帝对下情上达的管理，加强宫廷对政府机构的统治而建立的奏折制度。[80]

　　目前我们还不大清楚清朝君主制中的中央集权趋势对帝制后期——乃至帝制以后的——中国国家产生的作用。但是我们可以猜想这种作用是不小的。[81]正如本章所提到的其他内部因素一样，[82]它对一切过分强调或错误解释外部因素之作用的中国近世史分期都提出了尖锐挑战。

　　戴维·哈克特·费希尔（David Hackett Fischer）告诉

194

我们：

> 一种错误分期之所以产生，是由于史家把可能对问题甲有效、适用的分期搬用在问题乙上，致使失效、不适用。在教科书中，美国历史至今仍然按总统任期来分期，这种做法对总统史来说是完全正确的，但对美国社会的发展则不然，因为后者具有自己的一套"就职"与"离任"。[83]

对中国历史上的鸦片战争当然也是如此。这并不是说鸦片战争无足轻重，而是说它的作用是有一定限度的。它和外交史，中国对外贸易史，甚至在广东和其他沿海地区的社会、经济与地方政治史都有密切关系，但是和中国整个社会演变的关系则不然。中国社会像美国社会一样有自己的一系列"就职"与"离任"，而鸦片战争对其中的许多"就职"与"离任"并没有重大影响。

放弃把 1840 年作为总的分期标界（美国史家除最老式的和最激进的以外，都已经这样做），其所具有的象征性含义远远超过鸦片战争本身。不过人们对这种象征含义的理解则不尽相同。美国史家可能认为自己日益抛弃 1840 年，随之更多从内部考察中国近世史是成熟的标志，是美国史学进入成年期的标志，说明我们终于超越了旧模式的"思想上的帝国主义"，并以中国自身为基地从中国的情况出发来对待中国历史。但是从中国史家的立场看来，美国人趋向于对西方作用更加有限的估计，可能有些像我们给未发达国家讲授 DDT 带来的副作用一样。只要中国人对西方入侵的一段经历记忆犹新，积怨未消，就很难接受一种冲淡帝国主义在他们过去一百五十年历史中之作用的估量，而且很可能把美国朝着这个方向的努力看成归根结底为了自己的利益，是一种以更加微妙的新形式进行的外国思想侵略。

真是怪事中的怪事：局外人向一种局内的观点靠拢；而局中人却坚持外来因素的极端重要性。但是这种现象看来奇怪其实不然。诚然，越来越多的美国史家采用的中国中心取向也有可能蜕变为一种新的狭隘主义，这种狭隘主义由于低估了西方在 19～20 世纪对中国的作用，只是把夸大西方作用的老狭隘主义颠倒过来，因而丝毫无助于我们更好地了解中国历史的真相。但是，新取向并不包含任何必然导致这种后果的因素。

中国中心取向想概括的思想是，19、20 世纪的中国历史有一种从 18 世纪和更早时期发展过来的内在的结构和趋向。若干塑造历史的极为重要的力量一直在发挥作用，如前所未有的人口压力的增长与疆域的扩大、农村经济的商业化、社会各阶层在政治上遭受的挫折日增，等等。呈现在我们眼前的并不是一个踏步不前、"惰性十足"的"传统"秩序，主要或只可能从无力与西方抗争的角度予以描述，而是一种活生生的历史情势，一种充满问题与紧张状态的局面，对这种局面无数的中国人正力图通过无数方法加以解决。就在此时西方登场了，它制造了种种新问题——而正是这一面直到近年还在吸引着美国史家（费正清与列文森就是其中的主要代表）。但是它也制造了一个新的情境（context），一种观察理解老问题的新框架（framework），而且最后还为解决新、老问题提供了一套大不相同的思想与技术。但是，尽管中国的情境日益受到西方影响，这个社会的内在历史自始至终是中国的。

我使用"中国中心"一词时绝对无意用它来标志一种无视外界因素、把中国孤立于世界之外的探讨这段历史的取向；

196

当然我也无意恢复古老的"中国中心主义"（Sinocentrism），即含有世界以中国为中心的意思。我是想用"中国中心"一词来描绘一种研究中国近世史的取向，这种取向力图摆脱从外国输入的衡量历史重要性的准绳，并从这一角度来理解这段历史中发生的事变。

正如本章引用的许多具体事例表明，如果我们把研究重点放在中国社会的下层，或放在中国局部地区，或放在19世纪（此时西方初来中国，尚未渗透到中国生活中去），我们得到的总画面是，其中的外部因素所起的作用大幅度下降。这点纠正了我们过去对这段中国历史的看法，是颇有价值的；而且也正是这点说明寻求新的分期是正确的——这种新分期不意味着1840年后全部或绝大部分中国历史是受外部力量控制。但是另一方面，当我们把研究重点放在上层社会（不仅包括诸如外交一类的中央政府活动，还包括具有全国声望的文化思想界的上层人物）或放在比较广泛的地区（特别是沿海或包括重要中心城市的地区），或集中在20世纪时，则引起变化的外来决定因素就很可能显得更为突出。虽然，迄今为止采用中国中心取向来研究后一类课题，比研究前一类课题要少得多，但是我们完全可以把它扩展到后一类课题。而且一旦这样做，其结果很可能会进一步修订老画面。因为中国中心取向和以前几种美国取向相比，较少地受到西方所确立的历史重要性之准绳的束缚，就有可能甚至对来自外部的变化从更加内部的观点进行探讨。[84]

但是尽管如此，人们仍然可以反驳说，只要采用中国中心取向的历史学家是美国人，不管我们如何竭力钻到中国历史的"内部"，我们总归会把美国的词语与概念暗中引进这部历史。

局外人永远无法形成真正的内部观点。由美国人采用中国中心取向来研究中国史，这一概念本身就是自相矛盾的。

此言在一定程度内固然甚是。不过，也可说大谬不然。因为它过分强调一种特定的局外性，从而流露了言者对一般史家力图寻回历史真相时所面临的局限性有根本误解。事实上所有史家——不仅包括从外部探索中国历史的美国史家，也包括从内部探索中国历史的中国史家——在某种意义上都是局外人。所有人在一定程度上都被自己所处的环境囚禁，囚禁在这种或那种自己所关切的狭隘事物里。我们每个人都势必通过自己的词语与概念，使自己心神贯注之事影响自己的历史研究，从而限定我们所寻回的历史真理。

但是，限定真理并不等于取消真理。归根结底，一切历史真理无不受到限定，因为历史真理并非体现过去的全部真相，而只体现对事实有足够根据的一组有限的陈述，这些陈述是对史家心中某一特定问题或某一组特定问题所做出的回答。史家的关切不同，心神贯注的事物不同，提出的问题自然也会不同。这其实不成问题。问题在于史家未能充分意识到隐藏在自己提出的问题中的前提假设，其结果是"真理"不是来自史料之中，而是强加于史料之上，最后我们得到的历史的画面——由重要的历史变化构成的那幅画面——就会过多地受史家内心世界的制约，而过少地受史家所描述之世界的制约。这种历史就成了真正的局外的历史。这种历史不仅美国人可能写出，中国人也可能写出，而且是任何史家都不可能完全避免的。但是所有人，只要意识到这个问题，并认真对待它，就可以在一定程度上设法减弱其影响。在这个意义上，由美国人来写以中国为中心的历史并不是什么自相矛盾之语，而是美国史

家在我们研究中国历史时完全适宜的——也许是唯一适宜
的——奋斗目标。

注

[1] Naipaul, *A Bend in the River* (New York: Vintage Books, 1980),
p. 17.

[2] Said, *Orientalism* (New York: Vintage Books, 1979), p. 272. 此书对
于中国、日本与印度研究具有的意义曾有一书评汇编。见 *Journal of
Asian Studies* (May 1980), 39 (3): 481 – 517. Joseph R. Levenson 曾
在他评论"中国学"(汉学)时预示了 Said 对于"东方学"的某些
看法。见 Levenson 著 "The Humanistic Disciplines: Will Sinology Do?"
一文,同上 (August 1964), 23 (4): 507 – 512。

[3] 曾有两篇文章指出美国研究中国史的新趋势,可算部分例外:Ra-
mon H. Myers and Thomas A. Metzger, "Sinological Shadows: The State
of Modern China Studies in the United States", *Washington Quarterly*
(spring 1980), 3 (2): 87 – 114; and Mary B. Rankin, "A Ch'ing
perspective on Republican Studies", *Chinese Republican Studies Newslet-
ter* (October 1976), 2 (1): 1 – 6. 关于 Myers-Metzger 一文,请参
看本书第三章注释 [48]。

[4] 我想此处或无需说明:力图设身处地 (empathetically) 按照中国人
自己的体验去重建中国的过去,并不意味着史学家就得对中国人的
行为与价值观念从道义上予以赞助。

[5] Paul A. Cohen and John E. Schrecker, eds. , *Reform in NineteenthCentu-
ry China* (Cambridge: East Asian Research Center, Harvard Universi-
ty, 1976), p. x. 对 19 世纪改良的进一步探讨,请参看本书第
一章。

[6] Jones and Kuhn, "Dynastic Decline and the Roots of Rebellion", 在
John K. Fairbank, ed. , *The Cambridge History of China*, vol. 10, *Late
ch'ing.* 1800 – 1911, *Part 1* (Cambridge: Cambridge University Press,
1978), p. 160. 对盛清问题有人也发出类似的呼吁,要求采取向
前看而不是向后看的态度,参看 Frederic Wakernan, Jr. , "High

Ch'ing: 1683 - 1839", 在 James B. Crowley, ed., *Modern East Asia: Essays in Interpretation* (New York: Harcourt, Brace, and World, 1970), pp. 1 - 27。

[7] 关于龚自珍, 参看 Dorothy V. Borei, "Eccentricity and Dissent: The Case of Kung Tzu-chen", *Ch'ing-shih wen-t'i* (December 1975), 3 (4): 50 - 62; Judith Whitbeck, "The Historical Vision of Kung Tzu-chen (1792 - 1841)", Ph. D. dissertation, University of California, Berkeley, 1980。讨论魏源的著作, 见 Jones and Kuhn, "Dynastic Deline and the Roots of Rebellion", pp. 148 - 156; Jane Kate Leonard, "Chinese Overlordship and Western Penetration in Maritime Asia: A Late Ch'ing Reappraisal of Chinese Maritime Relations", *Modern Asian Studies* (April 1972), 6 (2): 151 - 174; 以及 Leonard, *Wei Yuan and China's Rediscovery of the Maritime World* (Cambridge: Council on East Asian Studies, Harvard University, 1984)。

[8] 关于王韬, 见 Paul A. Cohen, *Between Tradition and Modernity: Wang T'ao and Reform in Late Ch'ing China* (Cambridge: Harvard University Press, 1974), pp. 39 - 44; 关于倭仁, 见 John E. Schrecker, "The Reform Movement of 1898 and the Ch'ing-i: Reform as Opposition", 在 Cohen and Schrecker, *Reform in Nineteenth-Century China*, p. 290。

[9] Ropp, "The Seeds of Change: Reflections on the Condition of Women in the Early and Mid Ch'ing", *Signs: Journal of Women in Culture and Society* (Autumn 1976), 2 (1): 5.

[10] Hao Chang, *Liang Ch'ivch'ao and Intellectual Transition in China, 1890 - 1907* (Cambridge: Harvard University Press, 1971), 散见各处。

[11] Schrecker, "The Reform Movement of 1898 and the *Ch'ing-i*", pp. 289 - 305 (引语见 p. 289).

[12] James M. Polachek, "Rural Community, Career Opportunities, and Intellectual Radicalism in Late Nineteenth-Century Kwangtung", 此文曾在 Columbia University Seminar on Modern China (January 10, 1980) 宣读。

[13] 关于孙中山研究的最典型的例子为 Harold Z. Schiffrin's *Sun Yatsen and the Origins of the Chinese Revolution* (Berkeley: University of Cal-

ifornia Press, 1968）。Schiffrin 将孙中山的身世一直叙述到 1905 年同盟会成立为止。

[14] Chün-tu Hsüeh, *Huang Hsing and the Chinese Revolution* (Stanford, Calif.: Stanford University Press, 1961).

[15] Mary C. Wright, ed., *China in Revolution: The First Phase*, 1900 – 1913 (New Haven, Conn.: Yale University Press, 1968).

[16] Joseph W. Esherick 在一篇回顾美国（至少主要是美国的）有关辛亥革命之著作的卓越评论中曾专门强调了这种区别，见 Esherick, "1911: A Review", *Modern China* (April 1976), 2 (2): 162 – 163。

[17] Esherick, *Reform and Revolution in China: The 1911 Revolution in Hunan and Hubei* (Berkeley: University of Ca-lifornia Press, 1976), pp. 199, 215. Esherick 的分析比本书介绍的远为复杂多面，它不仅讨论了上层社会与革命的关系，而且讨论了民众和外国帝国主义与革命的关系。另请参看他在 "1911: A Review" 一文中关于绅士阶层之争论的论述，pp. 162 – 168。

[18] Frederic Wakeman, Jr., *The Fall of Imperial China* (New York: Free Press, 1975), p. 31; Yoshinobu Shiba, "Ningpo and Its Hinterland", in G. William Skinner, ed., *The City in Late Imperial China* (Stanford, Calif.: Stanford University Press, 1977), p. 422. R. Keith Schoppa 曾简明扼要地总结了这种长期的 "由私人承担公共职能的趋势"，见 Schoppa, *Chinese Elites and Political Change: Zhejiang Province in the Early Twentieth Century* (Cambridge: Harvard University Press, 1982), pp. 4 – 5。

[19] Marianne Bastid-Bruguiere, "Currents of Social Change", 在 John K. Fairbank and Kwang-ching Liu, eds., *The Cambridge History of China*, vol. 11, Late Ch'ing, 1800 – 1911, Part 2 (Cambridge: Cambridge University Press, 1980), pp. 557 – 558; 又见 Wellington K. K. Chan, *Merchants, Mandarins, and Modern Enterprise in Late Ch'ing China* (Cambridge: East Asian Research Center, Harvard University, 1977), part. 1.

[20] 下面关于沿海与内陆文化的对比是根据我自己的论文，见 "The New Coastal Reformers", 在 Cohen and Schrecker, *Reformin Nineteenth-Century China*, pp. 255 – 257。

［21］见 Skinner,"Regional Urbanization in Nineteenth-Century China",在 Skinner, *The City in Late Imperial China*, pp. 211 – 249.

［22］Skinner 在 1980 年哈佛大学的"Food and Famine in Chinese History"讲习班上有一发言,大意如此。基本上出于同一理由,James A. Henretta 对于（由 Fernand Braudel 代表的）年鉴学派的结构主义提出了同样的批评："对 Braudel 的研究说来,未能明确指出因果关系,既非偶然也非特有的现象,它是直接从方法中产生的。按照结构主义的说法来解释世界,就是向 19 世纪把'因果单向联系'（unilineal causation）的概念在哲学上放在首要地位提出质疑。理解某一事件,较少地取决于对前一系列事件的理解,而更多地取决于对该事件在当时存在的某一体系中之地位或作用的理解。结构学派采取了'整体的'（holistic）观点,强调某一自足的制度或世界观中各因素之间的内部关系。"见 Henretta's "Social History as Lived and Written", *American Historical Review* (December 1979), 84 (5): 1299。

［23］Skinner 在关于市场体系的第二篇文章中区分了"传统的变化"（量的增殖）与"近代变化"（质的蜕变）,从而加强了这种印象。见 Skinner, "Marketing and Social Structure in Rural China", Part 2, *Journal of Asian Studies* (February 1965), 24 (2): 195 – 228.

［24］John E. Schrecker, *Imperialism and Chinese Nationalism: Germany in Shantung* (Cambridge: Harvard University Press, 1971); Frederic Wakernan, Jr., *Strangers at the Gate: Social Disorder in South China, 1839 – 1861* (Berkeley: University of California Press, 1966); Angus W. Mc Donald, Jr., *The Urban Origins of Rural Revolution: Elites and the Masses in Hunan Province, China, 1911 – 1927* (Berkeley: University California Press, 1978).

［25］Sutton, *Provincial Militarism and the Chinese Republic: The Yunnan Army, 1905 – 1925* (Ann Arbor: University of Michigan Press, 1979).

［26］见 Edward J. M. Rhoads, *China's Republican Revolution: The Case of Kwangtung, 1895 – 1913* (Cambridge: Harvard University Press, 1975); Esherick, *Reform and Revolution in China*; Mary Backus Rankin, *Early Chinese Revolutionaries: Radical Intellectuals in Shanghai and Chekiang, 1902 – 1911* (Cambridge: Harvard University

Press，1971）。几篇以省为中心讨论辛亥革命的博士论文，见 Es-herick，"1911：A Review"，p. 162。

[27] Diana Lary，"Warlord Studies"，*Modern China*（October 1980），6（4）：456 - 460. Lary 提供了详尽的书目及作者。

[28] Liew，*Struggle for Democracy*：*Sung Chiao-jen and the 1911 Chinese Revolution*（Berkeley：University of California Press，1971），p. 159.

[29] Rhoads，*China's Republican Revolution*，p. 273；*Esherick*，*Reform and Revolution in China*，pp. 8，257 - 259，散见他处；Esherick，"1911：A Review"，p. 154；H. Rankin，*Early Chinese Revolutiona-ries*，pp. 2 - 4，散见他处。

[30] Schoppa 的无题名的批评，见 *Chinese Republican Studies Newsletter*（October 1976），2（1）：7。另见同作者 "Local Self-Government in Zhejiang，1909 - 1927"，*Modern China*（October 1976），2（4）：526。在他的近著 *Chinese Elites and Political Change* 一书中，Schop-pa 更加全面地阐述了他的主要论点，即认为从浙江省的角度看来，在中国的建国过程中，军阀时代不仅仅起一种中断的作用（尤其见第一章）。

[31] Cole，"The Shaoxing Connection：A Vertical Administrative Clique in Late Qing china"，*Modern China*（July 1980），6（3）：317 - 326.

[32] Chung-li Chang，*The Chinese Gentry*：*Studies on Their Role in Nine-teenth-Century Chinese Society*（Seattle：University of Washington Press，1955）；Ping-ti Ho，*The Ladder of Success in Imperia*，*China*：*Aspects of Social Mobility*，1368 - 1911（（New York：Columbia Uni-versity Press. 1962）.

[33] 见 Beattie，*Land and Lineage in China*：*A Study of T'ung-Ch'eng Coun-ty*，*Anhwei*，*in the Ming and Ch'ing Dynasties*（Cambridge：Cam-bridge University Press，1979）。

[34] Evelyn Rawski 就 Beattie 之著作写过一篇颇有思想的书评，此处只阐发该书评中的一个论点。Rawski 同时指出应十分注意区别个人或一户人家的上下流动和整个宗族的上下流动。在整个宗族保持上层社会地位的同时，宗族内部可能发生相当大的流动。因此，即使就桐城县而论，Beattie 的研究并不一定就能推翻何炳棣的论断，后者认为，在帝制晚期的中国，个人的流动率是相当大的。

Rawski 的书评见 *Journal of Asian Studies*（August 1980），39（4）：
793 - 795。Wellington Chan 有一书评提到几部近著支持 Beattie 关
于帝制晚期地方上层社会的描述，见同上书（November 1981），
41（1）：128 - 129。

[35] Johnson，*Peasant Nationalism and Communist Power*：*The Emergence of Revolutionary China*，1937 - 1945（Stanford，Cal.：Stanford University Press，1962）。在 Johnson 之前当然已有美国研究中国共产主义运动的历史著作。但是 Johnson 的书却成了过去二十年史学界主要争论的起点。Steven M. Goldstein 在一篇未发表的论文 "The Blind Men and the Elephant：American Perspectives on the Chinese Communist Movement，1921 - 1980" 中对五十年代强调党的组织作用和"与苏联的联系"的研究成果进行了回顾。

[36] Johnson，*Peasant Nationalism and Communist Power*；Donald G. Gillin，" 'Peasant Nationalism'in the History of Chinese Communism"，*Journal of Asian Studies*（February 1964），23（2）：269 - 289；Mark Selden，*The Yenan Way in Revolutionary China*（Cambridge：Harvard University Press，1971）；Tetsuya Kataoka，*Resistance and Revolution in China：The Communists and the Second United Front*（Berkeley：University of California Press，1974）（摘引之词组见 p. 301）；Roy Hofheinz，Jr.，"The Ecology of Chinese Communist Success：Rural Influence Patterns，1923 - 1945"，在 A. Doak Barnett，ed.，*Chinese Communist Politics in Action*（Seattle：University of Washington Press，1969），pp. 3 - 77（摘引之词组见 p. 77）。

[37] Yung-fa Ch'en，"The Making of a Revolution：The Communist Movement in Eastern and Central China"，2 vols.，Ph. D. dissertation，Stanford University，1980；Kathleen J. Hartford，"Step-by-Step：Reform，Resistance，and Revolution in the Chin-Ch'a-Chi Border Region，1937 - 1945"，Ph. D. dissertation，Stanford University，1979；David Paulson，"War and Revolution in North China：The Shandong Base Area，1937 - 1945"，Ph. D. dissertation，Stanford University，1982；Elizabeth J. Perry，*Rebels and Revolutionaries in North China*，1845 - 1945（Stanford，Calif：Stanford University Press，1980），pp. 208 - 262。另见即将出版的由 Kathleen J. Hartford 与 Steven

M. Goldstein 合编的关于革命根据地的论文集（主要选自 1978 年 8 月在哈佛大学举行的讲习班上宣读的论文）。

[38] Lyman P. Van Slyke，"New Light on Chinese Communist Base Areas During the Sino-Japanese War, 1937 – 1945", pp. 12 – 13. 此文曾于 1981 年 8 月 23 ~ 28 日在台北举行的"中华民国历史讨论会"上宣读。虽然我从 Van Slyke 的论文得益甚多，并在若干细节上借助该文，但是我研究根据地历史学的基本立论是独立形成的。

[39] Paulson，"War and Revolution in North China"，散见各处。

[40] Van Slyke，"New Light on Chinese Communist Base Areas"，pp. 13 – 14，29. 不幸的是并非所有的新近研究根据地的论著都按此模式进行。Ralph Thaxton 最近对太行山地区农村革命兴起的研究提出一个大胆的论点，认为中国共产党取得农民的衷心拥护并不是通过这种或那种从外部产生的吸引力，而是由于它把农民自身想回到传统的公平合理模式的要求吸收到自己的各种政策中。Thaxton 的论点颇具魅力。但是他用以支持这个论点的证据却少得令人难忍，而且他完全不顾代表性问题，把针对一个小地区（太行地区）做出的结论推广到整个中国共产主义运动，见 *China Turned Rightside UP*：*Revolutionary Legitimacy in the Peasant World* (New Haven, Conn.：Yale University Press，1983)。

[41] 例外之一是 Wakeman 的 *Strangers at the Gate*，此书在 1966 年出版。

[42] G. William Skinner，"Chinese Peasants and the Closed Community：An Open and Shut Case"，*Comparative Studiesin Society and History* (July 1971)，13 (3)：272 – 273.

[43] *The United States and China*，4th ed. (Cambridge：Harvard University, Press，1979)，p. 43.

[44] Evelyn Rawski，*Education and Popular Literacy in Ch'ing China* (Ann Arbor：University of Michigan Press，1979)，pp. 22，140，散见他处。

[45] 除我自己对 Rawski 一书的书评，见 *Journal of Asian Studies* (February 1980)，39 (2)：331 – 333 外，另请参看张朋园的书评，见《中研院近代史研究所集刊》(台北，1980 年 7 月)，9：455 – 462。

[46] 另外一例是 Rudolf G. Wagner 关于太平天国运动中宗教之作用的富有启发性的专著 *Reenacting the Heavenly Vision*：*The Role of Religion*

in the Taiping Rebellion（Berkeley：Center for Chinese Studies，University of California，1982）。Wagner 是德国历史学家。他重建了太平天国内在世界的逻辑，并认为太平军从自身的立场出发，深信自己正在逐字逐句地按照上帝赐给的神圣的脚本行事。

［47］ Daniel L. Overmyer，*Folk Buddhist Religion：Dissenting Sects in Late Traditional China*（Cambridge：Harvard University Press，1976），pp. 16，19，70 – 71，199，散见他处。关于中国民间教派中非叛逆的一面的进一步探讨，见同一作者 "Alternatives：Popular Religious Sects in Chinese Society"，*Modern China*（April 1981），7（2）：153 – 190。

［48］ Overmyer，*Folk Buddhist Religion*，p. 73.

［49］ Susan Naquin，*Millenarian Rebellion in China：The Eight Trigrams Uprising of* 1813（New Haven，Conn. ：Yale University Press，1976），pp. 2 – 3，7，90，314n. 69，散见他处。Naquin 在下面的著作中也强调了内在的宗教起因之极端重要性，见所著 *Shantung Rebellion：The Wang Lun Uprising of* 1774（New Haven，Conn. ：Yale University Press，1981），pp. 50 – 51，61，153，158。

［50］ Naquin，*Millenarian Rebellion in China*，p. 72.

［51］ Roxann Prazniak. "Tax Protest at Laiyang，Shandong，1910：Commoner Organization Versus the County Political Elite"，*Modern China*（January 1980），6（1）：41 – 71；Rhoads，*China's Republican Revolution*，pp. 175 – 179. 另一种颇不相同的取向，即把紧随 1911 年 10 月 10 日武昌起义的广州三角洲的民众起义和市场共同体的层级结构联系起来。见 Winston Hsieh，"Peasant Insurrection and the Marketing Hierarchy in the Canton Delta，1911"，in Mark Elvin and G. William Skinner，eds. ，*The Chinese City Between Two Worlds*（Stanford，Calif. ：Stanford University Press，1979），pp. 119 – 141。

［52］ Mei，"Socioeconomic' Origins of Emigration：Gangdong to California，1850 – 1882"，*Modern China*（October 1974），5（4）：463 – 501.

［53］ 参看如 Philip C. C. Huang，"Analyzing the Twentieth-Century Chinese Countryside：Revolutionaries Versus Western Scholarship"，*Modern China*（April 1975），1（2）：132 – 160；Ramon H. Myers，"North China Villages During the Republican Period：Socioeconomic Relationships"，同上（July 1980），6（3）：243 – 266；Joseph W. Esherick，"Number Games：A Note on Land Distribution in Prerevolutionary China"，同上（October 1981），7（4）：387 – 411。

[54] 关于"新社会史"饶有趣味的、理论性较强的讨论，见 Henretta，"Social History as Lived and Written"，pp. 1293 – 1322；Lawrence Stone 曾从更加广泛的历史角度考察了史学与社会科学之间的相互影响，见 Stone，"History and the Social Sciences in the Twentieth Century"，在同一作者 The Past and the Present（Boston：Routledge & Kegan Paul，1981），pp. 3 – 44。

[55] Stone 曾谈到"在 20 世纪六七十年代，整个史学界新思想的主要泉源一般说已从社会学转向人类学"（"Introduction"，in Stone，The Past and the Present，p. xi）。

[56] Philip A. Kuhn，Rebellion and Its Enemies in Late Imperial China：Militarization and Social Structure，1796 – 1864（Cambridge：Harvard University Press，1970），pp. 67，77 – 82；Maurice Freedman，Lineage Organization in Southeastern China，Monographs on Social Anthropology，no. 18（London：London School of Economics，1958）；Maurice Freedman，Chinese Lineage and Society（London：Athlone Press，1966）.

[57] Kuhn，Rebellion and Its Enemies in Late Imperial China，pp. 69 – 76，82 – 87，93 – 104，散见他处（引文见 p. 76）。Skinner 将组织方式区分为"自然的"（经济的）与"人为的"（行政的）两种并提出社会整体化水平逐步提高的模式（此模式是从中心地区理论〈Central place theory〉衍生出来的），这两点都曾在他的"Marketing and Social Structure in Rural China"一文中介绍过。见该文 Part 1，Journal of Asian Studies（November 1964），24（1）：5 – 10，32 – 43；后来他又加以详尽发挥，见 Skinner，"Cities and the Hierarchy of Local Systems"，在他的 The city in Late Imperial China，pp. 275 – 351。Kuhn 在 Rebellion and Its Enemies in Late Inperial China（1980），平装本序言中曾更加明确地表示自己一般得益于人类学，具体得益于 Skinner 著作。

[58] Perry，Rebels and Revolutionaries in North China，散见各处（引语见 pp. 95，246，257）。为什么 Perry 有时在"叛乱"之前冠以"传

统的"修饰语,在"革命"之前冠以"近代的"修饰语,不甚清楚,因为她给"叛乱"与"革命"下定义时(见 p. 2)并未提到"传统－近代"这一两分法,而且她的分析从头至尾也未曾以此为依据。

[59] Lary, "Warlord Studies", pp. 461－462; Andrew J. Nathan, *Peking Politics*, 1918－1923: *Factionalism and the Failure of Constitutionalism* (Berkeley: University of California Press, 1976); Gavan Mc Cormack, *Chang Tso-lin in Northeast China*, 1911－1928; *China Japan, and the Manchurian Idea* (Stanford, Calfi: Stanford University Press, 1977), Mane-Claire Bergere 和 Hsi-sheng Ch'i 各在其书评中对 Nathan 的书提出同样批评,前者见 *China Quarterly* (June 1980), 82: 354,后者见 *Journal of Asian Studies* (August 1977), 36 (4): 724。

[60] Hsi-sheng Ch'i, *Warlord Politics in China*, 1916－1928 (Stanford, Calif.: Stanford University Press, 1976); Odoric Y. K. Wou, *Militarism in Modern China*: *The Career of Wu Pei-fu*, 1916－1939 (Folkestone, Kent: Dawson and Sons/Australian National University Press, 1978).

[61] 参看如 Lary, "Warlord Studies", pp. 460－462 (Ch'i 与 Wou); Donald S. Sutton 对 Wou 之书评,见 *Journal of Asian Studies* (February. 1979), 38 (2): 339; Donald G. Gillin 对 Ch'i 之书评,见同上书 (May 1977), 36 (3): 548。

[62] Marc Bloch, *The Historian's Craft*, Peter Putnam, trans. (New York: Vintage Books, 1953), pp. 68－69.

[63] 按出版的顺序为 John Wilson Lewis, ed., *The City in Communist China* (Stanford, Calif.: stanford University Press, 1971); Elvin and Skinner, *The Chinese City Between Two Worlds*; 与 Skinner, *The City in Late Imperial China*。

[64] Lillian M. Li, "Workshop on Food and Famine in Chinese History", *Ching-Shih wen-t'i* (December 1980), 4 (4): 90－100 (引文见 p. 98)。三位讲习班参加者 James Lee, Peter C. Perdue 与 R. Bin Wong 所写文章, Li 的序言,以及 Paul R. Greenough 的评论均见 "Food, Famine, and the Chinese State-A Symposiurn", *Journal of A-*

sian Studies (August 1982), 41 (4): 685 – 801。

[65] Esherick 曾在 "1911: A Review", pp. 166 – 168 讨论了 Kuhn 的思想。

[66] Young, *The Presidency of Yuan Shih-k'ai: Liberalism and Dictatorship in Early Republican China* (Ann Arbor: University of Michigan Press, 1977), pp. 3 – 4, 散见他处。

[67] 关于此问题的颇为有趣的讨论, 见 Bradley K. Geisert, "Toward a Pluralist Model of KMT Rule", *Chinese Republican Studies Newsletter* (February 1982), 7 (2): 1 – 10。

[68] Fairbank 的书一开始就把中国对西方人的反应放在中国人以前对夷人的态度及其经验的背景中加以考察, 见 *Trade and Diplomacy on the China Coast: The Opening of the Treaty Ports*, 1842 – 1854 (Cambridge: Harvard University Press, 1953), ch. 1。同样, 拙著 *China and Christianity* 较长的第一章题为 "中国思想中的反基督教传统", 也是想在早先中国对待异端学说的背景中来确定这种传统。在最后一章中我明确地把传教运动给中国官方带来的政治问题看成 "本质上是派生的。隐藏在这个问题下面的是远为巨大的中西文化冲突的问题, 这个问题具体表现在……外国传教士与中国知识分子的相互误解上"。见 *China and Christianity: The Missionary Movement and the Growth of Chinese Antiforeignism*, 1860 – 1870 (Cambridge: Harvard University Press, 1963), p. 264。对采用文化冲突观点解释鸦片战争之批判见 Tan Chung, "Interpretations of the Opium War (1840 – 1842): A Critical Appraisal", *Ch'ing-shih wen-t'i* (December 1977), 3 (Supp. 1): 32 – 46。

[69] 我在此更加强调的是 "实际从事写历史的" 一词, 不是 "史学家" 一词。重要的事实并不在于 Peck and Moulder 都是学社会学的, 而在于他们两人似乎都没有经受过采用中文原始资料进行广泛研究的磨炼。

[70] 此结论是根据 1979 年与 1980 年之交和大约七十五位中国史学家广泛交谈后做出的。其中只有一位 (他是复旦大学历史系的) 表示愿意和惯用的分期模式分道扬镳。他认为中国近代史应从 1911 年, 而不是从 1840 年开始, 因为随着辛亥革命开始中国社会才发生真正的结构上的变化。见 Paul A. Cohen and Merle Goldman,

"Modern History", in Anne F. Thurston and Jason H. Parker, eds. *Humanistic and Social Science Research in China: Recent History and Future Prospects* (New York: Social Science Research Council, 1980), p. 50。

[71] Rawski, *Education and Popular Literacy in Ch'ing China*, p. 140.

[72] Immanuel C. Y. Hsü, *The Rise of Modern China* (New York: Oxford University Press, 1970), pp. 4 – 6; Hsü 对此问题的论述在该书新版 (第三版, 1983) 中未变。

[73] Frederic Wakeman, Jr., "Introduction: The Evolution of Local Control in Late Imperial China", 在 Frederic Wakeman, Jr. and Carolyn Grant, eds., *Gonflict and Control in Late Imperial China* (Berkeley: University of California Press, 1975), p. 2。

[74] Ramon H. Myers, "Transformation and Continuity in Chinese Economic and Social History", *Journal of Asian Studies* (February 1974), 33 (2): 274; 与 Ramon H. Myers, "On the Fututre of Ch'ing Studies", *Ch'ing-shih wen-t'i* (June 1979), 4 (1): 107 – 109。

[75] Fletcher, "Ch'ing Inner Asia c. 1800", 在 Fairbank, *The Cambridge History of China*, 10: 35。

[76] Jonathan D. Spence and John E. Wills, Jr., eds., *From Ming to Ch'ing: Conquest, Region, and Continuity in Seventeenth-Century China* (New Haven, Conn.: Yale University Press. 1979), Preface, p. xi. 书中有两篇论文特别强调晚明与盛清之间的连续性, 见 Hilary J. Beattie, "The Alternative to Resistance: The Case of T'ungch'eng, Anhwrei", pp. 239 – 276, 与 Lynn A. Struve, "Ambivalence and Action: Some Frustrated Scholars of the K'ang-hsi Period", pp. 321 – 365。

[77] 见下面一书的序言, Spence and Wills, *From Ming to Ch'ing*, pp. xviii – xix。

[78] Tsing Yuan, "Urban Riots and Disturbances", 同上, p. 311。

[79] Hsü, *The Rise of Modern China*, 3d. ed., p. 49; 又见 Pei Huang, "Aspects of Ch'ing Autocracy: An Institutional Study, 1644 – 1735", *Tsing Hua Journal of Chinese Studies* (Decernber 1967), n. s. 6 (1 – 2): 116 – 133。

[80] Beatrice S. Bartlett, "Ch'ing Palace Memorials in the Archives of the

National Palace Museum", *National Palace Museum Bulletin* (January-February. 1979), 13 (6): 1 – 21, Silas. H. L. Wu, *Communication and Imperial Control in China: Evolution of the Palace Memorial System*, 1693 – 1735 (Cambridge: Harvard University Press, 1970); Jonathan D. Spence, *Ts'ao Yin and the Kang-hsi Emperor: Bondservant and Master* (New Haven, Conn.: Yale University Press, 1966), ch. 6.

[81] Mote 以及 Gilbert Rozman, ed., *The Modernization of China* (New York: Free Pres, 1981) 一书的其他撰稿人都认为清朝中央集权化整个说来起了消极作用 (见 pp. 56, 63 – 64, 206, 483, 499 – 500)。

[82] 敏锐的读者也许会感到我在此处把满族视为"内部的"因素,但在第三章 (在我讨论"有层次"的殖民地时) 又视之为"外部的"因素,似乎前后不一致。在我看来,两种观点都能成立。"内部的"与"外部的"二词不论从空间或时间上看都只是相对的。从空间上看,当只着眼于东亚时,满族对中国说是外部的,但如果加进了西方,由于西方是在整个亚洲之外,满族就成了内部的。从时间上说,在满族统治中国的初期,他们相对地说是外部的,但随着时间的推移越来越变成内部的。

[83] Fischer, *Historians'Fallacies: Toward a Logic of Historical Thought* (New York: Harper & Row, 1970), p. 146.

[84] Jane Leonard 关于魏源新作的值得注意的特色是它把这种内部的取向应用于中国对外关系上,从而使我们得以从全新的角度来理解19世纪四十年代中国对西方威胁的看法。

索 引

Chang P'eng-yuan, 223*n*45
Chang Tso-lin, 183
change: American scholarship, 57, 91;
Chinese attitude toward, 24, 27, 28–29;
cyclical v. secular, 166; economic, 85;
imperialism and, 103, 106, 107, 109;
intellectual, 72–76, 85; local government
and, 84–85; modernization and, 27, 30,
31, 32, 36, 90, 93, 98, 110, 152; nature
of, 69, 81; political, 85, 193; processes
of, 39, 94; revolution and, 83–84, 187;
social, 72, 76–77, 85, 115, 188, 190;
traditional change v. modern change,
221*n*23; tradition-modernity approach
and, 3–4; Western attitude toward, 5–6,
12, 57; Western impact on change in
China, 110, 152–153; Western-inspired
v. Chinese-inspired, 54–55, 155, 161;
Western view of China and, 58–61, 63;
within tradition, 65, 73, 110. *See also*
modernization; transformation
Changsha riot (1910), 141
Ch'en, Yung-fa, 171
Ch'en Hsu-lu, 204*n*48
Ch'en Li, 74
Ch'en Tu-hsiu, 85
Ch'eng, I-fan, 86
Cheng Kuan-ying, 35
ch'i ("technical contrivances"). *See t'i-yung*
formula
Ch'i, Hsi-sheng, 183–184, 225*nn*59–61
ch'iang ("power"), 31
Chiang Kai-shek, lxvn58, 126
Chiao-pin-lu k'ang-i (Essays of protest from
Feng Kuei-fen's studio), 26–27
chin-tai-shih ("modern history"), 111,
191
China and Christianity (Cohen), xxxi, xl, 189,
204*n*56, 215*n*41, 226*n*68
*China and the Christian Impact: A Conflict of
Cultures* (Gernet), lxivn46
China-centered, use of term, 196
China-centered historiography, x–xi, xxxix–
lix, 6–7, 149–198; core attributes of, xlii;
criticisms of, xlii, xlvi–lii; ethnocentrism
and, 153; imperialism and, xiii, 188,
190, 191; Opium War and, 154; Taiping
movement and, 154; use of term "China-
centered," 196
China Inland Mission, 119, 216*n*41

China Marches West (Perdue), lxiin28
China Transformed (Wong), xliii–xlv
China's Response to the West (Teng and
Fairbank), 9, 11, 200*n*6, 202*n*29, 203*n*44,
205*n*60
Chinese Communist movement, 169–172,
189, 222*n*35, 223*n*40
Chinese diaspora, xlix–li, lxiiin39, lxivn43
Chinese economy, 132–133, 218*nn*73–76;
Fairbank on, 207*n*18; high-level equilib-
rium trap and, 90, 140, 218*nn*72, 73; im-
perialism and, 115–143, 146–147, 218*n*76,
219*n*77; reform and, 23, 25; regional
history and, 143, 166; traditional economy,
132; underdevelopment of, 109, 216*n*47
Chinese elites: Confucianism and, 75;
economic basis of, 160–161; extrabureau-
cratic elite, 193; Kuhn on, 210*n*62; local,
168, 210*n*62; militarization and, 179, 180;
missionaries and, 45–47; modernization
and, 25–26, 27, 192; periodization and,
197; reform and, 36, 38, 40; revolution
of 1911 and, 159–161, 189, 221*n*17; rural
society and, 172–173; social mobility of,
168–169, 222*n*34
Chinese Elites and Political Change (Schoppa),
222*n*30
Chinese migration, xlix–li
The Chinese Peasant Economy (Myers),
127–129, 131, 136, 217*n*54
Chinese Revolution: imperialism and, 100,
105; modernization theory and, 98, 105;
origins of, 87, 91, 125, 181, 182; tradition-
modernity approach and, 81–82; Western
impact and, 78–79, 83, 106, 108–109,
110, 136
Chinese Revolutionary Party (Chung-hua
ko-ming tang), 83
ch'ing-i ("public opinion"), 40–44, 49,
156–157, 204*nn*53, 55
Chou li (Rites of Chou), 19
Christianity: antiforeignism and, 44–48,
52; converts to, 53; Taiping uprising and,
17, 18, 19, 20, 27; Western impact and,
13, 14, 30
Chu I-hsin, 74
Chu Tz'u-ch'i, 74
Ch'üan Han-sheng, 202*n*31
chün-hsien authority (centralized authority),
188

东亚研究所学术成果

THE LADDER OF SUCCESS IN IMPERIAL CHINA, by Ping-ti Ho. New York: Columbia University Press, 1962.

THE CHINESE INFLATION, 1937–1949, by Shun-hsin Chou. New York: Columbia University Press, 1963.

REFORMER IN MODERN CHINA: CHANG CHIEN, 1853–1926, by Samuel Chu. New York: Columbia University Press, 1965.

RESEARCH IN JAPANESE SOURCES: A GUIDE, by Herschel Webb with the assistance of Marleigh Ryan. New York: Columbia University Press, 1965.

SOCIETY AND EDUCATION IN JAPAN, by Herbert Passin. New York: Teachers College Press, 1965.

AGRICULTURAL PRODUCTION AND ECONOMIC DEVELOPMENT IN JAPAN, 1873–1922, by James I. Nakamura. Princeton: Princeton University Press, 1966.

JAPAN'S FIRST MODERN NOVEL: UKIGUMO OF FUTABATEI SHIMEI, by Marleigh Ryan. New York: Columbia University Press, 1967.

THE KOREAN COMMUNIST MOVEMENT, 1918–1948, by Dae-Sook Suh. Princeton: Princeton University Press, 1967.

THE FIRST VIETNAM CRISIS, by Melvin Gurtov. New York: Columbia University Press, 1967.

CADRES, BUREAUCRACY, AND POLITICAL POWER IN COMMUNIST CHINA, by A. Doak Barnett. New York: Columbia University Press, 1968.

THE JAPANESE IMPERIAL INSTITUTION IN THE TOKUGAWA PERIOD, by Herschel Webb. New York: Columbia University Press, 1968.

HIGHER EDUCATION AND BUSINESS RECRUITMENT IN JAPAN, by Koya Azumi. New York: Teachers College Press, 1969.

THE COMMUNISTS AND PEASANT REBELLIONS: A STUDY IN THE REWRITING OF CHINESE HISTORY, by James P. Harrison, Jr. New York: Atheneum, 1969.

HOW THE CONSERVATIVES RULE JAPAN, by Nathaniel B. Thayer. Princeton: Princeton University Press, 1969.

ASPECTS OF CHINESE EDUCATION, edited by C. T. Hu. New York: Teachers College Press, 1970.

DOCUMENTS OF KOREAN COMMUNISM, 1918–1948, by Dae-Sook Suh. Princeton: Princeton University Press, 1970.

JAPANESE EDUCATION: A BIBLIOGRAPHY OF MATERIALS IN THE ENGLISH LANGUAGE, by Herbert Passin. New York: Teachers College Press, 1970.

ECONOMIC DEVELOPMENT AND THE LABOR MARKET IN JAPAN, by Koji Taira. New York: Columbia University Press, 1970.

THE JAPANESE OLIGARCHY AND THE RUSSO-JAPANESE WAR, by Shumpei Okamoto. New York: Columbia University Press, 1970.

IMPERIAL RESTORATION IN MEDIEVAL JAPAN, by H. Paul Varley. New York: Columbia University Press, 1971.

JAPAN'S POSTWAR DEFENSE POLICY, 1947–1968, by Martin E. Weinstein. New York: Columbia University Press, 1971.

ELECTION CAMPAIGNING JAPANESE STYLE, by Gerald L. Curtis. New York: Columbia University Press, 1971.

CHINA AND RUSSIA: THE "GREAT GAME," by O. Edmund Clubb. New York: Columbia University Press, 1971.

MONEY AND MONETARY POLICY IN COMMUNIST CHINA, by Katharine Huang Hsiao. New York: Columbia University Press, 1971.

THE DISTRICT MAGISTRATE IN LATE IMPERIAL CHINA, by John R. Watt. New York: Columbia University Press, 1972.

LAW AND POLICY IN CHINA'S FOREIGN RELATIONS: A STUDY OF ATTITUDES AND PRACTICE, by James C. Hsiung. New York: Columbia University Press, 1972.

PEARL HARBOR AS HISTORY: JAPANESE-AMERICAN RELATIONS, 1931–1941, edited by Dorothy Borg and Shumpei Okamoto, with the assistance of Dale K. A. Finlayson. New York: Columbia University Press, 1973.

JAPANESE CULTURE: A SHORT HISTORY, by H. Paul Varley, New York: Praeger, 1973.

DOCTORS IN POLITICS: THE POLITICAL LIFE OF THE JAPAN MEDICAL ASSOCIATION, by William E. Steslicke. New York: Praeger, 1973.

THE JAPAN TEACHERS UNION: A RADICAL INTEREST GROUP IN JAPANESE POLITICS, by Donald Ray Thurston. Princeton: Princeton University Press, 1973.

JAPAN'S FOREIGN POLICY, 1868–1941: A RESEARCH GUIDE, edited by James William Morley. New York: Columbia University Press, 1974.

PALACE AND POLITICS IN PREWAR JAPAN, by David Anson Titus. New York: Columbia University Press, 1974.

THE IDEA OF CHINA: ESSAYS IN GEOGRAPHIC MYTH AND THEORY, by Andrew March. Devon, England: David and Charles, 1974.

ORIGINS OF THE CULTURAL REVOLUTION: I, CONTRADICTIONS AMONG THE PEOPLE, 1956–1957, by Roderick MacFarquhar. New York: Columbia University Press, 1974.

SHIBA KOKAN: ARTIST, INNOVATOR, AND PIONEER IN THE WESTERNIZATION OF JAPAN, by Calvin L. French. Tokyo: Weatherhill, 1974.

INSEI: ABDICATED SOVEREIGNS IN THE POLITICS OF LATE HEIAN JAPAN, by G. Cameron Hurst. New York: Columbia University Press, 1975.

EMBASSY AT WAR, by Harold Joyce Noble. Edited with an introduction by Frank Baldwin, Jr. Seattle: University of Washington Press, 1975.

REBELS AND BUREAUCRATS: CHINA'S DECEMBER 9ERS, by John Israel and Donald W. Klein. Berkeley: University of California Press, 1975.

DETERRENT DIPLOMACY, edited by James William Morley. New York: Columbia University Press, 1976.

HOUSE UNITED, HOUSE DIVIDED: THE CHINESE FAMILY IN TAIWAN, by Myron L. Cohen. New York: Columbia University Press, 1976.

ESCAPE FROM PREDICAMENT: NEO-CONFUCIANISM AND CHINA'S EVOLVING POLITICAL CULTURE, by Thomas A. Metzger. New York: Columbia University Press, 1976.

CADRES, COMMANDERS, AND COMMISSARS: THE TRAINING OF THE CHINESE COMMUNIST LEADERSHIP, 1920–1945, by Jane L. Price. Boulder, Colo.: Westview Press, 1976.

SUN YAT-SEN: FRUSTRATED PATRIOT, by C. Martin Wilbur. New York: Columbia University Press, 1977.

JAPANESE INTERNATIONAL NEGOTIATING STYLE, by Michael Blaker. New York: Columbia University Press, 1977.

CONTEMPORARY JAPANESE BUDGET POLITICS, by John Creighton Campbell. Berkeley: University of California Press, 1977.

THE MEDIEVAL CHINESE OLIGARCHY, by David Johnson. Boulder, Colo.: Westview Press, 1977.

THE ARMS OF KIANGNAN: MODERNIZATION IN THE CHINESE ORDNANCE INDUSTRY, 1860–1895, by Thomas L. Kennedy. Boulder, Colo.: Westview Press, 1978.

PATTERNS OF JAPANESE POLICYMAKING: EXPERIENCES FROM HIGHER EDUCATION, by T. J. Pempel. Boulder, Colo.: Westview Press, 1978.

THE CHINESE CONNECTION: ROGER S. GREENE, THOMAS W. LAMONT, GEORGE E. SOKOLSKY, AND AMERICAN-EAST ASIAN RELATIONS, by Warren I. Cohen. New York: Columbia University Press, 1978.

MILITARISM IN MODERN CHINA: THE CAREER OF WU P'EI-FU, 1916–1939, by Odoric Y. K. Wou. Folkestone, England: Dawson, 1978.

A CHINESE PIONEER FAMILY: THE LINS OF WU-FENG, by Johanna Meskill. Princeton: Princeton University Press, 1979.

PERSPECTIVES ON A CHANGING CHINA, edited by Joshua A. Fogel and William T. Rowe. Boulder, Colo.: Westview Press, 1979.

THE MEMOIRS OF LI TSUNG-JEN, by T. K. Tong and Li Tsung-jen. Boulder, Colo.: Westview Press, 1979.

UNWELCOME MUSE: CHINESE LITERATURE IN SHANGHAI AND PEKING, 1937–1945, by Edward Gunn. New York: Columbia University Press, 1979.

YENAN AND THE GREAT POWERS: THE ORIGINS OF CHINESE COMMUNIST FOREIGN POLICY, by James Reardon-Anderson. New York: Columbia University Press, 1980.

UNCERTAIN YEARS: CHINESE-AMERICAN RELATIONS, 1947–1950, edited by Dorothy Borg and Waldo Heinrichs. New York: Columbia University Press, 1980.

THE FATEFUL CHOICE: JAPAN'S ADVANCE INTO SOUTHEAST ASIA, edited by James William Morley. New York: Columbia University Press, 1980.

TANAKA GIICHI AND JAPAN'S CHINA POLICY, by William F. Morton. Folkestone, England: Dawson, 1980; New York: St. Martin's Press, 1980.

THE ORIGINS OF THE KOREAN WAR: LIBERATION AND THE EMERGENCE OF SEPARATE REGIMES, 1945–1947, by Bruce Cumings. Princeton: Princeton University Press, 1981.

CLASS CONFLICT IN CHINESE SOCIALISM, by Richard Curt Kraus. New York: Columbia University Press, 1981.

EDUCATION UNDER MAO: CLASS AND COMPETITION IN CANTON SCHOOLS, by Jonathan Unger. New York: Columbia University Press, 1982.

PRIVATE ACADEMIES OF TOKUGAWA JAPAN, by Richard Rubinger. Princeton: Princeton University Press, 1982.

JAPAN AND THE SAN FRANCISCO PEACE SETTLEMENT, by Michael M. Yoshitsu. New York: Columbia University Press, 1982.

NEW FRONTIERS IN AMERICAN-EAST ASIAN RELATIONS: ESSAYS PRESENTED TO DOROTHY BORG, edited by Warren I. Cohen. New York: Columbia University Press, 1983.

THE ORIGINS OF THE CULTURAL REVOLUTION: II, THE GREAT LEAP FORWARD, 1958–1960, by Roderick MacFarquhar. New York: Columbia University Press, 1983.

THE CHINA QUAGMIRE: JAPAN'S EXPANSION ON THE ASIAN CONTINENT, 1933–1941, edited by James William Morley. New York: Columbia University Press, 1983.

FRAGMENTS OF RAINBOWS: THE LIFE AND POETRY OF SAITO MOKICHI, 1882–1953, by Amy Vladeck Heinrich. New York: Columbia University Press, 1983.

THE U.S.–SOUTH KOREAN ALLIANCE: EVOLVING PATTERNS OF SECURITY RELATIONS, edited by Gerald L. Curtis and Sung-joo Han. Lexington, Mass.: Lexington Books, 1983.

DISCOVERING HISTORY IN CHINA: AMERICAN HISTORICAL WRITING ON THE RECENT CHINESE PAST, by Paul A. Cohen. New York: Columbia University Press, 1984.

图书在版编目（CIP）数据

在中国发现历史：中国中心观在美国的兴起／（美）柯文（Paul A. Cohen）著；林同奇译. -- 北京：社会科学文献出版社，2017.7（2024.1 重印）
书名原文：Discovering History in China：American Historical Writing on the Recent Chinese Past
ISBN 978 - 7 - 5201 - 0605 - 4

Ⅰ.①在… Ⅱ.①柯… ②林… Ⅲ.①中国历史 - 近代史 - 研究 Ⅳ.①K250.7

中国版本图书馆 CIP 数据核字（2017）第 070879 号

在中国发现历史
——中国中心观在美国的兴起

著　　者／［美］柯文（Paul A. Cohen）
译　　者／林同奇

出 版 人／冀祥德
项目统筹／段其刚　董风云
责任编辑／周方茹
责任印制／王京美

出　　版／社会科学文献出版社·甲骨文工作室（分社）（010）59366527
　　　　　地址：北京市北三环中路甲 29 号院华龙大厦　邮编：100029
　　　　　网址：www. ssap. com. cn
发　　行／社会科学文献出版社（010）59367028
印　　装／三河市东方印刷有限公司

规　　格／开　本：889mm × 1194mm　1/32
　　　　　印　张：11.375　字　数：264 千字
版　　次／2017 年 7 月第 1 版　2024 年 1 月第 6 次印刷
书　　号／ISBN 978 - 7 - 5201 - 0605 - 4
著作权合同
登 记 号／图字 01 - 2014 - 0459 号
定　　价／65.00 元

读者服务电话：4008918866